GRUNDLEGENDE BILDUNG

GRUNDLEGENDE BILDUNG

Erziehung und Unterricht in der Grundschule

Herausgegeben von

Günther Schorch

Mit Originalbeiträgen von

Herbert F. Bauer, Klaus Breslauer,
Wolfgang Einsiedler, Wolf Engelhardt, Hans Glöckel,
Peter Pfeuffer, Günther Schorch

KLINKHARDT

2., ergänzte und überarbeitete Auflage 1994

VERLAG JULIUS KLINKHARDT · BAD HEILBRUNN

Die Deutsche Bibliothek – CIP-Einheitsaufnahme

Grundlegende Bildung : Erziehung und Unterricht in der Grundschule / hrsg. von Günther Schorch. Mit Orig.-Beitr. von Herbert F. Bauer ... – 2., erg. und überarb. Aufl. – Bad Heilbrunn : Klinkhardt, 1994
ISBN 3-7815-0754-8
NE: Schorch, Günther [Hrsg.]; Bauer, Herbert F.

Gesamtherstellung: Graphischer Großbetrieb Friedrich Pustet, Regensburg
Printed in Germany 1994
ISBN 3-7815-0754-8

Gedruckt auf chlorfrei gebleichtem Papier

Inhalt

Einleitung 7

1. *Was ist »Grundlegende Bildung«?* (Hans Glöckel) 11
   1.1 Analyse der Wortbedeutung – Festlegung des Begriffsumfangs 11
   1.1.1 Bildung 11
   1.1.2 Grundlegende Bildung 16
   1.2 Ziele und Aufgaben grundlegender Bildung 20
   1.2.1 Omnes: Gleiche und gemeinsame Bildung für alle 21
   1.2.2 Omnia: Allseitige, vollständige, ausgewogene Bildung 23
   1.2.3 Omnino: Verfahrensweisen grundlegender Bildungsarbeit 31

2. *Grundlegung schulischen Lernens und Arbeitens* (Günther Schorch) 34
   2.1 Grundschule – Beginn des schulischen Bildungsweges 34
   2.2 Freisetzen zur Selbstbildung 36
   2.3 Einführung in grundlegende Lern- und Arbeitsweisen 39
   2.4 Schulisches Lernen als Gegenstand des Unterrichts 44
   2.5 Resümee: »Schule« als Bildungsinhalt 49

3. *Grundlegung individueller Entwicklung und individuellen Lernens* (Wolfgang Einsiedler) 50
   3.1 Grundschulunterricht zwischen Individualität und sozialen Anforderungen 50
   3.2 Zur Entwicklung der Individualität im Grundschulalter 51
   3.3 Differenzierung und Individualisierung in der Grundschule 58
   3.4 Beispiele zur Differenzierung und Individualisierung 65
   3.5 Resümee: Gleiche Decke oder gemeinsamer Grund? 68

4. *Grundlegung sozialer Handlungsfähigkeit und -bereitschaft* (Peter Pfeuffer) 70
   4.1 Soziales Lernen, Sozialerziehung und Soziallehre als Aspekte grundlegender Bildung 70
   4.2 Die zentrale Aufgabe: Erwerb und Verarbeitung sozialer Erfahrungen . 73
   4.3 Schwerpunkte der Grundlegung in den ersten Schuljahren 76
   4.4 Beispiel: Einführung in Sozialformen des Unterrichts 79
   4.5 Resümee: Soziale Handlungsfähigkeit und -bereitschaft durch Einsicht oder Gewöhnung? 83

5. *Grundlegende Bildung und Fachpropädeutik* (Herbert F. Bauer) 85
   5.1 Propädeutik als pädagogischer Begriff 85

5.2 Inhaltliche Bildung 91
5.3 Methodische Bildung 93
5.4 Alleingang oder Integration? 101
5.5 Resümee: Propädeutik und grundlegende Bildung 105

6. *Grundlegende Erschließung der Lebenswirklichkeit des Kindes mit fachlicher Hilfe* (Wolf Engelhardt) 107
6.1 Lebenswirklichkeit des Kindes – die neue Mitte des Sachunterrichts? . . 107
6.2 Fachliche Orientierung: Ja oder nein? 108
6.3 Rückblick auf die Entwicklung in den 70er Jahren 114
6.4 Hilfe zur Erschließung kindlicher Lebenswirklichkeit – konkret 118
6.5 Resümee und Ausblick 124

7. *Grundlegende Werterziehung* (Klaus Breslauer) 125
7.1 Erziehungsziele als Wertentscheidungen 125
7.2 Entwicklungspsychologische Befunde zur moralischen Erziehung . . . 129
7.3 Grundschulspezifische Konzeptionen der Werterziehung 133
7.4 Beispiele der Werterziehungspraxis in der Grundschule 141
7.5 Resümee: Eigenwert der Grundschule 146

Literatur 148

Autorenspiegel 156

Sachregister 158

Einleitung

Die Diskussion um Allgemeinbildung und um den Bildungsbegriff selbst ist wieder in Gang gekommen.

Lange Zeit vernachlässigte man den Begriff der Bildung, weil er als zu abgehoben-spekulativ und zu individualistisch galt; statt dessen favorisierte man ein rationales Lernkonzept und setzte mit dem Sozialisationsbegriff Akzente bei der gesellschaftlichen Komponente menschlicher Entwicklung.

Inzwischen wird allenthalben erkannt, daß man für die Sinnbestimmung schulischen Lehrens und Lernens ohne den Bildungsbegriff nicht auskommt. Angesichts der Zersplitterung der Wissensbereiche und immer neuer Zielkataloge für das Schullernen kann Bildung als Kristallisationspunkt wirken, als zentrale Zielkategorie, von der aus der Stellenwert der einzelnen Lernbereiche bestimmt wird.

Wenn Bildung Mittelpunkt schulischer Bemühungen ist, kann sich die Grundschule von der allgemeinen Bildungsdiskussion nicht ausschließen. Tatsächlich hat sie seit ihrer Gründung den Auftrag, »grundlegende Bildung« anzubahnen. Damit ist die Grundschulpädagogik mit all den Fragen konfrontiert, die mit den Begriffen Bildung und Grundlegung zusammenhängen:

- Was ist Bildung, welche Merkmale über Kenntnisse und Fähigkeiten hinaus charakterisieren sie?
- Was ist Grundlegung, welche Lernbereiche sind fundierend und sollen allgemein verbindlich sein, welche sind geeignet, individuelle Bildungsprozesse zu initiieren?
- Welche Sinnrichtungen und Werthaltungen sind in der pluralistischen Gesellschaft gemeinsame Basis für wertorientiertes Handeln als Bestimmungsstück von Bildung?

Als erste Stufe des schulischen Bildungsweges ist die Grundschule in die Diskussion um (Allgemein-)Bildung voll eingebunden, mehr noch: Indem ihr die Aufgabe »grundlegender Bildung« zugesprochen wird, trägt sie Mitverantwortung für das gesamte Bildungssystem.

So hoch allerdings diese Bedeutung einzuschätzen ist, so ernst genommen werden muß auch die Gefahr der Einseitigkeit. Grundlegender Bildung wird Eigenwert abgesprochen, wenn sie *nur* als Durchgangsstadium im gesamten Bildungsgang gesehen wird, wenn sich die Grundschule lediglich als »Zulieferer« für weiterführende Schulen versteht.

Auszugehen ist vielmehr von der Doppelaufgabe der Grundschule:

– Erschließung der Lebenswirklichkeit des Kindes und Hilfe bei der Bewältigung gegenwärtiger Lebensaufgaben,
– Vorbereitung des Kindes auf die Angebote und Anforderungen weiterführender Schulen.

Hier ist ein Grundverständnis von Schule überhaupt angesprochen: Schutz des Eigenwertes jeder Altersphase, Respektieren der spezifischen Bedürfnisse des Kindes einerseits, Vorbereitung auf spätere Lebens- und Berufsanforderungen andererseits. Erst in Abwägung und Wechselwirkung dieser Bedingungen leistet die Schule ihren Beitrag zur Humanisierung des Menschen. Eine solche »Ausbildung« ist notwendig; zur »Bildung« wird sie erst, wenn beide Aspekte eingebracht sind, wenn über Wissen und Können hinaus Daseinserfüllung angestrebt, über Einsicht Haltung angebahnt wird, wenn fachliche Erkenntnisse dazu verhelfen, Lebenswirklichkeit klarer zu durchschauen und lebenspraktische Situationen besser zu meistern.

Von diesem Anspruch her ist ersichtlich, daß eine eindeutige Trennung zwischen »grundlegender« und »eigentlicher« Bildung kaum möglich, daß ihr Verhältnis vielmehr als kontinuierlicher Verlauf zu denken ist. Dennoch hat grundlegende Bildung selbstverständlich auch Voraussetzungscharakter. So stellt beispielsweise die traditionelle Aufgabe der Grundschule, in die elementaren Kulturtechniken einzuführen, eine Basis für jegliche weitere Bildung dar; denn nur mit ihrer Beherrschung gelingt der Anschluß an den jeweiligen Kulturstand. In diesem Sinne ist wohl zu Recht von »Grundlegung der Bildung« zu sprechen.

Schon diese wenigen Gedanken führen zu grundsätzlichen Fragen:

Was zählt zu den Elementen grundlegender Bildung?

– Ist es der Bestand an einschlägigen Kulturtechniken?
– Sind es Beschäftigungen vorrationaler Art, die in Nachahmung, symbolischem Spiel, Erleben von »Archetypen« usw. gemeinsame geistige Inhalte als »kulturelles Erbe« bewahren und zur »Gemütsbildung« beitragen?
– Sind es die aus rationaler Analyse gewonnenen Bestandteile wissenschaftlicher Fachgebiete, die in sorgfältiger Synthese zusammengefügt als »Basiskonzepte« bzw. grundlegende Arbeitsweisen zum Schlüssel für ganze Fachbereiche werden sollen, um von Anfang an wissenschaftliches Denken zu sichern?
– Sind es die sozialen Bezüge und Bindungen, die sozialen Fähigkeiten, die das Leben in der Gemeinschaft ermöglichen bzw. erleichtern? ...

Wie kann eine solche grundlegende Bildung die Entwicklung beeinflussen?

– Kann man auf Selbstregulierung des einzelnen bauen, der sich aktiv das ihm Gemäße aus der Umwelt sucht, oder ist der junge Mensch eher passives Objekt, das planmäßiger Bearbeitung bedarf?

- Darf man die Kinderzeit als eine solche der Muße betrachten, soll man das Kind in Geduld und Gelassenheit »wachsen lassen«, oder
  muß man es zielbewußt »führen«, es mit effektiven Methoden in ökonomischer Nutzung der Zeit erhöhter Lernfähigkeit möglichst früh und möglichst weit fördern?
- Ist Entwicklung nicht vielmehr als Wechselwirkung von Anpassung und Veränderung, als aktive Auseinandersetzung mit der Welt zu verstehen?

In der Antwort, die bereits Pestalozzi gegeben hat, wird die Verflochtenheit der Bedingungen deutlich: Der Mensch ist Werk der Natur, er ist Werk der Gesellschaft und er ist Werk seiner selbst.

Einige Pole des Spannungsfeldes, in dem sich grundlegende Bildung vollzieht, sind damit bereits angesprochen; weitere sind aufzuzeigen. Es sind die Spannungen, aus denen unsere Kultur besteht, in denen wir leben und, bei vernünftiger Abwägung, leben können. Auch grundlegende Bildungsarbeit kann mit diesen Spannungen zurecht kommen und sie fruchtbar werden lassen. Sie bewirken gerade die »Entwicklungsreize«, die das Kind braucht – die auch der Lehrer braucht, um nicht in Routine zu erstarren.

Im vorliegenden Band wird versucht, prinzipielle Überlegungen zum Verständnis gundlegender Bildung mit inhaltlichen Vorschlägen für die alltägliche Erziehungs- und Unterrichtsarbeit zu verbinden: Es geht um Grundlegung schulischen Lernens und Arbeitens, grundlegendes individuelles und soziales Lernen, grundlegende fachliche Bildung und um Fragen der Werterziehung. Dabei werden Schwerpunkte aufgegriffen, vertieft und weitergeführt, die in engem Zusammenhang mit der konzeptionellen Erörterung des »Grundlegenden Unterrichts« im 1./2. Schuljahr stehen. Diese Diskussion wurde maßgeblich durch Prof. Dr. Rainer Rabenstein geprägt, dem anläßlich seines 60. Geburtstages die Erstauflage gewidmet war. Mit der Zweitauflage verbinden Herausgeber und Verfasser herzliche Dankesgrüße zur Emeritierung und zum wohlverdienten Ruhestand!

Aufgrund der vorangestellten Prämisse, daß Bildung nicht direkt (und schon gar nicht gegen den Willen des einzelnen) »vermittelt« werden kann, sondern – im Rahmen biologischer und gesellschaftlicher Voraussetzungen – immer der *Selbstbildung* bedarf, ist Bescheidenheit in der Einschätzung pädagogisch-didaktischer Verwirklichungsmöglichkeiten angezeigt.

Die Grundschule kann zum Bildungsprozeß beitragen, wenn sie günstige äußere Rahmenbedingungen schafft, zum »Lernen des Lernens« anleitet, Bildungsinhalte sorgfältig auswählt, ..., kurz: das Kind ist seiner Gegenwart *und* Zukunft ernst nimmt.

Seit der ersten Auflage dieses Bandes ist der Begriff »Grundlegende Bildung« in

der Fachliteratur wieder verstärkt aufgetreten (vgl. u. a. Hendricks 1989, Haarmann 1991a, Wittenbruch/Sorger 1991).
Dabei wurde auch (erneut) die Kontroverse in Gang gesetzt, ob die Bezeichnung »Grundlegung der Bildung« (Meiers 1990) oder »Grundlegende Bildung« (Haarmann 1991b) den gemeinten Anspruch besser treffe.
Abgesehen von der prinzipiellen Problematik, inwieweit sich pädagogische Begriffe überhaupt trennscharf »definieren« lassen (vgl. Brezinka 1990), gehen die meisten Argumente in die Richtung, den Begriff »Grundlegende Bildung« beizubehalten: Nicht nur weil er seit der Gründung der Grundschule historisch belegt ist, sondern weil er unmißverständlich ausdrückt, daß hier *»richtige« Bildung* und *nicht nur eine »Vorbereitung«* auf eine »eigentliche« Bildung gemeint ist. Denn wer wollte festlegen, wo »Grundlegung« aufhört und »Bildung« beginnt?
Angesichts der Komplexität des Bildungsbegriffs und verschiedener Bildungs-»niveaus« war und ist selbstverständlich zu beachten, daß »grundlegend« eine »relative Bestimmung« ist. Auf die Grundschule bezogen wird die Aufgabe hier als ein schulstufenspezifischer Auftrag gesehen und zwar als »Anfang der Allgemeinbildung«.

Günther Schorch

1. Was ist »Grundlegende Bildung«?

1.1 Analyse der Wortbedeutung – Festlegung des Begriffsumfanges

1.1.1 Bildung

Bei dem Worte »Bildung« haben wir es mit einem schwierigen, nur aus seinem geschichtlichen Werden verständlichen Begriff zu tun, der auf den deutschen Sprachraum beschränkt ist und für den es in anderen Sprachen kein Äquivalent gibt, den wir aber kaum entbehren können, zumal er sich als sehr fruchtbar für das pädagogische Denken erwiesen hat. Es kann hier nicht versucht werden, die uferlose Diskussion um diesen Begriff auch nur annähernd wiederzugeben oder sie gar weiterzuführen. Es kann nur in knappster Form zusammengefaßt werden, was aus der Begriffsgeschichte noch nachwirkt, was wir bei diesem Begriff mitdenken müssen, welche Klärungen wir uns daraus erhoffen dürfen und welche Probleme wir uns damit aufladen (vgl. Guardini 1959; Glöckel 1964, 205; Dolch 1965; Menze 1970; Weber 1972; Böhm 1982).

Ursprung und Verflachung

In das pädagogische Denken fand der Begriff gegen Ende des 18. Jahrhunderts Eingang. Als ein Leitmotiv der Aufklärung zielte er auf Befreiung von überkommenen geistigen und gesellschaftlichen Abhängigkeiten durch planmäßige Erziehung und Schulung unter Anleitung des kritisch prüfenden Verstandes. Die von Idealismus und Neuhumanismus bestimmte klassische Epoche kritisierte das Nützlichkeitsdenken und die enzyklopädische Stoffülle der Aufklärung und betonte demgegenüber die Selbstgestaltung der Person in ihrer humanen Ganzheit. »Totalität« als Entfaltung aller Kräfte, »Universalität« als Teilhabe an allen Kulturbereichen, »Individualität« als die jeweils eigene personale Form waren Leitbegriffe für das Bild des autonomen Menschen, der in voller Entfaltung seiner Möglichkeiten und in Selbstbestimmung gegenüber heteronomen Zwängen sein eigentliches Menschentum lebt.
Die vom Ideal des Griechentums bestimmten, sprachlich und ästhetisch gerichteten Inhalte jener Epoche legten freilich den Keim für eine Verflachung des Begriffsverständnisses, die in der Öffentlichkeit bis heute nicht ganz überwunden ist. So geriet »Bildung« im 19. Jahrhundert mehr und mehr zu einer literarisch-ästhetisch bestimmten Kultur der Innerlichkeit, die zugleich ständische Privilegien des gehobenen Bürgertums abzusichern half.

Neubesinnung

Zu Beginn unseres Jahrhunderts trug ein geschärftes soziales Gewissen zu einer Verlagerung der Akzente bei. Als »gebildet« sollte auch der weniger geschulte »Mann des Volkes« gelten dürfen, wenn er nur die rechte »Herzensbildung« besitze und sein Leben im gegebenen Umkreis rechtschaffen bewältige. Die Verpflichtung zur »Sozialität«, zur Bewährung gegenüber den Aufgaben des Lebens in der Gesellschaft schuf ein Gegengewicht zur Kultivierung bloßer »Individualität« (vgl. Paulsen 1903).

Der Gedanke der personalen Durchformung durch die Auseinandersetzung mit wertvollen Inhalten wurde aber nicht aufgegeben. H. Nohl betonte dabei mehr die subjektive Seite:

»Bildung ist die subjektive Seinsweise der Kultur, die innere Form und geistige Haltung der Seele, die alles, was von draußen an sie herankommt, mit eigenen Kräften zu einheitlichem Leben in sich aufzunehmen und jede Äußerung und Handlung aus diesem einheitlichen Leben zu gestalten vermag« (1933, hier nach Menze 1970, 154).

Bei E. Spranger stand der Aspekt der Sache im Vordergrund.

»Bildung ist die durch Kultureinflüsse erworbene, einheitliche und gegliederte, entwicklungsfähige Wesensformung des Individuums, die es zu objektiv wertvollen Kulturleistungen befähigt und für objektive Kulturwerte erlebnisfähig (einsichtig) macht« (1923, 24).

Freilich besagten diese allgemeinen Formeln nichts über die Spannbreite ihrer möglichen Verwirklichung.

G. Kerschensteiner wurde in diesem Punkte deutlicher: Bildung sei »ein durch Kulturgüter geweckter, individuell organisierter Wertsinn von individuell möglicher Weite und Tiefe« (1926, 22), d. h. es gibt sie in sehr unterschiedlichen Arten und Graden. Daneben hielt sich allerdings auch ein engerer, im wesentlichen auf den Bildungserwerb durch Schule bezogener Begriff. So verstand F. X. Eggersdorfer unter Bildung als Aufgabe die »geistige Formung des werdenden Menschen« durch planvoll geleitete Auseinandersetzung mit der gegenständlichen Welt (1928, hier nach 1968, 13). Bildung als Ziel bestimmte er nach O. Willmann, dem (1882) die wohl beste Formel gelungen war: »Lebendiges Wissen, durchgeistigtes Können, geläutertes Wollen machen in ihrem Zusammenhang jene geistige Form aus, die wir an einem Menschen Bildung nennen« (ebenda 27).

Vertiefung

Nach den Erschütterungen des Krieges hatte man den Glauben an eine mögliche Harmonie verloren, hatte man erlebt, wie »Bildung« nicht vor dem Versagen in der Ernstsituation bewahrt, wie sie also nur ein Vorletztes ist gegenüber dem Eigentlichen, der sittlichen Bewährung im gemeinsamen Leben (vgl. Dolch 1965, 37). Th. Litt betonte mit besonderem Nachdruck, daß Bildung nicht nur Besitz an Kulturgütern sei, sondern »lebendige innere Form, zu der der Mensch in der Auseinandersetzung mit Welt und Sache heranwächst, die ihm dann einen festen Halt und einen klaren Blick für Wert und Unwert gibt, ihn gegen Anfechtungen stark macht« (1947, 12), und andernorts: Bildung sei jene Verfassung des Menschen, »die ihn in den Stand setzt, sowohl sich selbst als auch seine Beziehung zur Welt in Ordnung zu bringen« (nach Menze 1970, 55).

Die Überzeugung, daß diese Verfassung nur in der Auseinandersetzung mit »Welt und Sache«, d. h. mit wesentlichen Inhalten zu gewinnen sei, steht auch hinter der Formel, die Th. Adorno fand: Bildung sei »Kultur nach der Seite ihrer subjektiven Zueignung«.

Neues Gehör fand auch R. Guardini, dem in seiner »Grundlegung der Bildungslehre« schon vor dem Kriege eine großartige Zusammenschau gelungen war (1928, 1959). In »Bildung« als pädagogischem Begriff vereinen sich nach ihm drei unterschiedliche, ja gegensätzliche Motive:

Sie sieht den Menschen als *Bild*, d. h. als anschaubare, konkrete und individuelle Einheit von inhaltlicher Fülle und gestalteter Form,

und zugleich als *Bewegung*, d. h. als immer neu zu leistende, nie zur Vollendung führende Entscheidung in der Begegnung mit Aufgaben, der Bewährung in immer neuen und einmaligen Situationen.

Beide Sichtweisen schließen sich aus und bedingen einander zugleich; sie stehen in einem dialektischen Verhältnis.

Beide denken aber vom Subjekt aus und bedürfen daher ihrerseits des dialektischen Widerparts im *Dienst* am Gegenstand, der ein Eigenrecht besitzt, in der Hingabe an die Sache um ihrer selbst willen. »Bild«, »Bewegung« und »Dienst« in ihrem spannungsreichen Mit- und Gegeneinander machen zusammen erst das aus, was »Bildung« heißt.

Ein solchermaßen vertiefter, freilich auch schwieriger gewordener Begriff beherrschte das pädagogische Denken bis über die Mitte des Jahrhunderts hinweg.

Verdrängung

In den sechziger und siebziger Jahren scheuten sich manche Erziehungswissenschaftler vor der Verwendung des Begriffes, weil er ihnen entweder zu wenig exakt, operationalisier- und kontrollierbar oder aber zu ideologiebelastet schien. Durch Worte wie »Sozialisation«, »Enkulturation«, »Personalisation« versuchte man ihn zu ersetzen und umschrieb ihn doch nur notdürftig. Die Rede vom »Lernen« sollte ihn überflüssig machen und bewies in ihrer Allgemeinheit und Leere doch erst seine

Unersetzbarkeit. In eigenartigem Gegensatz dazu stand der inflationäre Gebrauch im politischen Bereich, wo »Bildungsdefizit«, »Bildungsnotstand«, ja »Bildungskatastrophe« ausgerufen, »Bildungschancen« gefordert wurden, wo man eine auf »Bildungsökonomie« gegründete »Bildungspolitik« betrieb, einen »Bildungsrat« einrichtete, einen »Bildungsgesamtplan« veröffentlichte – damit freilich auch ein anderes Verständnis von »Bildung« offenbarte. Sie galt jetzt als etwas, das man machen kann, das Zwecken individueller, gesellschaftlicher und nationaler Art dient, das der Einzelne als Anrecht von der Gesellschaft verlangen kann, das aber auch sie von ihm fordern muß. Kennzeichnend hierfür war die viel zitierte Bestimmung durch S. Robinsohn: »Bildung als Vorgang in subjektiver Bedeutung ist Ausstattung zum Verhalten in der Welt.« Allgemeiner und äußerlicher konnte man es nicht mehr sagen, auch wenn anschließend eingeschränkt wurde: »Daß der Bildungsprozeß sich am Bestand einer Kultur orientiert, daß die Interpretation der Wirklichkeit sich mit Hilfe tradierter Formen und Gehalte vollzieht, widerspricht dieser Aufgabenbestimmung nicht, sondern ist in ihr impliziert« (1967, 9).

Nicht lange konnte man damit zufrieden sein. Aus Fachlehrgängen zusammengestückelte, durch eine Fülle aktueller Ansprüche aufgeblähte Curricula, Hochstapeleien einer mißverstandenen »Wissenschaftlichkeit«, additive Aufreihung aller möglichen »Kompetenzen« und »Qualifikationen« – in all dem zeigte sich nur zu deutlich das Fehlen einer Sinnmitte, die den Einzelinhalten erst den Stellenwert, dem Ganzen die innere Einheit gibt.

Anzumerken ist, daß in der *DDR* der Bildungsbegriff unangefochten seinen Rang behauptet hat, und dies unter ausdrücklicher Berufung auf die humanistische Bildungstradition in ihrer Übernahme und Weiterführung durch K. Marx (vgl. Neuner 1973, 21 ff.).

Wiederbelebung

In jüngster Zeit wird der Begriff als ein genuin pädagogischer wieder eingefordert. Man erkennt, daß er unverzichtbar ist, weil mit ihm ein zentrales Anliegen der Erziehung bezeichnet ist. Unterschiedliche Bedeutungsanklänge und Motive schwingen – berechtigterweise – in ihm mit:

Sowohl die Fülle von Inhalten, Vorstellungen, Kenntnissen, Einsichten materialer Art – als auch die entfalteten Kräfte, die entwickelten Fähigkeiten und Fertigkeiten, das Können mehr formaler Art;

spezielle »Qualifikationen« oder »Kompetenzen« als Ergebnis solider Ausbildung und Schulung – aber auch ein weiter Horizont, der dem Einzelinhalt Ort und Stellenwert zuweist und den Menschen vor der Enge des Spezialistentums bewahrt;

Aneignung des gemeinsamen Kulturbesitzes, Fähigkeit zur Verständigung durch Angleichung und Anpassung – aber auch Findung des persönlichen Standpunktes, Gewinnung von Distanz und mündiger Selbstbestimmung;

innerer Reichtum, Vielseitigkeit der Interessen – aber auch Schwerpunktsetzung, eigene personale Durchformung;

geistige Kultiviertheit durch Beschäftigung mit wertvollen Kulturgütern – aber auch »Herzensbildung«, verfeinertes Gemüt, gewecktes Gewissen, nuancierte und tatbereite Sittlichkeit;

»Wissen« im Sinne umfassenden Selbst- und Weltverständnisses – und »Haltung«, gegründete Gesinnung, verantwortliches Handeln;

persönliche Selbstentfaltung, »Selbstverwirklichung« – die doch nur erreichbar ist in der Hingabe an die Sache, den Mitmenschen, die Aufgabe;

eigenes Interesse, ureigenste persönliche Angelegenheit – aber auch Interesse der Gemeinschaft, öffentliche Angelegenheit;

Zustand, anzustrebende Gesamtverfassung des Menschen – und zugleich Vorgang, aus Lern- und Entwicklungsprozessen verwobener Bildungsgang;

zu erwerbendes Gut – und lebenslange Aufgabe;

was planbar ist und geplant werden muß – und was aus spontaner Selbstentfaltung und freiwilligem Interesse entspringt; wofür Gesellschaft und Erzieher verantwortlich sind – und was in der Verantwortung des einzelnen liegt;

was die Schule geben – und was nur Lohn eines gemeisterten Lebens sein kann;

was als Voraussetzung für die Erreichung anderer Zwecke dient – und was zugleich Selbstzweck, Ausdruck und Erfüllung menschlichen Daseins ist;

was menschlicher Absicht unterliegt – und was letztlich Freiheit, Geschenk, Gnade bleibt.

Damit klärt sich auch das Verhältnis von *Bildung* zu *Erziehung* und *Unterricht*. Man hat Bildung teils als Oberbegriff zu beiden, teils der Erziehung untergeordnet, teils als ihr Synonym verwendet. Keiner dieser Versuche kann befriedigen. Bildung ist der Erziehung weder über- noch unter-, sondern ihr zugeordnet. Sie steht zu ihr in einem korrelativen Verhältnis, bezeichnet eine eigene Sichtweise der Erziehungsaufgabe (Menze 1970, 158).

Die Verben lassen dies deutlicher werden als die Substantive: Man kann einen Menschen unterrichten, d. h. ihn planmäßig zum Lernen von Sachverhalten anleiten, und dann feststellen, er sei »unterrichtet«. Man kann ihn erziehen, d. h. ihn auf

vielfache Weise zum verantwortlichen Handeln aufrufen und befähigen, und dann – wenn auch mit größerer Vorsicht – feststellen, er sei »erzogen«. Man kann aber nicht ihn »bilden« und dann feststellen, er sei »gebildet«. Das im Wort »Bildung« gedachte Ziel, »in einer besonderen Lebensform das Allgemeine zu verwirklichen« (Mittelstraß 1986) ist letztlich Aufgabe und Leistung des Menschen selbst.
Was wir tun können, ist zu unterrichten *und* zu erziehen. Je besser wir das tun, desto eher dürfen wir hoffen, daß daraus Bildung erwachse.
Aus der Entfaltung des Begriffes »Bildung« werden die Spannungen deutlich, die ihn durchziehen, die ihn so schwierig, aber auch so fruchtbar machen. Sie gelten auch für alles Bemühen um eine »grundlegende Bildung«.

1.1.2 Grundlegende Bildung

Es mag hilfreich sein, diesen Begriff zunächst von seiner Wortbedeutung her auszulegen.

Gelegter Grund

»Grundlegend« – das ist eine Metapher, ein Bild aus dem Bauwesen. Hier wird etwas zweckmäßig geplant und berechnet und dann dem Plan gemäß ausgeführt. Der Grund *wird* gelegt, er ist Material, mit dem etwas geschieht. Wenn er einmal gelegt ist, dann liegt er, verändert sich nicht mehr, soll sich auch nicht verändern, sondern fest und tragfähig sein. Der Sinn des Stabilen und Verläßlichen, des Plan- und Machbaren, zugleich des Passiven und Statischen wohnt dem Bilde inne. Schon hier sehen wir: Die Metapher trifft nur eine Seite des Bildungsbegriffes, Grund- und Bestimmungswort vertragen sich nicht völlig.
Der planmäßig gelegte Grund ruht selbst wieder auf etwas, auf einem schon vorhandenen, natürlichen Untergrund. Man muß diesen erst untersuchen, ob er das gewünschte Bauwerk auch tragen kann. Worin könnte er im Falle der Bildung bestehen? Wie könnte seine Tragfähigkeit geprüft, wie so verbessert werden, daß sie für das gewünschte Bauwerk taugt? Wann begänne die »Bildung«, mit der Legung des Fundamentes oder schon vorher? Es ist so eine Sache mit den Bildern ...

Mittel und Selbstzweck

Der Grund wird *für etwas* gelegt, für ein Bauwerk, das darauf errichtet werden soll und ohne ihn nicht gebaut werden könnte, jedenfalls nicht sicher stünde und ständiger Nachbesserung oder Stützung bedürfte. Dieses Bauwerk ist der eigentliche Zweck, der gelegte Grund ist nur ein Mittel. Ist das Gebäude einmal fertig, so sieht man nichts mehr von ihm und denkt nicht mehr an ihn.

Sollte das auch bei der Bildung so sein? Sollte irgend etwas, das man im Leben tut, worauf man die einem geschenkte, so knapp bemessene Lebenszeit verwendet, nur Mittel für einen späteren Zweck sein? Sollte es nicht seinen Sinn und Zweck auch in sich selbst tragen? Schleiermacher hat hierauf schon die Antwort gegeben: Erziehung ist immer in der Gefahr, entweder den gegenwärtigen Moment einer unbestimmten Zukunft oder diese Zukunft der bloßen Gegenwartserfüllung aufzuopfern. Also:

»Die Lebenstätigkeit, die ihre Beziehung auf die Zukunft hat, muß zugleich auch ihre Befriedigung in der Gegenwart haben; so muß auch jeder pädagogische Moment, der als solcher seine Beziehung auf die Zukunft hat, zugleich auch die Befriedigung sein für den Menschen, wie er gerade ist. Je mehr sich beides durchdringt, um so sittlich vollkommener ist die pädagogische Tätigkeit« (Schleiermacher 1826, hier nach 1966, 48).

Auch die »grundlegende Bildung« soll also Mittel und Zweck in einem sein.

Anfang der Allgemeinbildung

Je höher das auf dem Grunde errichtete Gebäude emporwächst, desto augenfälliger wird, daß jedes Stockwerk auf einem anderen ruht und selbst wieder Grundlage für das nächste ist. *»Grundlegend« ist also eine relative Bestimmung.*

Auf den Bereich der Bildung übertragen: Was in Familie und Kindergarten geschieht, legt den Grund für die Grundschule. Deren Name drückt aus, daß sie die Basis für die Sekundarstufe legen soll, und diese tut das gleiche für die Kollegstufe, diese wieder für die Universität, und auch hier gibt es grundlegende Vorlesungen, Proseminare vor den Mittel- und Hauptseminaren usw.. Doch kann die Fachausbildung für unsere Betrachtung ausscheiden. Für den Bereich der Allgemeinbildung ist die Relativität des Begriffes offenkundig.

So sieht W. Flitner in »grundlegender Geistesbildung« ausdrücklich die Aufgabe der *höheren Schule* (1965, 12). Er wird nicht müde, den »falschen Szientismus«, die bloße Ableitung der Schulfächer von Universitätsstudien abzuwehren und zu betonen, daß die höhere Schule »grundlegende Geistesbeschäftigungen« zu pflegen habe, »die dem Geist einen substanziellen Gehalt geben, die ihn wirklich entwickeln und formen, so daß danach ein wissenschaftliches Studium möglich wird.« Freilich ist diese grundlegende Bildung auf verschiedenem Niveau denkbar.

So unterscheidet Flitner eine *primäre Grundbildung* als das, »was in einem Lebenskreis mit geistig-sittlicher Ordnung von jedermann und in jeder wichtigen Lebensbeziehung, nach jeder inhaltlichen Richtung hin durch die Erziehung entwickelt wird, solange Kindheit und Jugend dauern« (1965, 47) von einer »höheren (sekundären, weiterführenden) Grundbildung«, »wenn sich einzelne Schichten oder Berufsgruppen dadurch herausheben, daß sie ihrer Jugend eine wesentliche Steigerung von Verständnis und Können zumuten, wenn sie mit Rücksicht darauf die Jugendzeit verlängern, den Ernsteinsatz des Nachwuchses hinausschieben« (1965, 47 und passim).

E. Spranger meint das gleiche: Auch die höhere Schule könne eine im Vergleich zur Volksschule zwar breitere und wissenschaftlich strenger fundierte, aber doch nur eine *grundlegende Bildung*, keineswegs eine abgerundete Allgemeinbildung geben. Erst wenn der Mensch in der »Berufsbildung« seinen verantwortlichen und damit zugleich beschränkten Platz in der Welt gefunden habe, könne er in Erweiterung des Gesichtskreises und Vertiefung des Verständnisses zur eigentlichen »Allgemeinbildung« gelangen (1923). In jüngster Zeit ist der Begriff »Grundbildung« als Antwort auf gewisse Fehlentwicklungen der Kollegstufe neu ins Gespräch gebracht worden (AEED 1985).
Wenn wir von Sprangers etwas eigenwilliger Deutung absehen, so rückt unser Begriff nahe an den der *Allgemeinbildung* heran, wobei unterschiedliche Niveauhöhen mitgedacht sind. Im Grunde handelt es sich um zwei Aspekte der gleichen Sache, bei der »Allgemeinbildung« mehr auf das Ziel, bei der »grundlegenden Bildung« mehr auf den Anfang bezogen. So wollen wir unseren Begriff hinfort verstehen: als den *Anfang der Allgemeinbildung*, wobei das »Allgemeine« mehrfache Bedeutung hat.

Aufgabe der Grundschule

Noch liegt der Zeitpunkt dieses Anfangs nicht fest. So wird eine weitere Bestimmung nötig: *»Grundlegende Bildung« soll das heißen, was mit dem Eintritt in die Schule beginnt.* Was vorher geschieht, ist nicht enthalten, wenngleich es von größter Bedeutung für die spätere Bildung sein kann.
Der Anfang ist damit klar, aber noch nicht die *Dauer*. Nach Lichtenstein-Rother/Röbe sind »Grundlegung der Bildung« wie auch »Grundlegung des schulischen Lernens« und »grundlegender Unterricht« Begriffe, »die sich – sowohl institutionell als auch pädagogisch gesehen – auf die Aufgabe des ersten Schulabschnitts und dessen Zusammenhang mit der folgenden Stufe beziehen« (1982, 77), wobei das erste Schuljahr »in einem strengen Sinne Exemplum für den Beginn einer grundlegenden Bildung« ist (ebenda 9).
In der Weimarer Zeit bezog man den Begriff auf die gesamte Dauer der neu geschaffenen Grundschule, so z. B. in einer Verlautbarung des Reichsministeriums des Innern aus dem Jahre 1921:

»Die Grundschule als die gemeinsame Schule für alle Kinder der ersten vier Schuljahre hat die Aufgabe, den sie besuchenden Kindern eine grundlegende Bildung zu vermitteln, an die sowohl die Volksschule der vier oberen Jahrgänge wie die mittleren und höheren Schulen mit ihrem weiterführenden Unterricht anknüpfen können ... (nach Wenzel 1970, 50).

Einem solchen Verständnis korrespondiert der Begriff des »grundlegenden Lernens«, wie er von Einsiedler und Rabenstein gebraucht wird (1985). Diesem Lernen dient konsequenterweise der »grundlegende Unterricht« (Im bayerischen Lehrplan für die

Grundschule von 1981 wird diese Bezeichnung in engerem Sinne, als Fachterminus für den integrierenden Unterricht der ersten beiden Schuljahre verwendet, um den Unterschied gegenüber dem früheren »Gesamtunterricht« zu betonen).

Andererseits versteht R. Peter darunter den Unterricht für die gesamte Zeit der Kindheit vor dem Einsetzen des Reifealters (1954, 137). Auch diese Bestimmung hat etwas für sich. Sie erinnert daran, daß die historisch-politisch bedingte Dauer der deutschen Grundschule nicht eine naturnotwendige Vorgabe darstellt, daß die Jahre der Kindheit in pädagogischer Hinsicht als Einheit betrachtet werden können, jenseits derer dann tatsächlich etwas Neues und Andersartiges beginnt. Ähnlich bezieht man in anderen Ländern Begriffe wie »elementary education«, »istruzione elementare«, »basis onderwijs« u. ä. auf die gemeinsame Schule der Kindheit, die fast überall mehr Schuljahre umfaßt als bei uns.

Man könnte endlich »grundlegende Bildung« als die Aufgabe der Schuljahre verstehen, die durch die *Schulpflicht* festgesetzt sind, dann allerdings in die beginnende Jugendzeit hineinreichen, wie die spanische Educación General Basica oder die »sozialistische Allgemeinbildung« der DDR, verstanden als »grundlegende Bildung aller Mitglieder der Gesellschaft durch allgemeine, gesellschaftlich notwendige, verbindliche Inhalte« (Vogt 1972, S. 14), »unerläßliche Grundlage für die Entwicklung der sozialistischen Persönlichkeit«, »solides Fundament für jede weiterführende Bildung«, Aufgabe der »zehnklassigen polytechnischen Oberschule als grundlegende Erziehungs- und Bildungsstätte für alle Kinder des werktätigen Volkes« (Neuner 1973, 23ff.).

Doch kommen mit den Fragen der Pflichtschuldauer oder der gemeinsamen Schuljahre politische Entscheidungen herein, dazu methodische und inhaltliche Fragen einer Schule des Jugendalters, die über das Anliegen dieses Bandes hinausführen. *So wollen wir hinfort von »grundlegender Bildung« reden, soweit mit ihr die Aufgabe der vierjährigen Grundschule gemeint ist.*

Es bleibt noch anzumerken, daß es einen Begriff der »Fundamental Education« bzw. »Grunderziehung« gibt, der von der UNESCO für die Erwachsenenbildung in den Entwicklungsländern verwendet wird und hauptsächlich die Alphabetisierung, daneben die Vermittlung lebensnotwendiger Informationen meint (Hausmann 1970). Er steht in unserem Zusammenhang nicht zur Debatte, kann uns aber helfen, die Probleme unseres Landes im richtigen Lichte zu sehen.

Schulisch vermittelte Bildung

Mit der Festlegung auf die Zeit der Grundschule ist eine weitere, wichtige Bestimmung getroffen: die Beschränkung auf *Bildung unter den Bedingungen von Schule* überhaupt, d. h. insbesondere auf das, was schulischem Einfluß unterliegt, zielgerichtet und planmäßig geschieht.

Mit dem Ziel ist eine wertbestimmte Norm gesetzt. Man wünscht, dieses Ziel zu erreichen, man nimmt an, daß es erreichbar sei und tut alles dafür, daß es erreicht werde. So ist unser Begriff zugleich ein normativer: Es handelt sich um Bildung, die mit den Mitteln der Schule bewirkt werden soll.

Dabei ist freilich vieles vorausgesetzt, das doch der Klärung bedürfte:

Was ist Aufgabe und Funktion der Schule? Was *kann* man, was *soll* man in ihr lernen, in der ihr vorbehaltenen Zeit, auf den in ihr möglichen Wegen, mit den ihr verfügbaren Mitteln? Lernt man nicht vieles und oft besser außerhalb der Schule? Was *muß* man in der Schule lernen, weil man es nur in ihr richtig lernen kann? Es muß Vorrang haben vor all dem anderen, das wünschenswert sein mag, aber unter gegebenen Bedingungen nicht auch noch erreichbar ist. Was kann Schule überhaupt *bewirken?* Was bewirkt sie tatsächlich in planmäßiger Bildungsarbeit, was sind ihre unbeabsichtigten Nebenwirkungen? Solche Fragen führen tief in die Grundprobleme einer Schultheorie hinein, die hier nicht zu behandeln sind.

Dies ist jedenfalls gewiß: *Die Grundschule soll und kann einen soliden Grund für die weitere Bildungsarbeit legen,* und sie kann diese doch nur anfangen und anbahnen, nichts fertig machen und abschließen. Sie ist hierfür notwendig und unersetzlich, und sie kann es doch nicht allein tun.

1.2 Ziele und Aufgaben grundlegender Bildung

Wer soll diese grundlegende Bildung erhalten? *Was* soll ihr Inhalt sein? *Wie* soll sie vermittelt werden? Es sind die Fragen, auf die schon Comenius seine berühmte Antwort gab:

»Omnes omnia omnino« – alle sollen alles in einer auf das Ganze, das Wesentliche bezogenen Weise lernen, und das soll »secundum naturam«, auf naturgemäße Weise geschehen.

Was bei ihm noch Vision war, ist heute greifbares Ziel einer allgemeinen öffentlichen Erziehung. Im einzelnen bleiben freilich manche Probleme, ja Widersprüche und Antinomien.

1.2.1 Omnes: Gleiche und gemeinsame Bildung für alle

Gleiche Bildung

»Unter der grundlegenden Bildung sei verstanden die Einheit von Erfahrungen, Kenntnissen, Gesinnungen und Künsten, die in einem Lebenskreis so gemeinsam sind, daß alle Verständigung und alle speziale, berufliche oder sonst eigenartige Höherbildung davon ausgeht« (Flitner 1965, 47).

»... und weil jeder an ihr teilhaben muß, werden wir sie als grundlegende Bildung bezeichnen dürfen« (Spranger 1923, 161).

Wenn auch beide Autoren den Begriff weiter verstehen als wir, so betonen sie doch das Gemeinsame, Verbindende an ihm. Freilich klingt das recht harmonisch, und es bleibt unverbindlich in den schulischen Konsequenzen. H. v. Hentig sagt es deutlicher: »In einer Demokratie darf es nicht zweierlei Grundbildung geben« (nach Landesinstitut 1985, 10). Dies ist das politische Motiv: Innerhalb der Gesellschaft, des Volkes, der Nation soll es keine Unterschiede zwischen Ständen, Klassen, Schichten, Gruppen, Einzelmenschen geben. Mit der Durchsetzung der Schulpflicht ist dies vom äußeren Rahmen her gesichert.

Gemeinsam erworbene Bildung

Hinzu kommt das weitere Anliegen, daß diese gleiche Grundbildung auch gemeinsam, in der gleichen Schule erworben werden solle. In bezug auf die Inhalte dieser Bildung ist das nicht zwingend notwendig, im Hinblick auf die »Nebeneffekte« schulischen Lernens – die man auch als Haupteffekte betrachten kann – ist es aber wünschenswert. Es ist dies ein Hauptmotiv für Einheitsschulsysteme bzw. Gesamtschulbestrebungen. Mit der Weimarer Grundschule ist dieses gemeinsame Lernen wenigstens für die ersten vier Schuljahre erreicht worden.

Ausgleichende Bildung

Aus der Erfahrung, daß die gesetzlichen Regelungen zur Schaffung der vollen Gleichheit nicht ausreichen, erhielt die Grundschulreform der sechziger und siebziger Jahre entscheidende Anstöße. Zum einen war man allgemein mit der Grundschule nicht zufrieden. So forderte der Deutsche Bildungsrat in seinem Strukturplan: »In einem einheitlichen Grundprogramm sollen alle Kinder besser gefördert werden« (1970, 121). Zum anderen galt es, die immer noch bestehenden Unterschiede zwischen den Kindern auszugleichen, um *Chancengleichheit* zu verwirklichen oder doch wenigstens die Startchancen gerechter zu gestalten. »Kompensatorische Erziehung« wurde zum Leitmotiv reformerischer Bestrebungen. Deswegen heißt es im Strukturplan weiter: »Kinder, die besonderer Lernhilfen bedürfen, sollen in dafür geeigneten Kursen die notwendige Unterstützung erfahren« (1970, 129). Daß man sich zeitweise besonders viel von vorschulischer Förderung versprach und was man alles in dieser Richtung unternahm, ist hier nicht zu behandeln.

Was sollte aber mit den von Umwelt oder Natur begünstigten Kindern geschehen? Hat nicht jeder das Recht auf bestmögliche Förderung nach seinen individuellen Fähigkeiten, und liegt dies nicht auch im Interesse der Allgemeinheit? Auch daran denkt der Bildungsrat: »Durch Zusatzangebote sollen möglichst alle Kinder in ihren besonderen Neigungen angesprochen und darin weiter angeregt werden« (ebenda).

Differenzierung

Damit war man auf das Problem der Differenzierung gestoßen (vgl. Kap. 3):

Die Schule muß Gleiches bieten und fordern, um überkommene soziale (lokale, landsmannschaftliche, nationale) Ungleichheiten zu überwinden.

Sie muß gleichzeitig differenzieren und individualisieren, d. h. Unterschiedliches bieten und fordern, und dies aus gegensätzlichen Motiven:

einerseits mit dem Ziel, bestehende Defizite zu kompensieren um der Gleichheit der Chancen willen; denn »die Gleichheit der Chancen wird in manchen Fällen nur durch die Gewährung besonderer Chancen zu erreichen sein« (Deutscher Bildungsrat 1970, 30), andererseits mit dem Ziel, individuelle Eigenart zu fördern und dadurch notwendig die Unterschiede zu vergrößern, um des gleichen Rechts auf Förderung willen; denn »Chancengleichheit darf nicht durch eine Nivellierung der Ansprüche angestrebt werden« (ebenda).

Damit ist die Spannung aufgezeigt, innerhalb derer die Schule ihren Auftrag erfüllen soll (vgl. Schwartz 1969; Glöckel 1983). Es ist die Grundspannung zwischen Freiheit und Gleichheit, Individuum und Gesellschaft, liberalem und sozialem Prinzip, die unsere Zeit und Gesellschaft und damit auch die grundlegende Bildung durchzieht. Da wir beiden Prinzipien zutiefst verpflichtet sind, ist eine grundsätzliche Lösung nicht möglich und kann die jeweils erreichte praktische Lösung nie voll befriedigen.

Was die *Inhalte* anlangt, so wird an einem »Fundamentum« festzuhalten sein, das möglichst mehr als ein bloßer »Minimalkatalog« sein sollte, ergänzt durch individuelle und gruppenspezifische Inhalte, die wieder ihrer eigenen Begründung bedürfen.

Organisatorisch versucht man heute, dem doppelten Ziel mittels innerer Differenzierung näher zu kommen, um die erfahrenen Nachteile äußerer Differenzierung zu vermeiden. Man mache sich aber nichts vor: Dies kann nur deswegen gelingen, weil es für die Fälle starker Abweichung die Sonderschule, also doch eine Form äußerer Differenzierung (in leichteren Fällen auch sonderpädagogische Betreuung in der Normalschule) gibt. Auch sie vermittelt »grundlegende Bildung«, was sonst? Aber gerade an ihr wird deutlich, daß die völlige Gleichheit eine – letztlich inhumane –

Fiktion ist, daß man ohne die Annahme von Niveauunterschieden schon bei der grundlegenden Bildung nicht auskommt.

1.2.2 Omnia: Allseitige, vollständige, ausgewogene Bildung

Hier geht es um die *Inhalte* bzw. die *Ziele* der grundlegenden Bildung. Beide sind eng aufeinander bezogen, im Grunde nur verschiedene Aspekte des gleichen Sachverhalts. Wenn Ziele etwas aussagen sollen, müssen sie inhaltliche Angaben enthalten, und wenn Inhalte pädagogisch relevant werden sollen, geht ein Zielmoment in sie ein. Das gilt auf allen Abstraktions- bzw. Konkretionsebenen, wie sich im folgenden zeigen wird.

a) Allseitige Bildung

Allseitig soll die Bildung sein, der *ganze Mensch* soll gebildet werden. Wie läßt sich dieses Ziel begrifflich fassen, so daß es mehr als ein schön klingendes Wort ist? Auf verschiedene Weise hat man es auszudrücken versucht.

Totalität und Universalität

Auf allgemeinster Ebene ist die erstrebte Allseitigkeit in der klassischen Formel von »Totalität« der entfalteten Kräfte und »Universalität« der erschlossenen Kulturbereiche enthalten. Beide sind nicht voneinander zu trennen: Die vielseitigen Kräfte, Fähigkeiten, Interessen können sich nur in der Begegnung mit entsprechenden Sachverhalten entfalten, und diese Sachverhalte, »Kulturgüter« o. ä. existieren letztlich nur im Geist, im Interesse und in der Wertschätzung lebendiger Menschen.

Formales und materiales Prinzip

Gleiches gilt für die Unterscheidung von »formaler« und »materialer« Bildung, wie sie bis heute üblich ist, so z. B. in der Aufgabenstellung der Kultusministerkonferenz für die Grundschule:
- »Vermittlung grundlegender Kenntnisse und Einsichten« (= inhaltliche Bildung),
- »Entwicklung von Fähigkeiten, Fertigkeiten und Arbeitstechniken« (= methodische Bildung),
- »Schaffung eines Interesses für den weiterführenden Fachunterricht« (= Einstellungsbildung)

(KMK 1980, nach Einsiedler/Rabenstein 1985, 117–125). Aber auch diese Gegenüberstellung führt nicht viel weiter.

Inhalte, Vorstellungen, Kenntnisse, so wichtig sie sind, nützen nur wenig, wenn man

mit ihnen nicht umzugehen weiß. Andererseits lassen sich die »formalen« Fähigkeiten nur an Inhalten erwerben. Diese werden in jedem Falle mitgelernt, und sie sollten daher nach ihrem Eigenwert ausgewählt sein.
Natürlich kann man Fertigkeiten, Arbeitsweisen usw. an wertlosen Inhalten einschulen, und man kann Einzelkenntnisse beziehungslos memorieren lassen. Beides sind aber Fehlformen des Unterrichts, die zu vermeiden sind.
Endlich sind Fähigkeiten, Arbeitsweisen, Methoden selbst Inhalte, wenn auch eigener Art, und sie sind in ihrer Anwendung auf bestimmte Gegenstandsbereiche beschränkt. Im Begriff der *kategorialen Bildung* ist die Einsicht gefaßt, daß richtig gelerntes, an geeigneten Sachverhalten methodenbewußt und verständig gewonnenes Wissen selbst zur »Kraft«, zur Kategorie, zur »Form und Regel der Auffassung« künftigen Wissens im jeweiligen Gegenstandsbereich wird (Scheler 1947, 23; Klafki 1963, 44).
Der eigentliche Gewinn aus der Unterscheidung von materialer und formaler Bildung liegt also mehr in den Folgerungen für die Unterrichtsmethode. Indirekt ergibt sich für die Inhaltsfrage immerhin die Folgerung, daß der Umfang zu begrenzen sei, weil richtiges Lernen im genannten Sinne gründliche Vertiefung und damit Zeit fordert. Auf die Frage, was denn nun gelernt werden solle, welche Inhalte zu bieten, welche Fähigkeiten zu entfalten seien, erhält man jedoch keine Antwort.

»Kopf, Herz und Hand«

Die Unterscheidung von »material« und »formal« hat eine weitere Grenze: Sie sagt nichts darüber aus, daß die »Inhalte« und »Kräfte« von verschiedener Art sind, daß die Allseitigkeit der Bildung den Menschen in allen Bereichen seiner Person erfassen soll. Ob man von »Denken, Fühlen und Wollen« oder poetischer von »Kopf, Herz und Hand« spricht, ob man das Schichtenbild von »Leib, Seele, Geist« oder »Lebensgrund, endothymer Grund, personeller Oberbau« verwendet, ob man die Dimensionen des »Kognitiven, Affektiven und Pragmatischen« unterscheidet oder wenigstens, wie im obigen Zitat der KMK, die Wichtigkeit von Interessen als Einstellungen anerkennt – immer versucht man, am Menschen »Bereiche« oder »Funktionen« verschiedener Qualität zu unterscheiden, die erst zusammen sein Ganzes ausmachen. Solche Versuche bleiben immer unzureichend, weil die Teilfunktionen engstens verwoben sind; sie sind notwendig, weil diese Funktionen doch einseitig gefördert oder vernachlässigt werden können, und weil sie alle der erzieherischen Hilfe bedürfen, wenn sie sich in Ausgewogenheit entwickeln sollen.
Grundlegende Bildung, und gerade sie, muß diese Hilfen geben, muß den ganzen Menschen ansprechen und einbeziehen, ihn allseitig fordern und dadurch fördern. Auch dies ist zwar in erster Linie eine Frage des »Wie«. Aber auch Kopf, Herz und

Hand brauchen das sachliche Gegenüber, um sich daran zu entwickeln, und diese Inhalte sind in unterschiedlichem Maße auf die Persönlichkeitsbereiche bezogen. So ist immerhin ein Kriterium, freilich wieder ein sehr allgemeines, für ihre Auswahl gewonnen.

Wissen und Haltung

Dies ist wieder eine andere Formel für das »Ganze«. Sie ist die wichtigste von allen, erinnert sie doch daran, daß der Mensch nur dann als allseitig gebildet gelten kann, wenn er sittlichem Anspruch genügt und verantwortlich handelt. »Wissen« schließt hier auch das »Können«, den materialen und formalen Aspekt ein, steht für Tüchtigkeit überhaupt. »Haltung« meint das sittliche Empfinden, die Wertempfänglichkeit, die Verantwortung für den Mitmenschen, das »Gewissen«. Immer haben Pädagogen empfunden, daß diese sittliche Haltung ein unerläßliches, ja das oberste Ziel der Erziehung sein muß, daß bloße Schulung des Intellekts unzureichend, ja gefährlich ist, wenn sie nicht mit der Kultivierung der Gefühle, des Werterlebens und der Handlungsbereitschaft einhergeht. Schule hat nicht nur eine Unterrichts-, sondern auch eine Erziehungsaufgabe (Erziehung hier im engeren Sinne verstanden), sie muß den Menschen nicht nur tüchtiger, sondern auch »besser« zu machen suchen. Ein Weg der Verwirklichung, wenn auch nicht der einzige, führt über die Behandlung wertbezogener, erziehlich relevanter und geeigneter Inhalte. Sie gehören unabdingbar zum Inhaltskanon der grundlegenden Bildung (vgl. Glöckel 1981 a, 1986).
Aber auch das bleibt eine allgemeine Feststellung. Wie kommen wir endlich zu den konkreten Inhalten?

b) Inhaltlich vollständige Bildung

Die Geschichtlichkeit der Inhalte

Zu den Inhalten kommen wir nicht durch gedankliche Analyse von »Bildungsidealen« oder Ableitung aus »Richtzielen«, nicht durch logische Systematisierungsversuche oder abstrakte Formeln. Bildungsinhalte sind nicht beliebig verfügbares Material zur Füllung von Leerstellen in bildungstheoretischen Systemen oder in Lernzieltaxonomien. Sie sind da, treten mit eigenem Anspruch auf, begründet durch die Wertschätzung von Menschengruppen im Ringen um den Lehrplankonsens. Wir können also nur von dem ausgehen, was wir in unserer Situation vorfinden, was in der Grundschule schon vorhanden ist mit dem Anspruch, bewahrt zu werden, und was an Neuem hereindrängt, um zusätzlich aufgenommen zu werden oder an die Stelle von Altem zu treten. Es ist bisher nirgendwo gelungen, diese Vielfalt in ein stimmiges System zu bringen. Es kann nicht gelingen, weil sie historisch geworden ist.

W. Flitner hat in seinen »Vier Quellen des Volksschulgedankens« (1958) aufgezeigt, daß der inhaltliche Kanon der grundlegenden Bildung nur aus seinem geschichtlichen Werden zu verstehen ist. In vier geschichtlichen »Schüben« ist dieser Kanon entstanden, die jeweils durch ein anderes Bild vom Menschen und von der Aufgabe der Schule bedingt waren:
Die »deutsche Schule« des ausgehenden Mittelalters lehrte Schreiben, Lesen und elementares Rechnen als isolierte Brauchkünste.
Die katechetische Schule des 16. und 17. Jahrhunderts brachte die systematische religiöse Unterweisung für den kirchlichen Laien, der sich seines Glaubens vergewissern soll.
In der realistischen Muttersprachschule des 18. Jahrhunderts kamen gemeinnützige Realien und praktische Künste und die Muttersprache als Verständigungsmittel für den willigen und nützlichen Untertanen des aufgeklärten Absolutismus hinzu.
Die Schule der Nationalerziehung und volkstümlichen Bildung des 19. Jahrhunderts sah den Einzelnen als Glied der Lebens- und Kulturgemeinschaft des Volkes, in die er durch Pflege von Überlieferung und Sitte, Musik und Kunst, Mythos und Geschichte, vor allem aber durch die geistigen Gehalte der Muttersprache, dieses unausschöpfbar reichen Kulturgutes, einzuführen war.
Heute zeichnet sich mit Einführung von Sozial- und Erziehungskunde, Wirtschafts- und Arbeitslehre, Werken bzw. polytechnischem Unterricht, Verkehrs- und Sexualerziehung, dazu einer verpflichtenden Fremdsprache eine fünfte »Quelle«, ein neuer historischer Schub ab, dessen Leitbild der mündige Bürger des demokratischen Gemeinwesens in einer von Wissenschaft, Technik und Medien bestimmten einheitlichen Weltkultur sein könnte. Erst mit zeitlichem Abstand wird man das richtig einschätzen können. Die Tendenz gilt jedenfalls für die Schulen der Sekundarstufe, und sie kann nicht ohne Auswirkung auf die Grundschule bleiben.
Ein solcher historischer Schub führt notwendig zu Umschichtung und Neubewertung. Er kann Bereicherung bringen, aber auch Verlust bedeuten. Die Auswahl der Inhalte bedarf also sorgfältiger Abwägung in pädagogischer Verantwortung, von der Abfassung des Lehrplans bis zum Entwurf einer Unterrichtsstunde. Was sind die Kriterien der Auswahl?

Qualitative Vollständigkeit

Der Aufweis der Geschichtlichkeit aller Inhalte, und zwar sowohl der im Lehrplan schon vertretenen als auch der in ihn hineindrängenden, klärt uns über die Situation auf, in der wir zu entscheiden haben, reicht aber nicht aus zur Legitimation dieser Entscheidungen. Daß etwas so ist, wie es geworden ist, begründet noch nicht den Anspruch, daß es auch so bleiben solle. Dem historisch-faktischen Werdegang ist die *systematisch-theoretische Frage* entgegenzusetzen, wie ein Lehrplan aussehen müsse, der den Interessen aller Beteiligten, sowohl des jungen Menschen wie auch der Gesellschaft, in die er hineinwachsen soll, am besten gerecht wird. Es ist die zentrale Frage der *Lehrplantheorie*.

Die erste Forderung, das Gegenstück zur oben behandelten »Allseitigkeit« ist die, daß der Lehrplan vollständig sein müsse, daß nichts Wichtiges in ihm fehlen dürfe. Was aber ist wichtig? Immerhin ist damit schon eines ausgeschlossen, nämlich die Wahnidee einer Vollständigkeit im Hinblick auf Einzelstoffe. Denn uferlos ist die Fülle der möglichen – für sich jeweils leicht zu legitimierenden – Inhalte in einer so reichen und komplexen Kultur wie der unsrigen. Es kann nur um »qualitative Vollständigkeit« gehen (Dörpfeld 1873), die darin besteht, daß alle wesentlichen »Interessen« (Herbart), alle durch eigene »Sinnprinzipien« (Kopp) bestimmte Lebensbereiche unserer Kultur vertreten sind. Die verschiedenen Versuche, solche »geistigen Grundrichtungen« – die nicht mit den üblichen Schulfächern deckungsgleich sind – aufzulisten, brauchen hier nicht aufgeführt zu werden, zumal keiner von ihnen ganz überzeugen kann. Die Richtung des Suchens ist aber bestimmt, und ein Kriterium hierfür ist gewonnen. Es ist zwar auch allgemein, aber – im Gegensatz zu den oben behandelten formal-psychologischen Unterscheidungen – grundsätzlich auf Sachbereiche bezogen und somit unserem Problem gemäß. Um jede Einzelentscheidung wird aber immer noch gerungen werden müssen; denn nicht alle Wünsche sind zu erfüllen, nicht alle Forderungen zu vereinbaren.

c) Ausgewogene Bildung

Allseitigkeit der personalen Entfaltung und qualitative Vollständigkeit der geistigen Grundrichtungen unserer Kultur fordern die Ausgewogenheit des Lehrplans, wenn kein Prinzip allein vorherrschen, kein Gegenstandsbereich die anderen an den Rand drücken soll. Für den Bereich der Grundschule dürfte diese Ausgewogenheit unter folgenden Aspekten von besonderer Bedeutung sein.

Orientierung am Kinde und Wegweisung nach vorne

Manche Pädagogen glauben, das Kind wisse selbst am besten, was für es gut ist, man solle sich also nach seinen *»Bedürfnissen«* richten, seine »spontanen Interessen« befriedigen, das Inhaltsproblem löse sich so weitgehend von selbst.

Das ist zunächst natürlich eine Selbsttäuschung. Kinder haben ihre Interessen ja nicht aus sich selbst, sondern durch Anregungen von außen gewonnen, auf unkontrollierte, zufällige, einseitige, oft fragwürdige Art und Weise. Warum sollten sie solche Anregungen nicht auch von der Schule erhalten, vielseitig, ausgewogen, verantwortlich begründet? Eines ihrer dringendsten Bedürfnisse ist es ja, solche Anregungen zu

erhalten, die Welt immer besser zu verstehen, neue Interessen zu gewinnen, und dieses Bedürfnis kommt dem Auftrag der Schule voll entgegen.
Doch ist auch etwas Richtiges an der Rede von den kindlichen Bedürfnissen. Zum einen sind schon vorhandene Interessen günstige Anknüpfungspunkte für planmäßiges Lernen überhaupt, die es zu nützen gilt. Zum anderen verwirklicht sich in ihrer Berücksichtigung die zunehmende Mitbestimmung des Kindes und sein Recht, als Person ernst genommen zu werden. Darüber hinaus kann man an manifesten Interessen erkennen, welche Art von Gegenständen überhaupt in Frage kommt und wie man sie präsentieren muß, damit Kinder sich für sie interessieren können. So werden die Inhalte grundlegender Bildung gewiß nicht allein, nicht einmal vorrangig von den Bedürfnissen der Kinder her bestimmt. Diese sprechen aber mit, einmal unmittelbar durch Eingehen auf erkennbare Interessen, einmal mittelbar durch ein besseres Verständnis für kindliche Eigenart überhaupt.
In vollem Maße wird die *Lebenssituation* der Kinder unserer Zeit zu berücksichtigen sein. Sie ist gekennzeichnet durch eingeengte Spiel- und Bewegungsmöglichkeiten, Trennung von Wohnung und Arbeitsplatz der Eltern, immer komplexere und weniger durchschaubare Strukturen, eine Flut von Informationen aus zweiter Hand (Fernsehen und Rundfunk), eingeschränkte Sozialerfahrungen in der Zweigenerationen-Kleinfamilie, hohe materielle Ansprüche, rasche und weitschweifende Mobilität, Abwechslung und Zerstreuung. Die Schule wird diese Situation in Rechnung stellen, kann dies gar nicht vermeiden, weil sie selbst Teil dieser Welt ist, und sie wird doch die Unruhe und Zersplitterung nicht noch verstärken, sondern ihr entgegenwirken durch Ermöglichung von Primärerfahrung im Umgang mit Dingen und Menschen, Klärung und Ordnung der Informationen, Hinführung zum Hören und zur Kontemplation, zur Freude des Verstehens und wirklichen Gelingens, wie sie aus ruhiger Konzentration auf Wesentliches erwächst. Was aber ist wesentlich?

Aktuelles und Bleibendes

Grundlegende Bildung soll *gegenwarts- und lebensnah* sein. Ein Teil der Themen wird also in der Auseinandersetzung mit den Aufgaben und Fragen des täglichen Lebens gewonnen. Unerschöpflich ist die Fülle der ständig wechselnden Themen, an denen man sammelnd und beobachtend, ordnend und verknüpfend, sprechend und darstellend lernen kann.

»Grundlegendes Lernen bedeutet aus dieser Sicht die Erschließung der eigenen Lebenswirklichkeit sowie eine erste Auseinandersetzung mit lebensbedeutsamen Problemen unter Sach- und Wertgesichtspunkten« (Rabenstein 1985, 21).

Scheint dies nicht der beste, der eigentliche Weg grundlegender Bildung zu sein,entspricht er nicht dem kindlichen Bedürfnis nach Hilfe zur Erschließung der Lebenswirklichkeit? Es ist *ein* Weg, aber nicht der einzige. In zweifacher Hinsicht bedarf er der Ergänzung bzw. des Gegenprinzips.

Zum einen gibt es Themen, die nicht wegen ihrer unmittelbaren Lebensbedeutsamkeit, sondern wegen ihrer systematischen *Bedeutung für späteres fachliches Lernen* aufzunehmen sind: »Aus dieser Sicht stellt sich grundlegendes Lernen als Erwerb und Anwendung grundlegender fachlicher Begriffe, Einsichten und Arbeitsweisen dar« (ebenda 21).

Zum anderen ist das Prinzip der Lebensnähe grundsätzlich fragwürdig. »Uralt ist das Wort, die Schule habe für ›das Leben‹ zu erziehen. Es ist so klug gewählt, daß niemand dagegen Einspruch erheben wird; denn unter dem ›Leben‹ kann sich jeder denken, was er will« (Spranger 1956, 101; vgl. Glöckel 1964, 142ff.). Wird Lebensnähe im Sinne bloßer Aktualität ausgelegt, so führt sie rasch zur Verflachung in Nüchtern-Zweckhaftes, Nützlich-Pragmatisches, zum Sich-Verlieren im Beliebigen und Trivialen, zur Beschäftigung mit Eintagsfliegen des Interesses. Wo alles möglich ist, ist nichts mehr wichtig.

Die Schule darf sich nicht damit begnügen, das Leben, wie es dem Kinde zufällig begegnet, als Maßstab zu nehmen, das Kind dem Leben anzupassen und so dieses Leben bloß zu reproduzieren. Sie muß versuchen, das Leben reicher und tiefer zu machen, dem Kinde Inhalte vermitteln, die es ohne Schule nicht erführe, und die doch wichtig sind. Es sind die *Inhalte von bleibender Bedeutung,* »erwiesene Gehalte«, die dem Kinde in gültig gestalteter Form begegnen, in »Bildern und Geschichten«, wie Flitner sagt, die dem Kinde im besonderem Maße zugänglich sind, ihm Schlüssel zum Verständnis der Welt und zur Sinndeutung des Lebens werden können. Es sind die Inhalte, die über den engen Bereich des Alltagslebens hinausführen in die Welt des ganz Neuen und Fremden, in das faszinierende Reich der Phantasie, das seelisch so nah und so fesselnd sein kann – denn was gibt es auf die Dauer Langweiligeres als den Alltag? – die dem Geiste des Kindes die Substanz geben, von der es ein Leben lang zehren kann (Flitner 1956, 30; 1965, 12 passim; vgl. Glöckel 1981 b, 56). Das so in der Schule Gelernte gibt selbst seine Stimme zum Leben, bestimmt mit, wie es später sein wird oder doch sein kann. Es macht dieses Leben wertvoller und menschlicher, schafft Distanz zum Leben, wie es ist, legt die Basis mündigen Selbstandes. »Wird dieser Grund nicht gelegt, so fehlt etwas« (Spranger 1955, 22).

Ein Weiteres kommt hinzu. Die Gegenwartsprobleme, von denen die Erwachsenen sich bedrängt fühlen, bedeuten dem Kinde oft noch wenig und können ihm auch durch methodische Kunst kaum bedeutsam gemacht werden. Es wäre dies auch nicht immer wünschenswert. Denn in ihnen begegnen die Kinder auch den Konflikten,

Gefährdungen, Ängsten, mit denen die Erwachsenen selbst nicht fertig werden, ihrer tiefreichenden Lebensunsicherheit. Kinder haben aber ein Bedürfnis und ein Recht, Sicherheit und Geborgenheit zu erleben, Vertrauen und Zuversicht zu gewinnen, um später den vollen Problemen des Lebens um so besser gewachsen zu sein. Das bedeutet nicht das Vorgaukeln einer »heilen Welt«, aber doch die Gestaltung einer verläßlichen, von den Kindern seelisch zu bewältigenden Welt, in der all das Richtige, Gute und Schöne seinen Platz hat, das es ja auch gibt. Deswegen haben die Inhalte von bleibender Bedeutung sogar Vorrang vor der Auseinandersetzung mit aktuellen Problemen, jedenfalls solchen der Erwachsenenwelt.
Grundlegende Bildung im Kindesalter muß das Überdauernde – und gerade deswegen Grundlegende – betonen und darf sich daher gar nicht *nur* der Aktualität ausliefern. Damit ist die Ausgewogenheit nicht gefährdet; denn es gibt ja noch die Sekundarstufe, die diesen Problemen schon ein Stück besser gewachsen ist, und es gibt endlich das lebenslange Lernen in der verantwortlichen Bewältigung eigener und gemeinsamer Aufgaben.

Überlieferung und Neubestimmung

Grundlegende Bildung tradiert einen Grundbestand gemeinsamer Inhalte, wie sie in Sitte und Alltagspraxis, Kunst und Musik, Sprache, Dichtung und Geschichte lebendig sind und als Reservoir wechselseitiger Verständigung, kollektiver Lebenserfahrung und geistiger Zusammengehörigkeit nicht verloren gehen dürfen; denn sie sind ein unersetzbarer Faktor der Formung einer historischen Menschengemeinschaft.
So sind sie nicht nur Mittel individueller Selbstverwirklichung. Sie sind »Kulturgüter« von eigenem Rang und Wert, der sich in Generationen erwiesen hat und durch ihre Weitergeltung bestätigt wird. Ihr Erlernen dient ihrer Erhaltung und Weitergabe, und eben dadurch dienen sie der Bildung des Individuums.
Damit sind sie nicht aller Kritik entzogen. Nur ganz unproduktive Zeiten leben allein von der Substanz des Überlieferten. Jede Generation hat überkommene Inhalte, auch wenn sie den Vorfahren noch so wichtig waren, abgestoßen und damit der Vergessenheit überantwortet und eigene, neue Inhalte an ihre Stelle gesetzt. So soll und wird es auch heute sein. Aber das darf nicht leichtfertig geschehen. Neues, das an die Stelle von Altem treten soll, muß sorgfältig auf seine Qualität geprüft werden. Es muß so gut sein, daß es Aussicht hat zu überdauern.
Grundlegende Bildung wird also sowohl Themen von Gegenwartsbedeutung als auch Stoffe grundlegender fachlicher Bildung als auch Inhalte von bleibender Geltung vermitteln. Gegenwärtig muß auf die letzteren besonders nachdrücklich hingewiesen

werden, weil über dem Haschen nach Aktualität und Nützlichkeit die gebotene Qualitätsprüfung oft vergessen wird.

Die sogenannten Kulturtechniken

Über all diesen wichtigen Aufgaben darf nicht übersehen werden, daß die – historisch und systematisch – erste Aufgabe grundlegender schulischer Bildung ist, *Lesen, Schreiben und Rechnen zu lehren.* Diese sogenannten »Kulturtechniken« sind ja weit mehr als bloße »Hilfsmittel«, wie eine unzulängliche Bildungstheorie meint (Deutscher Bildungsrat 1970, 139), mehr als bloße »Techniken«. Sie sind selbst Inhalte, ein Teil, ja eine Grundlage unserer Kultur. Jeder Blick über die Grenzen unseres Landes hinaus bewahrt uns davor, sie nur deswegen gering zu schätzen, weil sie bei uns selbstverständlich scheinen. Ihr Erlernen bedeutet einen wichtigen Schritt der Initiation in diese Kultur und Gesellschaft, den Erwerb neuer, aufschließender Kategorien des Verständnisses für Sprache und Sachen, den Umgang mit Symbolen als Voraussetzung jeder höheren geistigen Tätigkeit, die Einführung in Sprache und Mathematik als die Hauptfächer jeder allgemeinbildenden Schule. Sie sind das, was man in der Schule und nur in der Schule lernt, was daher alle Beteiligten, und zwar mit Recht, von der Schule erwarten. Die Erleichterung ihres Erlernens durch Methode ist selbst eine Kulturtat ersten Ranges. Gleichwohl sind sie immer noch schwierig und inhaltsreich, sollen zu einem soliden Können geführt werden, fordern daher einen hohen Aufwand an Mühe und Zeit und müssen ihn bekommen (vgl. Litt 1926, 46; Bärmann 1979, 53; Schorch 1983).

d) Solide Bildung

Diese Vielfalt von Aufgaben ist nur zu erfüllen, wenn das Streben nach qualitativer Vollständigkeit sich verbindet mit entschlossener quantitativer Beschränkung, wenn eine »befreiende Weite des Horizonts« einhergeht mit »Sparsamkeit und Strenge« in der Beschränkung auf »die wirklich schulenden geistigen Beschäftigungen« (Flitner 1965, 60), wenn Offenheit für vielseitige Anregungen sich vereint mit der Gründlichkeit und Treue solider Lernarbeit im schulischen Alltag.

1.2.3 Omnino: Verfahrensweisen grundlegender Bildungsarbeit

Da die nächsten Kapitel sich näher mit Verfahrensweisen beschäftigen, kann es hier bei wenigen grundsätzlichen Bemerkungen bleiben.
Grundlegende Bildungsarbeit ist »reich an Kontrasten« (Rabenstein 1982 b, 63).

a) Die Unterrichtsverfahren bemühen sich um Kind-, Sach- und Zielgemäßheit

Sie sollen *kindgemäß* sein, die Eigenart der Entwicklungsstufe in ihren durch Natur und Umwelt bedingten Verstehens- und Erlebensmöglichkeiten berücksichtigen, und sie sollen zugleich *sachgemäß* sein, nicht nur sachlich Falsches vermeiden, sondern sachgerechte Erkenntniswege gehen, sich »an Wissenschaft orientieren«.
Beide Forderungen lassen sich vereinen, wenn die Forderung der »Wissenschaftsorientierung« richtig verstanden wird, nicht als Übermitteln fremder Denkergebnisse in abstrakter Begrifflichkeit, sondern als eigentätige Erkenntnisarbeit in unmittelbarer Auseinandersetzung und gründlich vertiefender Beschäftigung mit exemplarisch ausgewählten Sachverhalten (vgl. Rabenstein 1986 b, Bauer u. a. 1975).
Die Verfahren sollen *zielgemäß* sein, den vielseitig aufgeschlossenen, fachlich tüchtigen, sozial verantwortlichen, selbständig-mündigen Menschen vor Augen haben und ihn in unzähligen kleinen erziehlichen Akten schrittweise vorwegnehmen,
und sie sollen zugleich von der Überzeugung getragen sein, daß die *Kindheit einen Eigenwert besitze,* jede Altersstufe ihren eigenen Sinn habe und voll durchlebt werden müsse, wenn die harmonische Entfaltung des Menschen gefördert werden soll.
Beide Forderungen lassen sich vereinen, wenn Kinder ernst genommen, vor angemessene Aufgaben gestellt werden – und wenn dies doch mit Gelassenheit und Zuversicht geschieht in der Gewißheit, daß eine erfüllte, um ihrer selbst willen gelebte Kindheit die beste Vorbereitung für die Forderungen des Erwachsenenlebens sein kann.
Die *Unterrichtsverfahren* sind bestimmt durch konkret-anschauliche Sachverhalte, gefühlhaft-personbezogene Einbettung und lebendig-phantasievolle Gestaltung, handelnd-denkende Bearbeitung, handelnd-darstellende Aufarbeitung, abwechslungsreiche Übung. Sie fördern sammelndes, erkundendes, entdeckendes, schaffendes, übendes, aber auch empfangendes, spielendes, teilnehmendes, nachahmendes, intuitives Lernen, wie es dem Kinde dieser Altersstufe entspricht, und vermitteln insbesondere die sonst immer mehr verkümmernden Erfahrungen aus erster Hand durch originale Begegnung, unmittelbare Auseinandersetzung mit Sachverhalten und Menschen.
Sie geben aber auch Hilfe zur gedanklichen und bewertenden Klärung der Erfahrungen und der Informationen aus zweiter Hand durch konsequente Anleitung zu präziser sprachlicher Benennung, schrittweise abstrahierender Begriffsbildung, erklärender und begründender Verknüpfung, abwägender Beurteilung, nachdenklichem Fragen nach dem Sinn.
Sie bemühen sich in behutsamer Führung um einen »bruchlosen Übergang von der

Spielwelt zur Arbeitswelt« und zugleich um »langfristige, umfassende und nachhaltige Förderung von Arbeitshaltung und Arbeitsverhalten in kleinsten Schritten«, den Ausgleich von »Abschnitten intensiver Lern- und Übungsarbeit mit spannungsfreien, spielähnlichen Unterrichtsphasen« (Rabenstein 1982b, 62ff.).

b) Die Planung sucht die rechte Mitte zwischen Festlegung und Offenheit

Die Lehrpläne enthalten einen *Minimalkatalog* verbindlicher Angebote und Forderungen und lassen einen weiten Freiraum der Entscheidung für Lehrer und Schüler gemäß den jeweiligen Interessen und Notwendigkeiten.
Sie vermitteln die »Elemente« der jeweiligen Fachgebiete in der jeweils angemessenen methodischen Form:

- in elementaren Lehrgängen mit lückenlosem, wenn auch variablem Aufbau, sorgfältiger Lernerfolgskontrolle und -sicherung, insbesondere im Lesen, Schreiben und in der elementaren Mathematik,
- in nicht lehrgangsgebundenen Unterrichtseinheiten, die der ersten Begegnung mit unterschiedlichen Sachverhalten, dem Erlernen fachgemäßer Arbeitsweisen, der Weckung weiter wirkender Interessen dienen,
- in einer Fülle »grundlegender Geistestätigkeiten«, die spontane Akte eines konzentrisch sich erweiternden, gewissermaßen »wachstümlichen« Lernens ermöglichen.

Planmäßiger Unterricht ist eingebettet in eine Fülle kindgemäßer Aktivitäten im Rahmen eines vielseitig anregenden *Schullebens.* In einer Atmosphäre der Sicherheit und Geborgenheit erfährt das Kind Zuwendung und Anerkennung, Hilfe und Führung, macht es Erfahrungen mit Sachen und Menschen, erfährt es angemessene Forderung und Verantwortung, erlebt es Bestätigung in der Bewährung.
So werden ihm alle Chancen einer zeitgerechten grundlegenden Bildung geboten; ergreifen muß es sie freilich selbst. Es ist eine immer von neuem beglückende Erfahrung, mit welcher Lernbereitschaft, welcher Zuversicht und welchem Lebenswillen Kinder diese Angebote annehmen und grundlegende Bildung erwerben.

Hans Glöckel

2. Grundlegung schulischen Lernens und Arbeitens

2.1 *Grundschule – Beginn des schulischen Bildungsweges*

Es wäre wohl kaum haltbar, den Beginn des Bildungsprozesses auf den Schuleintritt festlegen zu wollen. Allgemeine Lernbereitschaft und -fähigkeit des Kindes entwickeln sich schon vorher, »Bildungsangebote« im Elternhaus und »Elementarbildung« im Kindergarten haben sich bereits ausgewirkt.

Wenn man allerdings von *planmäßiger grundlegender Bildung für alle* ausgeht, ist die Grundschule als erste »Bildungsinstanz« anzusehen. Anliegen der »Primarstufe« des Bildungswesens ist es, das Kind schulfähig, d. h. bildungsfähig i. e. S. zu machen. So steht die Grundschule als »Vermittlerschule« zwischen der »Spielwelt« in Elternhaus und Kindergarten und der fachmethodischen »Arbeit« weiterführender Schulen.

Mit der Einführung des Kindes in die *Eigenart schulischen Lernens* wird die Grundlage dafür geschaffen, das Bildungsangebot der Institution Schule überhaupt in Anspruch nehmen zu können. Ausgehend vom mehr situationsbezogenen Lernen in der Vorschulzeit sind beim Kind Lernprozesse anzubahnen, die ergebnisbezogen und an langfristigen Zielen orientiert, vornehmlich fremdgesteuert, an bestimmte Zeitvorgaben gebunden und vorwiegend kognitiv ausgerichtet sind.

Das Kind wird auf seinem Lebens- (und Bildungs-)Weg die Schule als etwas Neues erfahren, als »Initiation« und »höheren Status«, wobei sich größeres Selbstwertgefühl durchaus auf ursprüngliches Bildungsbewußtsein zu gründen vermag. Deshalb ist anzustreben, den Schulanfang zu einem positiven, auf Sachinteresse basierenden »Bildungserlebnis« werden zu lassen. »Bruchloser Übergang« bedeutet also keineswegs unmerkliches Gleiten von der Spiel- in die Arbeitswelt, sondern (behutsames) Eröffnen neuer Erfahrungs-, Lern- und Entwicklungsmöglichkeiten im Spannungsfeld zwischen Anpassung des Kindes an schulische Anforderungen und Anpassung der Schule an kindliche Voraussetzungen und Bedürfnisse. Die pädagogische Berücksichtigung von Gegenwart *und* Zukunft des Kindes beruht auf einem Verständnis von Grundschule, das diese nicht nur als »Durchgangsstadium« und »Zulieferer« für die nachfolgende schulische Bildung versteht, sondern auch das Kind mit seinen gegenwärtigen Entfaltungsmöglichkeiten und Problemen ernst nimmt. Es ist eine Aufgabe grundlegender Bildung, ein *solides Fundament für weiterführendes Lernen* zu schaffen, ohne den »Eigenwert der Kindheit« zu mißachten. (Fach-)Systematische Erschließung von Lebenswirklichkeit gehört dazu ebenso wie die Hilfe zur Bewältigung lebenspraktischer Situationen.

In der *Schulpraxis* stehen der Erfüllung dieser Aufgaben viele Schwierigkeiten und Probleme entgegen. So klagen Lehrer darüber, daß
- der *Schule* selbst durch Lehrplan- und Zeitdruck, schulorganisatorische Hemmnisse u. ä. enge Grenzen gesetzt sind,
- bei den *Kindern* Ichbezogenheit, Bewegungsdrang, große Leistungsstreuung, Verhaltensauffälligkeiten, Erziehungsschwierigkeiten usw. aufzufangen sind, und schließlich
- die *Eltern* entweder geringes oder einseitiges Interesse an der Schule (Ausrichtung auf weiterführende Schulen und frühzeitige Förderung des Konkurrenzdenkens) zeigen.

Pädagogische und didaktische (Gegen-)Maßnahmen sind nicht ausgeblieben. So hat man sich in Theorie und Praxis um *stufenspezifische Übergangsformen* bemüht, die den Beginn schulischer Bildungsarbeit erleichtern sollen, z. B. um
- flexible Einteilung der Unterrichtszeit ohne starres Fachstundenraster,
- handlungs- und spielorientierte Lernweisen,
- Maßnahmen innerer Differenzierung,
- persönliche Entfaltung in der Freiarbeit,
- Einbettung des Unterrichts in ein kindgemäßes Schulleben.

Letztlich steht hinter all diesen Maßnahmen die Einsicht, daß Bildung nicht einfach »vermittelt« oder gar »verordnet« werden kann, sondern *Selbstbildung* ist, die vom Einzelnen erworben werden muß. Der Grundschule muß daran gelegen sein, möglichst günstige Grundlagen und Rahmenbedingungen zu schaffen, vornehmlich *allgemeine Lernmotivation* und *spezielle Sachinteressen* aufzubauen und zu erhalten sowie positive Arbeitseinstellung anzubahnen, um Bildungsbereitschaft und -fähigkeit zu entfalten. Erleichtert wird die Aufgabe dadurch, daß Grundschulkinder in ihrer Persönlichkeitsentwicklung noch wenig festgelegt sind. Damit ist jedoch *erhöhte pädagogische Verantwortung des Unterrichtens und Erziehens in der Grundschule* verbunden.

2.2 *Freisetzen zur Selbstbildung*

2.2.1 Aufbau positiver Arbeitshaltung

Schon die Tatsache, daß »Kinderarbeit« bei uns verboten ist, weist auf die spezifische Bedeutung des hier verwendeten Begriffs »Arbeit« hin. Unter pädagogischem Aspekt ist Arbeit zwar auch als ergebnis- und zielorientierte Tätigkeit zu bestimmen, die Anstrengung und Verzicht impliziert, jedoch steht nicht die materielle und soziale Notwendigkeit – Arbeit für andere – im Vordergrund, sondern die *Arbeit für und an sich selbst.* Da die Grundschule diesen *Prozeß der Selbstbildung* entscheidend prägt, ist es keineswegs nur eine Frage persönlichen, eigenverantwortlichen Erziehungsstils des Lehrers, welchen Stellenwert Arbeitswille und -disziplin, Zielgerichtetheit, Planung, Effektivität, Genauigkeit, Selbständigkeit, Übungs- und (Haus-)Aufgabenmoral, Intensität, Problemlöseverhalten, Kreativität, entdeckendes Lernen usw. einnehmen. Vielmehr geht es um die Mitverantwortung der Schule für die gegenwärtige und zukünftige Daseinsbewältigung der nachfolgenden Generation.
Auf den Schulanfänger bezogen heißt das besonders, schulisches Arbeiten einsichtig zu machen und durch Aufgabenbewältigung zu Selbstvertrauen und Selbstwertgefühl zu führen.
»Lerneinsatz, Ausdauer und der Wille zur Vollendung übernommener Aufgaben, auch bei Schwierigkeiten und Störungen, sind nicht allein durch gute Arbeitsbedingungen und Gewöhnung an richtiges Lernverhalten zu erreichen, sie hängen auch vom *Verständnis des Lernenden für die Notwendigkeit seines Tuns* ab. Bereits jüngere Kinder sind, wenn auch in Grenzen, zu einer auf Einsicht gegründeten Lerneinstellung fähig. Durch angemessene Gespräche bei gegebenem Anlaß soll ihnen deshalb der Zweck ihres Lernens immer wieder bewußt und einsichtig werden. Auf diese Weise werden Einstellungen und Einsichten erworben, die sie befähigen, mit Lernschwierigkeiten, -hindernissen und -störungen besser fertig zu werden und Mißerfolge zu verarbeiten« (Rabenstein 1982 b, 63).
Die Bedeutung der so angebahnten Arbeitshaltung für den weiteren Schul- und Lebensweg des Kindes kann nicht hoch genug eingeschätzt werden. Nach Oerter (1985, 551) baut die Schule eine bestimmte Form von Arbeitshaltung auf, die für die spätere Bewältigung moderner Arbeit unentbehrlich ist. In diesem Sinne ist auch die Grundschule nicht vom Auftrag entbunden, *Leistung zu fordern und zu fördern.* Kinder müssen lernen, daß Schule nicht immer nur Spaß machen kann, sondern auch Pflicht, Anstrengung und Mühe bedeutet (vgl. Bärmann 1980, 530). Ihnen alle Widrigkeiten aus dem Wege zu räumen, hieße, sie vorsätzlich lebensuntüchtig zu

machen. Um so wichtiger ist jedoch die Beachtung polarer Prinzipien wie Leistung und Muße, Pflicht und Vergnügen, Arbeit und Spiel (vgl. Beckmann 1983, 90/91). In diesen Spannungsfeldern kann die Grundschule von ihrem Bildungsauftrag her weder »Schonraum einer ruhig reifenden Kindheit« noch einseitig fachlich an weiterführenden Schulen orientiert sein. Das pädagogische Verständnis von Arbeit läßt sich auch nicht vom Effektivitätsdenken der sogenannten »Leistungsgesellschaft« leiten, sondern richtet sich nach der Sinnfrage der Lebenserfüllung: Zufriedenheit durch Arbeit an sich selbst.

2.2.2 Lernen des Lernens

Unter schulischem Aspekt ist *Arbeit* immer auf *Lernen* bezogen. In pädagogischer Sichtweise wird dabei Lernen nicht nur im empirischen Sinne als bloße Veränderung von Verhalten und psychischer Disposition zu verstehen sein, sondern als normativer Begriff, der den Erwerb von Sinnverständnis, Einsicht und Verantwortungsbereitschaft einschließt; schulische Anforderungen sollen angenommen, Bildungsangebote akzeptiert werden.

Da das Kind seine ersten schulischen Lernerfolge in der *Grundschule* erlebt, ist es spezifisches Anliegen dieser Schulstufe, das Lernen selbst in den Mittelpunkt pädagogischen Denkens und Handelns zu stellen. Nach wie vor gehört das *»Lernen des Lernens«*, das Anbahnen der Fähigkeit, immer wieder neu lernen zu können (Strukturplan für das Bildungswesen 1970, 33), zu den Kernpunkten grundlegender Bildung: *Als Bildungsinhalt ist demnach nicht nur das Lernergebnis, sondern der Lernprozeß selbst anzusehen.*

In der Grundschule geht es konkret darum, den Kindern auch kleinste Lernschritte bewußt zu machen und offen zu legen, welche Arbeitsleistungen zum Lernfortschritt oder -erfolg beigetragen haben. Der Prozeß der Selbstbildung wird erleichtert, wenn das Kind häufig die Erfahrung macht, daß es sich lohnt, »an sich selbst zu arbeiten«. Es wäre allerdings unrealistisch, nur von sog. Primärmotivation auszugehen und die Vielfalt anderer Motive zu unterschätzen. So kann Leistungsmotivation durch Hoffnung auf Erfolg und Abbau von Mißerfolgsängstlichkeit, Befriedigung der Bedürfnisse nach Identifikation mit dem Erwachsenenvorbild, nach Zustimmung, Geltung, Anerkennung und Strafvermeidung sowie durch sachbezogene Anreize und individuell erreichbare Leistungsziele gesteigert werden (Heckhausen 1971, 193–199). Ausschlaggebend ist jedoch nicht die technokratische Anwendung einer solchen Motivationsformel, sondern einfühlsames erzieherisches Handeln und pädagogischer Takt. Bärmann unterstreicht dies eindringlich: »Auch wenn die Lehrer es nicht

wissen oder etwa gar nicht wahrhaben wollen: Der erste Lehr- und Lebensstoff, den die Schule zu bieten vermag, das sind die Lehrer selbst. Ihre Werthaltung, ihre Werterfülltheit macht die Schule wertlos oder wertvoll. Wahrheit vermittelt sich dort zunächst durch die Lehrerin und den Lehrer« (Bärmann 1980, 526).
Schulisches Lernen stellt nicht einen abgrenzbaren Lebens- und isolierten Persönlichkeitsbereich dar. Erfolg und Mißerfolg in der Schule berühren das Selbstwertgefühl des Kindes insgesamt, Lern- und Lebenseinstellung beeinflussen sich wechselseitig. Schicksalhaftes Hinnehmen schulischen Versagens und selbstzerstörerischer Ehrgeiz sind Gegenpole, die es zu vermeiden gilt. Lernen des Lernens beinhaltet so nicht allein eine (letztlich am Arbeitsmarkt ausgerichtete) gesellschaftspolitische Forderung, sondern ist zentraler Bestandteil der Persönlichkeitsentwicklung und -bildung. Durch behutsame Reflexion der eigenen Lernprozesse und Anleitung zu individuell-eigenständigem Lernen kann die Grundschule einen wichtigen Beitrag zur *Bildung als Lebensform* leisten.

2.2.3 Schaffen günstiger Arbeits- und Lernbedingungen

Zum Aufbau positiver Lern- und Arbeitshaltung tragen möglichst günstige äußere und innere schulische Bedingungen bei. Dazu gehören z. B.:
- ansprechende Gestaltung des Klassenzimmers und des Schulhauses,
- Ausschalten äußerer Störfaktoren,
- Beachten von Spannung und Entspannung sowie Berücksichtigen der Leistungs- bzw. Ermüdungskurve,
- Einbezug des Kindes in die Lernplanung durch Setzen überschaubarer, erreichbarer Teilziele,
- klare Arbeitsaufträge und -anweisungen, zuverlässige Vereinbarungen vor Leistungserhebungen und konsequente Kontrolle der Lernergebnisse, insbesondere auch bei Hausaufgaben,
- langsame Steigerung des Arbeitstempos,
- Rückschau auf das Gelernte und damit Förderung von »Wachstumsbewußtsein«,
- freundliche, humorvolle Zuwendung und häufiges Loben auch bei kleinen Lernfortschritten,
- Respektieren der persönlichen Eigenart des Kindes und Berücksichtigen individueller Stärken und Lernweisen,
- gemeinsame Erstellung von Ordnungs- und Verhaltensregeln,
- Unterstützen des »Wir Bewußtseins« durch aktive Gestaltung des Schullebens.

Insgesamt ist ein anregendes, angstfreies Lernklima anzustreben, bei dem Leistung anerkannt und gefördert, aber nicht überbetont wird. Allerdings darf der Einfluß der Schule hierbei nicht überschätzt werden, da Zielvorstellungen, Vorbildwirkung und Lebenseinstellung in *Elternhaus* und außerschulischer Umwelt bei der Entwicklung von Lern- und Arbeitshaltung mindestens ebenso prägend wirken.

2.3 Einführung in grundlegende Lern- und Arbeitsweisen

»Lernen des Lernens«, »instrumentale Bildung« usw. sind Schlagworte geworden, die leicht vergessen lassen, daß sich dahinter die mühselige pädagogische Kleinarbeit des Schulalltags verbirgt. Die Vielfalt der zu beachtenden Verhaltens-, Lern- und Arbeitsweisen ist so groß, daß jede Zusammenstellung unvollständig bleiben muß; eine grobe Übersicht sei dennoch versucht.

2.3.1 Verhaltensformen schulischen Zusammenlebens und -arbeitens

Im Sinne einer »Kultur des Umgangs« sind *Verhaltens- und Umgangsformen* gemeint, die das Zusammenleben und -arbeiten in der Schule ermöglichen bzw. erleichtern. Da sich Kapitel 4 ausführlicher mit diesem Problemkreis befaßt, genügt hier eine stichwortartige Zusammenstellung. So geht es u. a. um

- pünktliches Erscheinen,
- zügiges Aus- und Ankleiden,
- rücksichtsvolles Bewegen im Klassenzimmer,
- richtiges Melden,
- Beachten von Gesprächsregeln,
- kooperatives Verhalten bei Einzel-, Partner- und Gruppenarbeit,
- zügiges und ruhiges Verändern der Sitzordnung,
- selbständiges Erledigen von Klassenämtern,
- Beachten von Höflichkeitsformen,
- gegenseitige Hilfe und Beratung.

Besonders in den Anfangsklassen sind viele dieser Verhaltensweisen keineswegs voraussetzbar, sie müssen als Bedingungen reibungslosen Unterrichtsablaufs selbst zum Gegenstand des Unterrichts gemacht werden. Inhaltliche Vorgaben des Lehrplans wie die sachunterrichtlichen Themenbereiche »Kind und Schule«, »Kind und Gemeinschaft« oder situationsbezogener mündlicher und schriftlicher Sprachgebrauch im Rahmen des Deutschunterrichts können hierfür genützt werden.

2.3.2 Umgang mit Arbeitsmaterialien

Trotz zunehmender vorschulischer Materialerfahrung ist die *Einführung in den sachgerechten Umgang mit schulischem Arbeitsmaterial* ein Schwerpunkt grundlegenden schulischen Lernens.

Genannt seien als Beispiel:

- Richtiges Packen der Büchertasche,
- Ordnung am Arbeitsplatz,
- sachgemäßer Umgang mit Arbeitsmitteln wie Lesekasten, Wortkarten, Lernspiele usw.,
- Berücksichtigung der spezifischen Eignung von Schreib-, Mal- und Zeichengeräten,
- richtiges Bleistiftspitzen und Füllerpatronenwechseln,
- sorgfältiges Radieren,
- Unterstreichen mit Lineal,
- sachgerechter Umgang mit Papier (falten, lochen, schneiden),
- richtiges Abheften von Arbeitsblättern,
- sparsame Verwendung von Papier und Klebstoff,
- Aussortieren von verbrauchtem Material,
- selbständiges Besorgen neuen Materials.

Es gilt, auch diese »Kleintechniken« im schulischen Alltag nicht als Privatangelegenheiten des einzelnen abzutun, sondern, durchaus im Sinne kompensatorischer Erziehung, allen Kindern entsprechende Beratung und Hilfe zukommen zu lassen. Häufige Hinweise auf den richtigen Materialumgang während des Unterrichts (z. B. lockere Stifthaltung) gehören dazu ebenso wie ausführliche eigene Unterrichtseinheiten (z. B. Einführung in den Gebrauch des Füllers).

2.3.3 Arbeits- und Lerntechniken

Im Vordergrund steht hier zunächst die *Einschulung fachunabhängiger Einzeltechniken,* die zum selbständigen und effektiven schulischen Arbeiten beitragen und auf komplexere Arbeitsweisen abzielen, z. B.

- zweckmäßiges Ab- und Aufschreiben,
- übersichtliche Arbeitsblatt- und Heftgestaltung,
- wirksames Zuhören im Unterricht,
- gezielte Informationsentnahme aus Bild und Text,
- Nachschlagen in Wörterbüchern, Lexika, Schul- und Fachbüchern,
- Notieren von (Haus-)Aufgaben, Aufschreiben von Stichwörtern,

- selbständiges Kontrollieren der Arbeitsergebnisse,
- rationelles Verbessern von Fehlern (unter Einbezug vereinbarter Korrekturzeichen),
- Vortragen, Erklären, Nachfragen, strukturierendes Zusammenfassen.

Die Einführung des Kindes in methodische und organisatorische Fragen des Lernens geht über die Vermittlung isolierbarer »Techniken« hinaus, da Lernverhalten bewußt gemacht und Eigensteuerung des Lernens angestrebt wird. Damit ist Einstellungs- und Haltungsbildung nicht mehr als eigene Aufgabe ausgrenzbar.

Ratschläge zur Organisation der Lernarbeit betreffen neben Auswahl und Gestaltung von Arbeitsraum und -platz vor allem die Hausaufgabenzeit:
- Optimale Arbeitszeit: Berücksichtigen tagesphysiologisch bedingter Leistungsfähigkeit, Abstimmen der Eß- und Lernzeiten,
- sinnvolle Pausen, Vermeidung »verdeckter Pausen«,
- günstige Reihenfolge von Spiel und Arbeit sowie der einzelnen Teilaufgaben.

Entscheidend ist die frühzeitige *Hinführung zu selbständiger Lernplanung*, d. h. die Anleitung zu vorausschauendem Handeln und sinnvoller Zeiteinteilung, z. B.
- Abschätzen der erforderlichen und verfügbaren Zeit geplanter Tätigkeiten,
- Berücksichtigen von »Zeitreserven«,
- Verwenden von Aufgabenheft und Stundenplan bei der Vorbereitung auf den nächsten Schultag,
- Erstellen und Einhalten eines Tages-/Wochenplans, dabei
- Festlegen der günstigsten Reihenfolge geplanter Aktivitäten. (Vgl. die Ausführungen im Abschnitt 2.4.2!)

Insgesamt ist der Grundschullehrer aufgerufen, sein lernpsychologisches Wissen nicht nur didaktisch anzuwenden, sondern direkt – in situationsbezogener und kindgemäßer Weise – dem Schüler zur Verfügung zu stellen. Zu thematisieren sind *Grundfragen richtigen Lernens und Übens* wie z. B.
- allgemeine und individuelle Schwierigkeiten beim Lernen als Hilfe zum Selbsterkennen eigener Stärken und Schwächen,
- bewußtes Einstellen auf effektives Lernen (»Anwärmzeit«), Einteilung der Aufgaben in »Portionen« und Abwägen der günstigsten Reihenfolge,
- Aufnehmen des Lerninhalts mit verschiedenen Sinnen (hörbar machen, Skizzen anfertigen, Begriffe mit Bildern verbinden, Vorstellungsvermögen schulen, eigene Modelle entwickeln, ...),
- Aneignen effektiver Lesetechnik (Überfliegen, Fragen stellen, gründlich lesen, Wichtiges zusammenfassen),

- verknüpfendes und strukturierendes Lernen mit entsprechenden Lernhilfen (»Eselsbrücken«, Regelanwendung etc.),
- Möglichkeiten »operatorischen Übens« (z. B. 1×1 Zahlen in verschiedenen Operationen), aber auch automatisierenden »mechanischen Übens« (z. B. Alphabet aufsagen),
- Steigerung des Arbeitstempos (Selbstmotivation, Training auf Zeit),
- Lernen, Prüfungsangst abzubauen, aber auch mit ihr zu leben,
- Erfinden eigener »Übungen« zur Aufmerksamkeits-, Ausdauer- und Willensschulung.

(Vgl. die »Lerntips für Schüler« der Arbeitsgemeinschaft Lernmethodik und die »Kleine Lernmethodik« von Endres 1982).

2.3.4 Arbeitsweisen

Bereits die fließenden Übergänge der genannten Beispiele zeigen, daß eine scharfe begriffliche Trennung zwischen Arbeitstechniken und Arbeitsweisen kaum möglich ist. In der Literatur geht man zumeist von mehr graduellen Merkmalsbestimmungen aus, wobei unter Arbeitsweisen die in der Lernzielhierarchie höher stehenden komplexen geistigen Fähigkeiten, unter Arbeitstechniken die hierzu nötigen einzelnen Fertigkeiten verstanden werden. So stellen Arbeitstechniken eher »formale«, weitgehend themenunabhängige Hilfen im Bildungsprozeß dar, während es sich bei Arbeitsweisen um gegenstandsspezifische Lernweisen handelt, die zur Bewältigung komplexerer Aufgaben, zur Problemlösung dienen: Gegenstand und Methode bilden hier eine Einheit. Zur Anwendung von Arbeitsweisen bedarf es eigenständiger geistiger Leistungen sowie der bewußt angenommenen Einstellung gegenüber dem Gegenstand.

Diese begriffliche Schwerpunktsetzung darf allerdings nicht zur Annahme führen, Arbeitstechniken könnten ohne entsprechenden Sinnzusammenhang eingeschult werden. »Das Einüben der Arbeitstechniken sollte im Gegenteil von vornherein, und das heißt schon ab der Grundschule, auf Einführung in die Arbeitsweisen abzielen, und umgekehrt sollte der Versuch, von Schülern anspruchsvollere Arbeitsweisen anwenden zu lassen, niemals isoliert von den dazu nötigen Arbeitstechniken unternommen werden. Der Lehrer hat sich gerade bei anspruchsvolleren Arbeiten stets zu überzeugen, ob seine Schüler die hierzu nötigen Fertigkeiten entsprechend beherrschen« (Fürnrohr 1982, 5).

Zugrunde liegt die Bemühung um *methodische Bildung* als Können, das nicht allein in der Anwendung von Wissen besteht, sondern im selbständigen Umgang mit Wissen. Hinzu kommt der lernökonomische Gesichtspunkt, durch Vermittlung von »Denk-

strategien« und Aufzeigen von »Erschließungs- und Erkenntniswegen« selbständig neues Wissen zu erwerben und »Weiterbildung als Prinzip« (Strukturplan für das Bildungswesen 1970) zu ermöglichen (vgl. Bauer u. a. 1975).
Bei der Frage nach den jeweils geeigneten Verfahren ist – unter der Prämisse, daß Wissenschaft tatsächlich die beste Weltklärungskompetenz besitze – die Orientierung an fachwissenschaftlichen Forschungs- und Darstellungsmethoden unerläßlich. Im Sinne grundlegender Bildung bedeutet dies selbstverständlich nicht Ausrichtung auf Spezialmethoden, sondern zunächst Einführung in allgemeine Arbeitsweisen. Erst allmählich folgt – in Abhängigkeit vom jeweiligen Gegenstand – eine Akzentsetzung im Hinblick auf fachliche Perspektiven.
So wird besonderes Augenmerk zu legen sein auf
- sinnerfassendes und sinnkritisches Zuhören und Lesen,
- Vergleichen und Unterscheiden,
- Einbezug in größere Zusammenhänge,
- nachvollziehendes Verstehen,
- Interpretieren, Kombinieren und Systematisieren,
- gliederndes Zusammenfassen,
- Fragen nach dem »Woher« und den Grenzen unseres Wissens,

aber auch auf
- Beobachten und Verbalisieren,
- Klassifizieren,
- Vermuten und Voraussagen,
- Experimentieren, Überprüfen von Hypothesen,
- Generalisieren.

Die Entwicklung in den letzten Jahren hat gezeigt, daß bei der Umsetzung solcher Forderungen in die Grundschulpraxis zwei Gefahrenmomente entstehen:
Zum einen führt einseitige Überbetonung des Prinzips der Wissenschaftsorientierung leicht zu Überforderung des Grundschulkindes, z. B. wenn die Einschulung fachsprachlicher Begriffe und nicht handelndes Lernen im Vordergrund steht; zum anderen verflacht methodische Bildung leicht zu »mechanischem Lernen«, wenn Arbeitsweisen nach rezepthaften Anweisungen angelernt werden, ohne daß ihre Funktion, nämlich Hilfe zur Sacherschließung, von den Kindern tatsächlich verstanden wird: »Im Unterschied zu der nicht pädagogischen Auffassung, das Funktionieren von Arbeitsabläufen allein zu bewerten, zielen wir auf das Verständnis der Arbeit durch den Lernenden ab. Das geschieht aufgrund der Einsicht, daß nur jener Mensch zu einem selbständigen und kritischen Standpunkt gegenüber ihm gestellten Arbeitsanforderungen kommen kann, der stets um Sinnverständnis seiner Arbeiten bemüht ist« (Rabenstein 1975 a, 11).

Auf die Grundschule bezogen geht es vor allem um das Abwägen zwischen systematischer Propädeutik mit dem Fernziel fachlicher Bildung einerseits, kindgemäßer Weltklärung und Bewältigung lebenspraktischer Situationen andererseits. Entscheidend ist, daß Arbeitsweisen nicht als Selbstzweck, sondern als Mittel zur Problemlösung erkannt werden. Das wird um so besser gelingen, wenn man dem Kind nicht Erwachsenenprobleme »überstülpt«, sondern bei seinen spezifischen Problemen ansetzt und Handlungsalternativen realistisch ins Auge faßt. Werden Möglichkeiten, aber auch Grenzen der Wissenschaft bei der Lösung konkreter lebenspraktischer Probleme erfahren, dann kann in ein fachliches Denken eingeführt werden, das weder von Wissenschaftsgläubigkeit noch von Wissenschaftsfeindlichkeit geprägt ist, vielmehr »Wissenschaft in den Dienst des Menschen« stellt (vgl. Kap. 5 und 6).

2.4 Schulisches Lernen als Gegenstand des Unterrichts

Die Forderung, schulisches Lernen und Arbeiten selbst zum Gegenstand des Unterrichts zu erheben, ist keineswegs selbstverständlich, da durch alltäglichen Vollzug und kontinuierliche Anpassung das Kind ohnehin in entsprechendes Lern- und Arbeitsverhalten eingebunden wird. Eine entsprechende »Gewöhnung« ist, schon aus Zeitgründen, unverzichtbar. Unter pädagogischer Verantwortung, die auf Einsicht, Verständnis und (konstruktiv-kritische) Handlungsfähigkeit abzielt, bedarf sie jedoch der Ergänzung durch bewußte Thematisierung und Anleitung zur Reflexion. Allen Kindern gleichermaßen Hilfe und Ratschläge für effektives Lernen zukommen zu lassen, steht außerdem im Dienste »ausgleichender Bildung« (vgl. 2.1).
Während es bisher auf eine mehr systematische Darstellung grundlegender Techniken und Arbeitsweisen ankam, soll nun an einigen Einzelbeispielen gezeigt werden, wie im Zusammenhang mit unterschiedlichen *Lehrplaninhalten* auf schulbezogenes Lernen und Arbeiten direkt eingegangen werden kann.

2.4.1 Beispiel: Schriftspracherwerb

Die Einführung in die sog. Kulturtechniken Lesen und Schreiben gehört zu den traditionellen Lehraufgaben des Anfangsunterrichts der Grundschule. Im Vordergrund steht dabei die lehrgangsmäßige Vermittlung von Fertigkeiten wie Anwendung des Lautschriftprinzips bzw. bewegungsökonomische Ausführung von Buchstaben und Wörtern, wobei solide und gründliche Übung unabdingbar ist. Grundlegende Bildungsarbeit wird aber erst umfassend geleistet, wenn die *Sinn*komponente nicht

vernachlässigt und die Aufgabe als Einführung in die »neue Welt der Schriftsprache« (vgl. Schorch 1992) verstanden wird: Mit dem Verfügen über die Schriftsprache wird der geistige Horizont des Kindes über den unmittelbaren Erfahrungsraum hinaus in entscheidender Weise erweitert. Ohne Schrift – als Kulturgut und Kulturträger – ist ein Bildungsprozeß in unserer Gesellschaft kaum denkbar; für die Bildungsarbeit in der Schule ist Schrift die Voraussetzung schlechthin.
Dem Kind wird diese Bedeutung um so bewußter, wenn es mit dem Erwerb der Lese- und Schreibtechnik auch die *Funktion von Schrift* konkret erfahren kann. Am Beispiel des Schreibenlernens sei dies kurz erläutert:
Wird im ersten Schuljahr mit einer relativ leicht erlernbaren Schriftart (Druckschrift) begonnen, so ergeben sich selbst bald Anlässe, die Schreiben als sinnvolles Tun erleben lassen. Entsprechende Anwendungsbereiche finden sich sowohl in den verschiedenen Unterrichtsfächern als auch im Schulleben (vgl. die Lehrerbefragung von Bosch/Rabenstein/Schorch 1983/84). Die sich entwickelnde Schreibfähigkeit kann zur Unterstützung des schulischen Lernens und Arbeitens selbst herangezogen werden.
Beispielsweise erleichtern von den Schülern geschriebene Namenskärtchen und Gruppenschilder Zusammenarbeit und Unterrichtsorganisation; durch Namensbeschriftung der eigenen Schulsachen lassen sich Verwechslungen und mögliche Konflikte vermeiden. Mit dem gemeinsamen Ausfüllen des Stundenplans wird die Aufmerksamkeit auf die Schulzeit gerichtet (vgl. 2.4.2).
Bei schriftlichen Mitteilungen an die Eltern ist die Schreibmotivation der Kinder besonders groß, da sie nun nicht mehr nur Überbringer, sondern selbst Absender »wichtiger Nachrichten« sind. In echten Schreibanlässen wird die kommunikative Wirkung von Schrift erlebt: Benachrichtigung über Elternabende, Schulschlußzeiten, benötigte Unterrichtsmaterialien usw. Schulisches Lernen und schulisch Gelerntes finden damit auch außerschulisch Beachtung.
In ihrer Funktion als »Notizmittel« wird Schrift erkannt, wenn die Kinder frühzeitig lernen, sich im Unterricht »Stichworte« zu machen. Hier ist auch das Führen eines Hausaufgabenheftes zu nennen; es erleichtert die Unterrichtsorganisation, schränkt den Vervielfältigungsaufwand ein und schärft darüber hinaus das Planungs- und Aufgabenbewußtsein der Kinder.
Schließlich können die Schüler bestimmte Lernmaterialien (z. B. Buchstaben- und Wortkärtchen, Leselotto, Zahlstreifen, Merkwortkartei, ...) selbst erstellen. Didaktische Absichten des Lehrers werden so eher nachvollzogen, und es bietet sich die Möglichkeit der anschaulichen Auseinandersetzung mit verschiedenen Lernwegen und Lernhilfen.

2.4.2 Beispiel: Förderung des Zeitbewußtseins

Besonders geeignet für die Thematisierung schulischen Lernens und Arbeitens ist der Sachunterricht (z. B. Thema »Kind und Schule«).
Zu seinen wichtigen, in den Lehrplänen verankerten Aufgabenbereichen zählt die Förderung des Zeitverständnisses. Vordergründig geht es dabei um die Vermittlung von Kenntnissen des Zeitschemas und der Fertigkeit des Uhr- und Kalenderablesens. Das Thema besitzt jedoch auch erziehliche Bedeutsamkeit, nämlich dann, wenn die Frage nach dem »richtigen Verhältnis zur Zeit« (Bollnow 1972) gestellt wird. Dies kann in der Grundschule natürlich nicht in »philosophischer« Weise geschehen, sondern wird an konkrete lebenspraktische Probleme der Schüler anknüpfen, die sich aus dem täglichen *Umgang mit der Zeit* ergeben. Eine günstige Zentrierungsmöglichkeit bietet dabei das Basislernfeld »Zeiteinteilung und «Zeitplanung«, da hier alle wichtigen Komponenten des Zeitbewußtseins wie Zeitwissen, Zeitorientierung, Zeitschätzen, Zeitdarstellung, Zeitperspektive und Zeitverhältnis didaktisch integriert werden und in lebenspraktisch orientierten Unterricht münden. Folgende, aufgrund einer empirischen Erhebung ermittelten Themen (vgl. Schorch 1982) zeigen, wie im Rahmen der Zeitbegriffsbildung die Aufgabe der Grundlegung schulischen Lernens und Arbeitens einbezogen werden kann:

1. Schuljahr

- Tageseinteilung des Schulkindes (Aufgliederung nach »Muß-, Darf- und Brauchzeiten« verschiedener Tätigkeiten)
- Zeiteinteilung auf dem Schulweg (Pünktlichkeit aufgrund richtiger Zeitplanung und -schätzung: »Nicht trödeln – nicht hetzen!«)
- Zeiteinteilung am Nachmittag (Abschätzen, was an vorgenommenen Aktivitäten zeitlich zu schaffen ist, welche Reihenfolge die günstigste ist, usw.)
- Vorschau auf den nächsten Tag (Zurechtlegen benötigter Materialien, rechtzeitiges Packen der Schultasche; Basteln einer »Merktafel« mit Symbolen)

2. Schuljahr

- Schulzeit – geplante Zeit: Unser Stundenplan (Unterrichtsdauer, Fächerverteilung; daran anschließend: »Wir machen einen Wochenplan«)
- Der Kalender für das neue Jahr (365 leere Kästchen selbst nach Wochen und Monaten gliedern; Weiterführung:)
- Erstellung eines Jahresplans (Jahreszeitleiste an der Klassenwand. Eintragen schulfreier Tage, geplante Vorhaben des Schullebens usw. Übertragen auf persönlichen »Terminkalender«)
- Freizeit = Fernsehzeit? (Wieviel Zeit fürs Fernsehen? Eintragen in »Freizeitmaßbecher«. Wie wählt man aus? Hausaufgaben und Fernsehen)

3. Schuljahr

- Schulzeit – geplante Zeit: Unser Klassenjahresplan (Rückschau auf das alte, Vorschau auf das neue Schuljahr, z. B. 1. Seite des Sachkundeheftes: Inhaltsverzeichnis geplanter Themen – Weiterführung der Jahreszeitleiste)
- Die richtige Zeit für die Hausaufgaben (»Erst die Arbeit, dann das Spiel«? Vor- und Nachteile verschiedener Zeiteinteilungsgewohnheiten. Einbeziehen der tagesphysiologischen Leistungskurve)
- Jeder möchte viel Freizeit (Einschränkungen und Störungen der Freizeit; Konfliktlösungsversuche z. B. innerhalb der Familie)

4. Schuljahr

- Ermüdung und Erholung (»Biologische Uhr«, Schlafbedürfnis Zehnjähriger, Leistungsfähigkeit im Tages- und Wochenlauf, graphische Darstellung. Möglichkeiten der Selbstbeobachtung und -steuerung)
- Zeiteinteilung und -planung beim Lernen (Ausgangssituation: Hausaufgabe, die über mehrere Tage aufgegeben wird. Schüler berichten über ihre Lerngewohnheiten. – Erarbeitung eines »Merkblattes« mit einfachen, aber lernpsychologisch begründeten Regeln des Lernens und Übens)
- Schulzeit – geplante Zeit: Schullaufbahnen (gegen Ende des Schuljahres. Problem: Übertritt an weiterführende Schulen. Graphische Darstellung verschiedener Schullaufbahnen im Zeitraster)

Es ist empirisch nachweisbar, daß ein enger Zusammenhang zwischen der Weite der Zukunftsperspektive und der allgemeinen Schulleistung besteht (vgl. Schorch 1982, 152–154). In den genannten Themenvorschlägen wird versucht, dies zu berücksichtigen: Abgezielt wird auf die Komponente, die für erfolgreiches schulisches Lernen und Arbeiten eine besondere Rolle spielt, auf die Fähigkeit zu Vorausschau und Planung.

2.4.3 Beispiel: Förderung des Sicherheitsbewußtseins

Sowohl in der grundschuldidaktischen Literatur als auch in der Unterrichtspraxis noch zu wenig beachtet wird der Aspekt der *Sicherheit* in der Schule.
Obwohl »Sicherheitserziehung« auf dem Primärziel der Lebenssicherung beruht, ist sie bisher nur auf einem Teilbereich fixiert, auf die Verkehrserziehung. Dies ist angesichts des tatsächlichen Unfallgeschehens und Gefährdungspotentials nicht gerechtfertigt, da sich mehr Unfälle im Schul-, Haushalt- und Freizeitbereich ereignen als im Verkehr.
Gerade wenn es um die Förderung von Arbeitshaltung und Arbeitsverhalten geht, ist

die Schulung des Sicherheits- bzw. »Gefahrenbewußtseins« pädagogisch unverzichtbar, zumal spezifisch kindliche Einstellungen und Verhaltensweisen wie leichte Ablenkbarkeit, Spontaneität, Reaktionsmängel, Selbstüberschätzung, mangelnde Empathie- und Mitteilungsfähigkeit sowie motorische Ungeschicklichkeit das Unfallrisiko erhöhen (vgl. Bosch/Rabenstein/Schorch 1986/87).

Besonders der Schulanfänger wird auf Gefahren in der neuen Umgebung aufmerksam gemacht werden müssen. Dabei geht es nicht um Abschreckung, sondern darum, Gefahren zu erkennen und Risiken richtig einzuschätzen. In zunehmendem Maße wird dann das Kind darauf vorbereitet, selbst Unfallverhütungsmaßnahmen zu treffen (z. B.: Beseitigung oder Eingrenzung der Gefahr, Abstand oder Abschirmung von der Gefahr).

Eine solche Sensibilisierung für sicherheitsbezogenes Verhalten schlägt sich u. a. im *Umgang mit Arbeitsmaterialien* (vgl. 2.3.2) nieder: Richtiger Umgang mit spitzen Gegenständen wie Bleistift, Häkelnadel und Bohrer (z. B. beim »Kastanien-Männchen« bauen), mit Schere und Messer (z. B. beim Thema »Wir kochen eine Gemüsesuppe«), vorsichtiges Verwenden von Klebstoff, überlegtes Packen der Schultasche (keine zerbrechlichen Verpackungen) usw.

Im Zusammenhang mit dem Schaffen günstiger Arbeitsbedingungen (vgl. 2.2.3) wird besonderes Augenmerk auf die *Sicherheit in Klassenzimmer und Schulhaus* zu richten sein: Keine »Stolperfallen« (Schultaschen u. ä.), vorsichtiger Umgang mit Schulmöbeln, umsichtiges Bewegen im Raum u. v. a. m. Dazu gehört es auch, andere vor möglichen Gefahren zu warnen und Erwachsene dazu aufzufordern, Gefahrenquellen (z. B. defekte Steckdosen) zu beseitigen.

Angesprochen sind hier wiederum *Verhaltensformen schulischen Zusammenlebens und -arbeitens* (vgl. 2.3.1): Viele Schulunfälle lassen sich auf »elementare soziale Situationen« zurückführen (z. B. Wetteifern, Streiten, tätliche Auseinandersetzungen), auf »Schlüsselfälle«, deren Verständnis zur selbständigen Bewältigung ähnlich gelagerter Situationen verhilft. Gut geeignet für die pädagogisch-didaktische Aufbereitung ist das Unterrichtsmodell der »Darstellungseinheit« (Rabenstein/Haas 1972), bei dem anhand szenischen Rollenspiels mit den Schülern versucht wird, soziale Wertungen und Motive nachzuvollziehen und Möglichkeiten »richtigen Verhaltens« zu erarbeiten, z. B. gewaltfreie Konfliktlösung, überlegte Schlichtung eines Streits durch Dritte, umsichtiges Verhalten beim Experimentieren (z. B. Kerzenversuch) und bei Sportspielen (vgl. Schorch 1987).

Die genannten Maßnahmen verdeutlichen, daß es nicht um punktuelle Unfallverhütung geht, sondern um *äußere und innere Sicherung schulischer Bildungsarbeit.*

2.5 *Resümee: »Schule« als Bildungsinhalt*

Die Grundschule hat als erste Bildungsinstanz die spezifische Aufgabe, das Kind in die Eigenart schulischen Lernens und Arbeitens einzuführen. Schule ist auf dieser Stufe deshalb nicht nur Bildungsträger, sondern selbst Bildungsinhalt. Dabei darf es nicht darum gehen, die Kinder zu naiver Schulgläubigkeit zu erziehen. Vielmehr wird in eigenen Themenbereichen (»Kind und Schule«, »Kind und Gemeinschaft«), in fachlichen Zugängen (»Schule früher und heute«) sowie in situationsbezogener Thematisierung und Vermittlung von Lern- und Arbeitsweisen (»Lernen des Lernens«) eine Reflexion schulischen Lernens angebahnt. Beabsichtigt wird hierdurch natürlich nicht, eine überkritische oder gar ablehnende Haltung gegenüber der Schule zu erzeugen, sondern den Schüler zumindest zeitweise aus seiner Rolle als Objekt des Lernens herauszunehmen und seine Bereitschaft zur *Mitgestaltung von Schule* zu wecken. Ein allmähliches Hineinführen in *schulische Mitverantwortung* wird umso besser gelingen, je überzeugender die Sinnhaftigkeit schulischen Lernens verdeutlicht werden kann. Zugrunde liegen drei Zielebenen: Die Bemühung um effektives, erfolgreiches schulisches Lernen und Arbeiten als

- Voraussetzung zur Bewältigung täglicher Unterrichtsanforderungen,
- solide Fundierung weiterführender Bildung,
- Hilfe bei der Auseinandersetzung mit gegenwärtigen und zukünftigen außerschulischen Lebensproblemen.

Aus der Zusammenschau dieser Aspekte ergibt sich eine »Sinnmitte«, mit der eine »Zersplitterung grundlegender Bildung« (Rabenstein 1986 a, 9) vermieden werden kann. Es ist pädagogisches Anliegen, daß die Kinder die eigenen Lernprozesse bewußt erleben und mitgestalten sowie schulisches Lernen und Arbeiten nicht nur als Fremdbestimmung und Einengung, sondern auch als Lebenshilfe und Lebensbereicherung erfahren und erkennen. Da Bildung letztlich immer nur Selbstbildung ist, wäre damit eine der wichtigsten Voraussetzungen für den persönlichen Bildungsweg geschaffen.

Aufgabe des nächsten Kapitels ist es, die entsprechenden Probleme und Möglichkeiten individueller Entwicklung und individuellen Lernens näher aufzuzeigen.

Günther Schorch

3. Grundlegung individueller Entwicklung und individuellen Lernens

3.1 Grundschulunterricht zwischen Individualität und sozialen Anforderungen

Wenn Schulanfänger in die Grundschule aufgenommen werden, unterscheiden sie sich bereits in vielfacher Hinsicht: Einige Kinder haben schon elementare Kenntnisse in Wissensbereichen, für die sich andere nicht interessieren. Das eine Kind zeichnet gerne, das andere bevorzugt Bewegungsspiele. Viele Kinder suchen den Kontakt mit anderen, einige sind sozial eher verschlossen. Abgesehen von angeleiteten Lernphasen im Kindergarten haben die Schulanfänger ohne formellen Unterricht bereits viel gelernt. Im Wechselwirkungsprozeß von genetischen Potentialen, Umweltanregungen und Selbstdurchsetzung haben sie ihre je eigene Individualität entwickelt. Man nimmt an, daß Kinder etwa ab dem 3. Lebensjahr sich auch selbst ein Bild von ihrem Ich machen und ihre Individualität als Abgrenzung von anderen forcieren (Neubauer 1976, 80ff.).

Der Schulanfang und das formelle Lehren und Lernen in der Grundschule können die bis dahin meist kontinuierliche Individualitätsentwicklung beeinträchtigen: Das Kind ist mit neuen Anforderungen aus der sozialen Umwelt konfrontiert, und es wird ihm eine Reihe von Anpassungsleistungen abverlangt. Diskontinuitäten in der individuellen Entwicklung können entstehen, wenn wegen ungünstiger Lernvoraussetzungen im kognitiv-motorischen Bereich (Lesen, Schreiben, Rechnen) Schwierigkeiten auftreten. Aber auch die typischen Formen des Schullernens sind für manche Kinder eine Herausforderung, die sie nicht bewältigen und auf die sie mit Verhaltensweisen reagieren, die das Zusammenleben und das gemeinsame Lernen in der Schulklasse erschweren. Aus der Forschung ist bekannt, daß es dann sehr schnell zu negativen Aufschaukelungsprozessen kommen kann:

Lernschwierigkeiten und Problemverhalten können zu ungünstigen Erwartungshaltungen im sozialen Umfeld führen, die Erwartungen wiederum beeinflussen u. U. die Selbsteinschätzung des Kindes, Erfolgszuversicht kann in Furcht vor Mißerfolg umschlagen und zieht nicht selten tatsächliches weiteres Versagen nach sich (Petillon 1980, 58; Dieterich 1981, 316ff.; Huber 1986, 409). Vor allem ängstliche Kinder sind durch diesen »Teufelskreis« gefährdet, da Angst nicht nur negative Empfindungen auslöst, sondern auch das kognitive Leistungsvermögen herabsetzt (Hofer u. a. 1986, 262f.). Bei selbstsicheren Kindern dagegen äußert sich Diskontinuität der individuellen Entwicklung im Gefolge von Schwierigkeiten mit sozialen Anforderungen eher in der sog. Sekundärsymptomatik, d. h. in nicht-sachbezogenen Verhaltensweisen wie Unfugmachen, Prahlen, Kasperlspielen, Streitsucht, Aggression (Hofer u. a. 1986, 263).

Für die Grundschule stellt sich also das Problem, wie die Anforderungen des Lehrplans sowie die schulischen Lernformen mit der je individuellen Entwicklung der Schulanfänger so in Einklang zu bringen sind, daß negative »zirkuläre Verstärkungsprozesse« (Petillon) und ein mißlungener Schulstart, der sich meist auf die gesamte weitere Schullaufbahn auswirkt, vermieden werden. Im folgenden Teil soll gezeigt werden, daß die Aufgabe der grundlegenden Bildung in den ersten Schuljahren sich nicht nur auf das Lernen in den Lehrgängen bezieht, sondern auch die Individualitätsentwicklung, vor allem mögliche Krisen der Entwicklung des Leistungsselbstbildes und des Selbstvertrauens der Grundschulkinder berücksichtigen muß. Grundlegung bedeutet natürlich nicht, die Grundschule habe die individuelle Entwicklung erst in Gang zu setzen. Grundlegung im Bereich der individuellen Entwicklung meint, daß individuelle Persönlichkeitsmerkmale gefördert werden, die der Gesamtentwicklung und dem kognitiven Lernen des jeweiligen Kindes dienlich sind; dazu gehört auch, daß Grundschullehrer reflektiert versuchen, Brüche in der Persönlichkeitsentwicklung der Kinder zu vermeiden und auf Krisen angemessen zu reagieren.

In weiteren Abschnitten wird auf spezielle Formen der Differenzierung und Individualisierung eingegangen, die das Anknüpfen an individuelle Lernvoraussetzungen erlauben (zur Einführung in die typischen Formen des Schullernens vgl. Kap. 2).

3.2 Zur Entwicklung der Individualität im Grundschulalter

3.2.1 Individualität, Identität und Selbstkonzept

Individualität

Mit dem Begriff der Individualität bringt man die Einmaligkeit und Unverwechselbarkeit einer Person zum Ausdruck. Dabei ist weniger an die Summierung von Eigenschaften, Kenntnissen, Haltungen usw. eines Menschen gedacht, sondern an die Integration der Merkmale, an das »Übersummative«, an die je besondere Verknüpfung der Persönlichkeitsdimensionen, die das Erleben, Denken und Handeln bestimmen. Die Individualität eines Menschen ist Voraussetzung für den Aufbau eines *Personkerns*, der ihm eine sinnvolle Existenz in Abgrenzung von anderen und gegenüber Anforderungen aus der sozialen Umwelt ermöglicht, wobei Individualität

und Sozialität keine unvereinbaren Gegensätze, sondern ein notwendiges Spannungsverhältnis darstellen (vgl. Glöckel 1983, 456).
Aufgrund unterschiedlicher genetischer Ausstattung und unterschiedlicher Erziehungsbedingungen bildet sich bei Kindern bereits in den ersten Lebensjahren und im Vorschulalter Individualität aus. Im Anschluß daran ergeben sich für die Grundschule zwei Aufgabenrichtungen: Im Bereich der Kulturtechniken sollte sie individuelle Entwicklungen nicht zu weit auseinanderdriften lassen, sondern ein gemeinsames Fundament an Kenntnissen, Fähigkeiten und Fertigkeiten schaffen; im Sachunterricht ist ebenfalls ein Grundbestand elementarer Begriffe und Fähigkeiten anzustreben. Unabhängig davon ist jedoch schon in der Grundschule in vielen Bereichen, z. B. bei weitergehenden Sachinteressen und musischen Betätigungen, Unterschiedlichkeit der individuellen Entwicklung pädagogisch eher erwünscht.
Zum individuellen Personkern gehören auch sittliche Überzeugungen, die dem einzelnen helfen, sich in Konflikt- und Belastungssituationen zu orientieren und sein Selbst zu erhalten. Die Schule kann diesen Zielpunkt individueller Entwicklung zwar anzubahnen versuchen, jedoch muß man realistischerweise annehmen, daß ihn viele Menschen erst im Erwachsenenalter (wenn überhaupt) erreichen. Die erste Auseinandersetzung mit sozialen Regeln und sittlichen Prinzipien erfolgt im Grundschulalter beim Spielen sowie in unterrichtlichen Gesprächen über Alltagskonflikte und Beispiele wertorientierten Handelns (vgl. Kap. 7).

Identität

Unter der Identität eines Menschen versteht man seine Fähigkeit, die Kontinuität seines Personkerns zu wahren, sowie eine Balance zwischen personalen und sozialen Ansprüchen einzuhalten. Die Entwicklung der Identität wird mit der Theorie der sozialen Konstitution des Selbst erklärt (Miller 1985, 43). Bereits James (1890) unterschied dazu zwischen dem »Me« und dem »I« einer Person. Mead (1934, dt. 1968) baute diese Theorie der Entstehung des Selbst später aus: Das »Me« ist der Teil des Selbst, den die anderen an einer Person wahrnehmen und über den sie ihr Informationen zurückmelden. Es verinnerlicht die Mitteilungen und vor allem die Erwartungen der anderen. Das »I« ist die persönliche Komponente des Individuums, in ihm drückt sich der Wunsch nach Selbstdurchsetzung aus. Das »Me«, d. h. die Übernahme der sozialen Normen, zügelt die Impulsivität und Spontaneität des »I«. Cooley (1902) verglich die Wirkung des Selbst auf andere und deren Rückmeldung mit einer Spiegelung und sprach deshalb von »Spiegelbild-Ich«.
Die ersten Mitteilungen über das Ich und erste Bewertungen seines Verhaltens erhält das Kind in der Familie. Auch die Geschlechtsrollenidentität bahnt sich bereits in der Vorschulzeit an. Ein entscheidender Abschnitt in der Identitätsentwicklung ist dann

der Anfangsunterricht: Im 1./2. Schuljahr begegnet das Kind neuen erwachsenen Bezugspersonen und einer Gruppe etwa Gleichaltriger, die ihm in verschiedensten Lebens- und Entwicklungsbereichen ihre Wahrnehmungen über sein Ich vermitteln. Der Erstklaßlehrer ist die Person, von der fast alle Heranwachsenden erste Informationen über ihre kognitiven Fähigkeiten erhalten. Der Lehrer informiert auch über den Einfügungsprozeß des einzelnen in das neue Sozialgefüge. Die Klassenkameraden äußern eigene Selbstdurchsetzungsabsichten und bringen verbal und nonverbal zum Ausdruck, wie sie die Position des anderen in der Gruppe einschätzen. Insgesamt richtet sich in der Einschulungsperiode ein Bündel von Umfelderwartungen an das »soziale Ich«; diese Phase ist deshalb eine *»besonders labile sozialpsychologische Situation«* (Krapp/Mandl 1977, 18), in der das »soziale Ich« und das »personale Ich« aus der Balance geraten können.
Wenn die Diskrepanz zwischen vorschulischen Lernerfahrungen und Grundschulunterricht nicht sehr groß ist, stellt die Einschulung keine Krisensituation dar; für viele Kinder sind die neuen Aufgaben geradezu ein notwendiger Entwicklungsimpuls. Andernfalls jedoch kann der Verlust der Identitätsbalance zu Fehlformen der Persönlichkeitsentwicklung führen, nämlich zur Beeinträchtigung des »personalen Ich«, z. B. zu Überangepaßtheit, zu Ängstlichkeit, zu Unterwerfung, oder zu fehlender Ausbildung des »sozialen Ich«, z. B. zu antisozialer Haltung, zu übersteigertem Selbstbewußtsein, zur Tendenz, über andere verfügen zu wollen.

Selbstkonzept

Das Selbstkonzept eines Individuums ist sein Wissen über sich selbst, das mittels anderer durch Reflexion gewonnene Bild des Ich, »die kognitive Repräsentation der eigenen Person« (Neubauer 1976, 36), wobei Teilkonzepte zu verschiedenen Persönlichkeitsbereichen miteinander verknüpft werden. Das Selbstkonzept ist für jeden Menschen von großer Bedeutung, da es mit seiner Befindlichkeit und seiner seelischen Gesundheit in engem Zusammenhang steht. Auch auf Lernmotivation und kognitive Leistung wirkt sich das Selbstkonzept aus (Meyer 1983, 1; Hofer u. a. 1986, 263).
Über die Entwicklung des Selbstkonzeptes im Vorschulalter und seine Abhängigkeit von Familienbedingungen liegt eine Reihe von Untersuchungen vor (zusammenfassend vgl. Neubauer 1976, 91 ff.). Im folgenden wird eine Übersicht von Filipp (1979, 131 ff.) über die Hauptquellen der Information, die zum Aufbau des Selbstkonzepts beitragen, auf die Grundschule angewendet:
- *Direkte Merkmalszuweisung*
  Andere Personen schreiben dem Individuum offen Eigenschaften zu. Im 1./2. Schuljahr erfolgen die ersten Merkmalszuweisungen zur kognitiven Tüchtig-

keit, z. B. wenn der Lehrer sagt »Du bist gut im Rechnen« oder »Für das Lesenlernen mußt du viel mehr üben«. In anderen Bereichen spielen die Klassenkameraden die Zuschreiberrollen, wenn sie z. B. sagen »Du bist feige« oder »Dem hast du's ganz schön gegeben«.

- *Indirekte Merkmalszuweisung*
  Andere verhalten sich so, daß man daraus auf die Einschätzung der eigenen Person schließen kann. Wenn der Lehrer z. B. einem Kind immer leichte Aufgaben stellt und häufig Hilfestellung leistet oder tröstet, kann es daraus Ableitungen auf das Bild der eigenen Fähigkeiten vornehmen. Auch eine starre Zuordnung in eine Differenzierungsgruppe führt zu solchen Selbstetikettierungen.
- *Vergleichende Merkmalszuweisung*
  Kinder ziehen im Leistungs- und in anderen Bereichen Vergleiche mit Mitschülern. Die Grundschule ist der erste Ort, an dem die soziale Bezugsnorm hinsichtlich eigener Leistung wirksam wird. Auch zu seinem Sozialverhalten macht das Kind im Vergleich Feststellungen, z. B. ob es zu den Ruhigen oder »Quirligen«, zu den eher Durchsetzungsfähigen oder den eher Zurückgezogenen gehört.
- *Reflexive Merkmalszuweisung*
  Das Selbstbild wird durch Selbstbeobachtung ausdifferenziert. Man nimmt an, daß schon 6- bis 10jährige zu solchen Introspektionen in der Lage sind. So kann man z. B. aus Äußerungen jüngerer Schüler zur Selbsteinschätzung im Unterricht und zur Wahrnehmung entsprechender Lehrerreaktionen auf eine allmähliche Verfeinerung der Selbstbeobachtung in der Grundschulzeit folgern (vgl. Hofer u. a. 1986, 238ff.; vgl. auch Aussagen der älteren Entwicklungspsychologie).

Unter den Teilkonzepten des Selbst dürfte das Leistungsselbstbild von der Grundschule am stärksten beeinflußt sein. Im Laufe des 1./2. Schuljahres tragen dazu vor allem die Rückmeldungen des Lehrers bei (»Armin ist unser Sorgenkind«, »Monika lernt ganz leicht«). Im 3./4. Schuljahr wird das Leistungsselbstbild durch Ergebnisse in Probearbeiten und durch Zeugnisnoten verfestigt. Empirische Erhebungen zeigen, daß die Streubreite der Notengebung im 3./4. Schuljahr immer größer wird und eine allgemeine Tendenz zu schlechteren Noten besteht (Hanke u. a. 1980, 200). Dieser Mechanismus hat sicher Auswirkungen auf die Entwicklung der Leistungsselbstkonzepte in einer Klasse. Zumindest in den ersten Schuljahren sollte dafür Sorge getragen werden, daß negative Selbstbildzuschreibungen über Ziffernzensuren verhindert werden.

In den meisten Bundesländern sind im 1./2. Schuljahr Zeugnisse ohne Ziffernzensuren eingeführt. Einige Erfahrungen deuten nun darauf hin, daß für leistungsschwache Kinder – und ihre Eltern – das erste Drittklaßzeugnis mit Noten starke negative Emotionen hervorruft.

Die »Vermittlungsinstanz« zwischen der kognitiven Repräsentation des Selbst und der Anstrengungsbereitschaft ist das *Selbstwertgefühl.* Mit diesem Begriff faßt man die emotionalen und bewertenden Komponenten des Selbstkonzepts (vgl. Filipp 1979, 149). Das Selbstwertgefühl kann sich je nach Bereich (Mathematik, Sport, soziale Position usw.) sehr unterschiedlich entwickeln. Entscheidend ist jedoch, daß die emotionale Tönung im jeweiligen Bereich mit dem Verhalten zusammenhängt. In Untersuchungen (vgl. z. B. Pekrun 1983) ließen sich deutliche Beziehungen zwischen Selbstwertgefühl und schulischen Leistungen feststellen, wobei über die Kausalrichtung noch Unklarheit herrscht. Während ältere Schüler und Erwachsene in Leistungssituationen Gefühle und Kognitionen meist auseinanderhalten können, durchdringen sich beim Grundschulkind kognitive und emotionale Anteile des Verhaltens noch stark. Deswegen ist es vor allem im Grundschulunterricht wichtig, für eine positiv-emotionale Basis des Lernens und Leistens zu sorgen. Wenn Grundschulkinder ein ungünstiges Selbstwertgefühl haben, wird der Aufbau von Selbstvertrauen ein vorrangiges Erziehungsziel. Dieses Ziel erhält dann Priorität hinsichtlich der allgemeinen Förderung der Persönlichkeitsentwicklung und als Voraussetzung für das kognitive Lernen.

3.2.2 Förderung individueller Entwicklung

Der pädagogische Begriff der Förderung meint ein »Weiter-nach-vorn-Bringen« bzw. die Hilfestellung, mit der Kinder und Jugendliche ihre Entwicklung voranbringen (vgl. Geppert 1985, 20). Grundlage für die Förderung individueller Entwicklung ist zunächst die Achtung der Unverwechselbarkeit des jungen Menschen. Der formale Begriff der individuellen Entwicklung ist dann inhaltlich zu füllen. Der Erzieher nimmt einen Ist-Soll-Vergleich vor, d. h. er setzt angesichts konkreter individueller Entwicklungsstände Akzente bei speziellen Erziehungszielen und entsprechenden Hilfestellungen, z. B. im sozialen oder sittlichen Bereich. Weiterhin heißt Förderung individueller Entwicklung, das Kind beim Aufbau seiner Identität, bei der Erhaltung und Entwicklung der Balance zwischen »personalem Ich« und »sozialem Ich« zu unterstützen; wie dargestellt, können die vielfältigen schulischen Anforderungen diese Balance gefährden. Schließlich ergibt sich die Aufgabe, die Entwicklung eines realistischen Selbstkonzepts des Kindes zu fördern; in erster Linie sollte dazu die Erfolgszuversicht gestützt und eine frühe negative Fähigkeitszuschreibung vermieden werden; mit der Zeit soll das Kind aber auch seine Schwächen erkennen und versuchen, in diesen Bereichen durch besondere Anstrengung trotzdem die Unterrichtsziele zu erreichen.

Vor allen Einzelmaßnahmen ist die *Schaffung günstiger Rahmenbedingungen* eine Voraussetzung für die Förderung individueller Entwicklung. Dazu gehört, daß in der Schule und im Klassenzimmer eine Atmosphäre des Vertrauens und ein positives sozial-emotionales Klima herrschen. In der Schulforschung fand man mehrfach, daß die Schulatmosphäre mit der Befindlichkeit von Lehrern und Schülern, mit Erwartungshaltungen und mit der Schulleistung zusammenhängt (vgl. Dreesmann 1986). Für die Grundschule sind positiv-emotionale Interaktionsqualitäten besonders bedeutsam, da jüngere Kinder emotionale Sicherheit brauchen, wenn sie Neues erleben und kognitive Aufgaben lösen sollen. Das Vertrauen in den Erzieher hilft, mit Schwierigkeiten fertig zu werden, und gibt bei Mißerfolgen das Gefühl, weiterhin angenommen zu sein. Man spricht vom *Bindungsgefühl*, das »Voraussetzung für die Entwicklung von Zuversicht, Engagement und angemessener Selbstbeherrschung« ist (Hofer u. a. 1986, 266). Instabilitäten und diskontinuierliche Erziehungsbedingungen schaffen dagegen Unsicherheit. Zur Stabilität des pädagogischen Umfeldes tragen Ordnungen und Regelungen des Zusammenlebens bei, die Lehrer und Schüler gemeinsam erarbeiten und die zu Orientierungshilfen für das Handeln und Reflektieren werden (vgl. das Unterrichtsbeispiel von Schorch 1974).

Die Interaktionen zwischen Lehrer und Schüler werden in hohem Maße von den *Erwartungshaltungen des Lehrers* bestimmt. Für die Diskussion dieser sozialpsychologischen Kategorie haben das sog. Pygmalion-Experiment und eine Reihe von Folgeuntersuchungen eine große Rolle gespielt, die hier nicht im einzelnen dargestellt werden können (vgl. Rosenthal/Jacobson 1971; Kurzdarstellung in Huber 1986, 410f.). Nach Ergebnissen dieser Forschung scheint es im Unterricht Signale zu geben, mit denen Lehrer einzelnen Schülern ihre positive oder negative Erwartungshaltung zur Begabung u. a. m. mitteilen; im Sinne Sich-selbst-erfüllender-Prophezeiungen können solche Erwartungen tatsächliche Eigenschaftsänderungen nach sich ziehen. Für die Grundschulpädagogik ist interessant, daß Zuschreibungen der intellektuellen Leistung vor allem im 1./2. Schuljahr wirksam waren, was man auf die Plastizität der kindlichen Entwicklung und die Offenheit für Entwicklungsstimuli in diesem Zeitabschnitt zurückführt. Brophy/Good (1976) fanden in Unterrichtsbeobachtungen zwei Lehrertypen, die sich in ihren Erwartungsübertragungen wie folgt unterscheiden:

Der *reaktive Lehrer* versucht kaum, seinen Unterricht auf die Unterschiede zwischen den Schülern abzustimmen; er verstärkt diese Unterschiede eher, indem er Mißerfolge fast ausschließlich mangelnder Begabung zuschreibt und bevorzugt mit leistungsstarken Schülern interagiert, während er die leistungsschwachen Schüler ablehnt.

Proaktive Lehrer übernehmen die Initiative bei der Gestaltung der Interaktion mit

dem Ziel einer Förderung der Erfolgszuversicht. Nach Brophy/Good (1976) sollte proaktiver Unterricht folgende Merkmale haben: Vermeidung negativer Erwartungen; diagnostische Haltung und Zuordnung unterschiedlicher Aufgaben; Ermutigung und Anerkennung; informelle Gespräche mit den leistungsschwachen Schülern, um ihre persönliche Situation kennenzulernen und ihre spezifischen Fähigkeiten in den Unterricht einbringen zu können.
Brophy/Good entwerfen eine ziemlich idealtypische Kombination von Unterrichtsmerkmalen, die hohe Ansprüche an die Persönlichkeitsvoraussetzungen und das Handeln des Lehrers stellt. Vor allem sind – wie auch im folgenden Abschnitt gezeigt werden kann – einige Empfehlungen zu global angelegt.
An *konkreten Maßnahmen* zur Förderung eines positiven Selbstkonzeptes wurden in der Forschung u. a. untersucht: Lob und Tadel, emotionale Reaktionen des Lehrers, wie Ärger und Trösten, Hilfestellung beim Problemlösen, unterschiedliche Aufgabenschwierigkeiten (vgl. Meyer 1983; Hofer u. a. 1986). Man stellt dabei aufgrund der Untersuchungsergebnisse einige in der Pädagogik lange Zeit als generell vorteilhaft eingestufte Erziehungsmaßnahmen in Frage. Tatsächlich enthalten gut gemeinte Lehreräußerungen oft subtile oder indirekte Informationen, die unbeabsichtigt das Selbstkonzept eines Kindes tangieren, etwa wenn der Lehrer sagt »Peter, fein, daß du dich im Rechnen einmal gemeldet hast.« Meyer (1983) fand in experimentellen Untersuchungen mit Studenten, daß nach einer Aufgabenbearbeitung Lob zur Wahrnehmung niedriger und Tadel zur Wahrnehmung hoher eigener Fähigkeiten führen kann. Ebenso kann häufige Hilfestellung und die Zuweisung leichter Aufgaben unter bestimmten Umständen beim Lernenden das Gefühl aufkommen lassen, diese Maßnahmen besonders nötig zu haben, also geringe Fähigkeit zu besitzen. Bei Einbezug von Studien in natürlichen Klassenzimmersituationen stellt sich die Forschungslage jedoch nicht so eindeutig dar. Selbstverständlich sind Lob oder Hilfestellung unabhängig von Selbstkonzeptzuschreibungen unter spezifischen pädagogischen Bedingungen sehr sinnvolle Maßnahmen. Für den Lehrer kommt es darauf an, situative und individuelle Indikatoren zu erkennen, die im einen Falle eine Einzelmaßnahme als angezeigt, im anderen als nicht angebracht erscheinen lassen. Einfache Rezepte mit generellen Empfehlungen sind für die individuelle Förderung ungeeignet, erforderlich sind professionelle Kenntnisse und pädagogischer Takt zur Einschätzung der Situation.
Die pädagogische Brisanz vieler Lehreräußerungen besteht darin, daß sie *latente Beurteilungen* individueller Schülerfähigkeiten enthalten. Augenfälliger wird der Einfluß des Lehrerurteils auf das Selbstkonzept eines Schülers bei der *manifesten Beurteilung*, vor allem den Ziffernzensuren nach Probearbeiten und in Zeugnissen. Angesichts der Tatsache, daß viele Schulanfänger erst eine aufgabenbezogene Lern-

haltung aufbauen müssen und daß das 6./7. Lebensjahr eine plastische und labile Periode in der Entwicklung des Leistungsselbstbildes darstellt, ist der Verzicht auf Ziffernzensuren im 1./2. Schuljahr und damit auf eine frühe negative Abstempelung leistungsschwacher Schüler pädagogisch und sozialpsychologisch konsequent. Allerdings dürfen die Verbalbeurteilungen nicht aus versteckten Allgemeinurteilen mit sozialer Bezugsnorm bestehen, sondern müssen tatsächlich den individuellen Lernfortschritt beschreiben und sich an den Sachbezugsnormen, also den angestrebten Lehrzielen, orientieren. Auch bei der verbalen Beurteilung braucht der Lehrer viel pädagogisches Gespür, um einerseits differenziert und wahrheitsgetreu den Lernstand des Kindes zu dokumentieren und andererseits – wenn nötig – zu ermutigen und zu Erfolgszuversicht sowie erhöhter Lernmotivation beizutragen.
Die Eltern beeinflussen ebenfalls mit Beurteilungsäußerungen das Leistungsselbstbild ihrer Kinder. Trotz Elterninformation und pädagogischer Zeugnisgestaltung können natürlich Aktivitäten der Eltern im Rahmen der Leistungsbeurteilung gegenläufig zu schulischen Zielen und Mitteln individueller Förderung sein.

3.3 Differenzierung und Individualisierung in der Grundschule

3.3.1 Feststellung individueller Voraussetzungen

Mit grundlegender Bildung in der Anfangsstufe des Schulwesens ist u. a. ein gemeinsames »Sockelniveau« für alle, ein »Fundamentum« zumindest in den Lehrgängen des Deutsch- und Mathematikunterrichts intendiert. Das Bild einer gleichen Lernbasis für alle darf jedoch nicht darüber hinwegtäuschen, daß die Wege zu diesem Ziel je nach individuellem Ausgangspunkt unterschiedlich sind. Auch die Förderung individueller Bildung über das »Fundamentum« hinaus in Form des »Additums« (vgl. Kap. 1) sowie die Berücksichtigung der Persönlichkeitsentwicklung der Kinder machen es unabdingbar, für den Grundschulunterricht differenzierende und individualisierende Maßnahmen vorzusehen.
Bevor der Unterricht differenziert wird und individuelle Lernhilfen gegeben werden, ist es erforderlich, die Ausgangssituation in der jeweiligen Schulklasse festzustellen. Bei der Wahl der Verfahren zur Erfassung individueller Voraussetzungen ist die Orientierung an unterschiedlichen diagnostischen Modellen möglich. Beim *Eigenschaftsmodell der Diagnostik* betrachtet man Lernvoraussetzungen als »Zustände innerhalb der Person« (vgl. Bundschuh 1985, 23). Die als manifest geltenden Eigenschaften werden mit einer allgemeinen Norm verglichen, schwerwiegende Abweichungen von der Norm sieht man fast wie ein Krankheitsbild (man spricht deshalb

auch vom »medizinischen Modell«). Entsprechende Diagnosemethoden sind normorientierte Tests und Verfahren zur Einschätzung von Persönlichkeitseigenschaften.

Das Eigenschaftsmodell der Diagnostik ist für individuelle Förderung im Unterricht zu statisch angelegt. Es wurde auch nicht für Förderansätze entwickelt, sondern für Laufbahnzuweisungen und zur Selektion. Für pädagogische Zwecke besser geeignet ist das *Fördermodell der Diagnostik* (vgl. Kornmann u. a. 1983; Bundschuh 1985, 39). Individuelle Voraussetzungen werden nicht als statische Merkmale, sondern in einer dynamischen Interaktion mit der sozialen Umwelt der Person betrachtet. Es interessieren weniger Vergleiche mit einer allgemeinen Norm als intraindividuelle Veränderungen. Die Diagnose dient nicht der Selektion, sondern modifizierenden Maßnahmen (vgl. Krapp/Mandl 1977, 38). Man orientiert sich an den Zielen der jeweiligen Lehrgänge und stellt in gewissen Abständen immer wieder fest, ob die Lernenden die Lehrgangsziele erreicht haben. Während das Eigenschaftsmodell eine Statusdiagnostik darstellt, ist das Fördermodell auf Veränderungen gerichtet und deshalb eine Prozeßdiagnostik.

Bei aller kontrastierenden Gegenüberstellung sollte man jedoch in Rechnung stellen, daß nicht jedes Persönlichkeitsmerkmal beliebigen pädagogischen Veränderungsabsichten zu unterwerfen ist; außerdem müssen Grundschullehrer auch auf die Lernvoraussetzungen (bzw. auf deren Fehlen) achten, auf die sie mit ihren eigenen Möglichkeiten nicht mehr angemessen eingehen können und die deshalb der Beobachtung und Intervention des Spezialisten bedürfen.

Weil die verschiedenen Entwicklungsbereiche im Grundschulalter noch eng miteinander verbunden sind, sollte der *gesamte Persönlichkeitsbereich* in die Feststellung individueller Voraussetzungen einbezogen werden (»personaler Entwicklungsstand« nach Geppert 1985). Vor allem bei Lernschwierigkeiten in den Lehrgängen ist auch zu fragen: Hat das Kind mangelndes Selbstvertrauen? Muß es erst ein realistisches Leistungsselbstbild entwickeln? Beobachtungen und Überlegungen zur emotionalen Dimension (z. B. Angst) gehören ebenso in diesen Bereich wie Feststellungen zur Motivation (z. B. Mißerfolgsorientierung, bestimmte Sachinteressen). Jötten (1981) hat für das »Fördern im Klassenunterricht« insgesamt vorgeschlagen, von Grundfähigkeiten wie Selbststeuerung, Reflexivität, positives Selbstkonzept, realistische Zielsetzung u. a.m. auszugehen und bei ungünstigen Voraussetzungen spezifische Trainingsmaßnahmen anzusetzen.

Im *kognitiven Bereich* ist für differenzierende und individualisierende Maßnahmen ausschlaggebend, welche Lehrziele die Schüler erreicht bzw. nicht erreicht haben und wie gut sie die Fähigkeiten/Fertigkeiten beherrschen (z. B.: Welche Stufe im Leselehrgang ist erreicht, welche noch nicht? Welche Rechenverfahren müssen noch

geübt werden?). Daneben sind auch in diesem Bereich Grundfähigkeiten zu berücksichtigen, z. B. visuelle Differenzierung oder Mengenauffassung. Der kognitive Faktor, der sich am stärksten auf die Schulleistung auswirkt, ist die Intelligenz. Für Fördermaßnahmen ist das allgemeine Intelligenzniveau allerdings weniger von Bedeutung als einzelne kognitive Voraussetzungen, z. B. schlußfolgerndes Denken, Erfassung sprachlicher Bedeutungen, Raumvorstellung (vgl. Weinert 1975, 40). Solche Teilfähigkeiten können durch neuere Schuleingangsdiagnostika (nicht zu verwechseln mit Schulreifetests) erhoben werden (vgl. z. B. Jäger u. a. 1976).
Der *soziale Bereich* sollte in seinem Eigenwert für die kindliche Entwicklung Beachtung finden; er darf auch insofern nicht vernachlässigt werden, als soziale Fähigkeiten das kognitive Lernen beeinflussen und das Arbeiten in Differenzierungsgruppen häufig Kooperations- und Kommunikationsfähigkeit voraussetzt. Deshalb sollten Beobachtungen zu diesen Qualifikationen und zu anderen Sozialfähigkeiten, wie z. B. Kontaktfreude, Hilfsbereitschaft, Helfenkönnen, durchgeführt werden.
Zum *arbeitsmethodischen Bereich* gehören Fertigkeiten im Umgang mit Arbeitsmitteln, Kontrolle der eigenen Arbeit, Beherrschung von Lerntechniken u. ä. (vgl. Geppert 1985, 26). Über Fertigkeiten hinaus spielen auch Gewohnheiten und Arbeitshaltungen eine Rolle, z. B. Sorgfalt, reflektierender Arbeitsstil; nicht selten sind Lernschwierigkeiten auf falsche Arbeitsplanung und fehlende Selbstbeobachtung beim Lernen zurückzuführen.
Geeichte Tests und anspruchsvolle Erhebungsverfahren wie Verhaltensinventare, Persönlichkeitsfragebogen usw. wird der Lehrer zur Feststellung von Lernvoraussetzungen nur in besonders schwierigen Ausgangssituationen anwenden. Im Sinne des Fördermodells der Diagnostik sind die Beobachtungen und Erhebungen zu den jeweils erreichten Lernständen in den Lehrgängen die wichtigsten Feststellungen; dazu können Lehrziellisten oder prozeßorientierte Diagnose- (und Trainings-)Materialien Verwendung finden (z. B. Kalb/Rabenstein/Rost 1979). Für Entwicklungsbereiche wie Leistungsselbstbild, Sozialverhalten, Arbeitsstil sollten je nach individuellen Erfordernissen Beobachtungen notiert werden, wobei ein systematischer Beobachtungsraster vor zu subjektiven Beurteilungen schützen kann.

3.3.2 Kriterien der Differenzierung und Individualisierung

Unter Differenzierung versteht man in der Pädagogik die Einteilung der Schüler in Lerngruppen zum Zweck der Anknüpfung des Lehr-Lern-Prozesses an den individuellen Voraussetzungen oder die Wahl einer Lerngruppe durch die Schüler zum Zweck der Berücksichtigung individueller Fähigkeiten und Interessen. Individuali-

sierung ist eine Spezialform der Differenzierung, bei der versucht wird, Schüler nicht nur durch Lerngruppen, sondern durch Einzelbetreuung oder Einzelarbeit individuell zu fördern.
Nach diesem Verständnis ist also Differenzierung ein Oberbegriff und Individualisierung ein Sonderfall differenzierender Maßnahmen. Für die umfassende Definition des Begriffs Differenzierung spricht, daß er auch auf die Schulsystemdifferenzierung (»Lerngruppe« ist dann die Schülerschaft einer Schulart), auf die Altersdifferenzierung (Jahrgangsstufe) und auf andere Formen der äußeren Differenzierung angewendet werden kann. Rein logisch könnte man allerdings unter der Perspektive, daß auch durch Schulsystemdifferenzierung individuelle Voraussetzungen berücksichtigt werden sollen, Individualisierung als Oberbegriff verwenden und Differenzierung als Spezialform der Gruppenbildung betrachten. Diese Abgrenzung scheint jedoch weniger sinnvoll zu sein, weil man üblicherweise mit Individualisierung mehr das Konzept der Einzelbetreuung in Verbindung bringt als die globale Berücksichtigung individueller Voraussetzungen durch makroorganisatorische Einteilungen.
Die Kriterien der Abschnitte a) bis e) gelten für die innere Differenzierung innerhalb einer Schulklasse und für die Individualisierung. Da Differenzierung Individualisierung einschließt, ist im folgenden nur noch die Rede von Differenzierung. Die äußere Differenzierung in Form von Leistungsklassen (»Streaming«) und Fachleistungskursen (»Setting«) bleibt außer acht, weil sie sich – wie durch empirische Untersuchungen belegt – größtenteils als ungünstig erwiesen hat und in der Grundschule keine Anwendung findet.

a) Quantitative Differenzierung

In vielen Fällen bewältigen leistungsstarke Schüler Aufgaben in wesentlich kürzerer Zeit als leistungsschwache Schüler. Bei der quantitativen Differenzierung erhalten erstere dann Zusatzaufgaben, während man bei den letzteren Wert auf eine gründliche und einsichtige Durcharbeitung weniger Aufgaben legt. Aber auch der umgekehrte Fall ist denkbar: Leistungsschwache Schüler erhalten Zusatzaufgaben speziell in den Gebieten, in denen sie noch Übung brauchen, z. B. zu einem Rechtschreibfall oder zu einem Rechenverfahren.

b) Qualitative Differenzierung

Bei der qualitativen Differenzierung unterscheiden sich die Aufgaben, die den Schülern bzw. Lerngruppen gestellt werden, nach dem Schwierigkeitsgrad oder dem Komplexitätsgrad. Während z. B. Schüler, die im Leselehrgang mit der Synthese noch Schwierigkeiten haben, kurze Wörter zusammenlesen, lesen fortgeschrittene Schüler schon kleine Sätzchen. Unterschiedliche Komplexität bedeutet, daß bei einer

Aufgabenstellung mehr oder weniger Faktoren zu berücksichtigen sind (vgl. Klafki/Stöcker 1982, 102); so können z. B. Sachrechenaufgaben aus nur einer Operation oder aus einer Vielzahl verschiedener Operationen zusammengesetzt sein.

c) Methodische Differenzierung

Die Kritik am einheitlichen Klassenunterricht richtet sich besonders dagegen, daß alle Schüler nach der gleichen Methode lernen. Bei der methodischen Differenzierung ist man bemüht, den unterschiedlichen Zugangsweisen und Aufgabenbearbeitungsarten der Schüler gerecht zu werden. So arbeiten einige Schüler eher selbständig, andere brauchen mehr Lehrerhilfen, meist in der Form, daß der Lehrer einen Sachverhalt in kleinen Schritten erklärt, eine komplexe Aufgabe zusammen mit den Schülern durchgliedert oder von einer einfacheren Verständnisstufe aus ein neues, schwierigeres Verfahren erläutert.
In der Unterrichtsforschung hat man systematisch versucht, für unterschiedliche Lernvoraussetzungen jeweils geeignete Lehrmethoden zu finden (»Aptitude-Treatment-Interaction«). So konnte mehrfach nachgewiesen werden, daß ein induktives Vorgehen (von Beispielen zur Regel) bei leistungsschwachen Schülern wirksamer ist als ein deduktives Vorgehen (von der Regel zu Beispielen). Ängstliche und unsichere Schüler lernen leichter in einem vorstrukturierten Unterricht mit Lehrerhilfen, selbstsichere Schüler kommen auch in einem Unterricht zurecht, der als »Entdekkungslernen« konzipiert ist (Flammer 1975; Einsiedler 1981).
Methodische Differenzierung sollte jedoch nicht als bloße Zuordnung einer Arbeitsmethode verstanden werden. Es geht darum, mit den Schülern und Lerngruppen, die besonderer methodischer Hilfen bedürfen, eine Atmosphäre sozial-emotionaler Sicherheit aufzubauen, ihnen Schritt für Schritt zu mehr Selbständigkeit zu verhelfen und vor allem die Arbeitsmethoden zu vermitteln, die sie noch nicht können.

d) Mediale Differenzierung

In der Grundschulzeit entwickeln die Kinder allmählich die Fähigkeit, abstrakt zu denken. Bei der medialen Differenzierung erhalten die Schüler je nach Abstraktionsfähigkeit unterschiedliche Repräsentationshilfen. Beispiele: Während im Mathematikunterricht ein Teil der Klasse bereits ohne Hilfen im Zahlenraum bis 20 addieren und subtrahieren kann, rechnen andere Schüler entsprechende Aufgaben noch mit Rechenplättchen. Im Aufsatzunterricht schreiben einige Schüler eine Erzählung ohne Anschauungshilfe, andere erhalten ein Blatt mit einer Bildergeschichte, die als Vorstellungs- und Strukturierungshilfe dient.

e) Interessendifferenzierung

Bei der Interessendifferenzierung unterscheiden sich die Arbeitsgruppen oder Individuen nach dem Thema, das sie gewählt haben. Vor allem im Sachunterricht ist es auch im Rahmen der Lehrplanvorgaben möglich, sich arbeitsteilig unterschiedlichen »Interessenthemen« (Priebe 1978) zu widmen. Während die Kinder sonst meist den Gruppen zugeordnet werden, können sie bei der Interessendifferenzierung frei Gruppen bilden oder allein arbeiten.

3.3.3 Formen der Differenzierung und Individualisierung

Die Schul- und Unterrichtsforschung hat sich viele Jahre mit dem Problem befaßt, in welchen organisatorischen Formen Differenzierung und Individualisierung erfolgen sollen. Im Bereich der Sekundarstufe wurden überwiegend Formen der äußeren Differenzierung untersucht (z. B. Fachleistungskurse mit den Niveaus A, B und C), wobei sich häufig eine Auseinanderentwicklung der Niveaukurse zeigte (sog. »Schereneffekt«) und negative Abstempelungen der leistungsschwachen Schüler durch Zuordnung zu C-Kursen auftraten. Im Grundschulbereich erprobte man fast ausschließlich Formen der inneren Differenzierung sowie stark abgeschwächte Formen der äußeren Differenzierung (z. B. Kurse für Schülergruppen in Randstunden, klassenübergreifender Förderunterricht). Bei diesen Modellversuchen waren ähnliche Gefahrenmomente wie im Sekundarbereich zu beobachten: Es gelang kaum, die Spezialkurse mit dem Klassenunterricht Schritt halten zu lassen bzw. die Aufgaben im Kurs mit den Lehrgängen mehrerer Klassen zu koordinieren. Sowohl bei den Kursen als auch bei starrer Gruppenbildung innerhalb der Schulklassen kam es zu Etikettierungseffekten. In den meisten Modellversuchen wurden die Kurse aufgegeben und nur noch Formen der inneren Differenzierung mit wechselnder Gruppenzusammensetzung praktiziert (vgl. Berg u. a. 1981; Schwab u. a. 1981; Speck u. a. 1978; zusammenfassend Einsiedler/Ubbelohde 1985). Diese Hauptergebnisse der neueren Differenzierungs- und Individualisierungsforschung sollten auch bei der Realisierung der folgenden Organisationsformen Beachtung finden. Die aufgeführten Differenzierungs- und Individualisierungstypen sind nicht als sich ausschließend zu verstehen, sondern können auch als Mischformen durchgeführt werden.

a) Formen der Differenzierung

Eine wichtige Form der Differenzierung ist der *Abteilungsunterricht.* Meist wird dabei in den Differenzierungsphasen eine Klasse in zwei oder drei Abteilungen

aufgeteilt. So kann z. B. im Leseunterricht ein Teil der Klasse mit dem Lehrer an der Tafel arbeiten, ein Teil beschäftigt sich mit leichten Aufgaben eines Arbeitsblatts, und ein Teil beantwortet Fragen zu einem Lesestück. Wenn die Klasse mit einer gemeinsamen Aufgabenstellung beginnt und dann einzelne Abteilungen nacheinander abgekoppelt werden, spricht man von »sukzessiver Differenzierung«.
Bei differenzierender *Gruppenarbeit* werden Arbeitsgruppen von 3 bis 6 Schülern gebildet, und in den Gruppen arbeiten die Schüler nicht einzeln, sondern kooperativ. Häufig kommt es zur Kombination von Abteilungsunterricht und Gruppenarbeit, z. B. wenn in einer Abteilung Schüler einzelne Rechenaufgaben bearbeiten und in einer Kleingruppe Lehrer und Schüler gemeinsam einen Lösungsweg besprechen.
Voraussetzung für beide Formen der Differenzierung ist die Bereitstellung vielfältiger Arbeitsmaterialien. Der Lehrer ist kaum in der Lage, zu jeder Differenzierungsphase gesondert für Abteilungen und Gruppen spezielle Arbeitsblätter anzufertigen (abgesehen davon, daß ein Übermaß an Arbeitsblättern die Hinführung zu eigenständiger Textgestaltung behindert). Die Schüler sollten Zugriff auf geeignete Arbeitskarteien, Lernspiele, Übungsprogramme, Arbeitshefte usw. haben. Bedingung für den sinnvollen Einsatz dieser Materialien ist der Erwerb von Techniken selbständigen Arbeitens (vgl. Kap. 2).
Eine feste Gruppeneinteilung, evtl. mit Gruppennamen, erleichtert zwar die Organisation der Differenzierungsphasen; wegen der negativen Erfahrungen mit konstanten Kursen und Gruppen sollte man jedoch jeweils nach mehreren Tagen die Gruppen anders zusammenstellen und den Lernbereich wechseln.

b) Formen der Individualisierung

Für die Individualisierung müssen nicht unbedingt erst organisatorische Maßnahmen ergriffen werden. Auch bei der *Individualisierung im Klassenunterricht* kann der Lehrer sein Verhalten auf individuelle Voraussetzungen abstimmen, etwa wenn er ein besonders ängstliches Kind ermuntert, auf subjektive Probleme eingeht oder spezifische Lernhilfen gibt. Nicht selten wird geäußert, Individualisierung im Klassenunterricht sei eine Überforderung, Lehrer könnten nicht den vielen Kindern einer Schulklasse individuell gerecht werden. Dagegen ist einzuwenden, daß die meisten Lehrer ohnehin in der alltäglichen Lehrer-Schüler-Interaktion die Schüler mehr oder weniger bewußt unterschiedlich behandeln.
Dies wurde z. B. festgestellt, als Brophy/Good (1976) untersuchten, auf welchen Wegen Lehrer ihre unterschiedlichen Erwartungen vermitteln. Hofer (1981) fand, daß Lehrer unter den Schülern einer Klasse mindestens folgende vier Typen sehen: den leistungsstarken Schüler, den leistungsschwachen Schüler (oft mit negativen Merkmalen im Sozialbereich), den extravertiert-quirligen Schüler und den introver-

tiert-sensiblen Schüler. Beobachtungen der Lehrer im Unterricht erbrachten sehr unterschiedliche Interaktionsweisen mit einzelnen Schülern, je nach dem, welchem Typ der Schüler zuzuordnen war.
Individualisierung im Klassenunterricht ist aufgrund solcher Ergebnisse und aufgrund von Alltagserfahrungen eine realistische Möglichkeit. Vor allem Grundschullehrer als Klassenlehrer haben die Chance, unter Einschätzung der Gesamtpersönlichkeit eines Schülers (z. B.: Kann er einen Mißerfolg bei dieser schwierigen Aufgabe verkraften?) und unter Berücksichtigung situativer Bedingungen (Was ging voraus? Wie verhalten sich die anderen? usw.) individuelle Entwicklungsprozesse durch überlegtes personenbezogenes Handeln zu beeinflussen.
Bei der *Einzelarbeit* kann ein Höchstmaß an Individualisierung erreicht werden, wenn die Aufgaben dem Lernstand der jeweiligen Schüler entsprechen und der Lehrer die Schüler, die seine Hilfe brauchen, betreut. Die Vorteile der Einzelarbeit bestehen primär darin, daß die Schüler weiter zurückliegende Abschnitte eines Lehrgangs nachholen oder Aufgaben bearbeiten können, die im Lehrgang folgen bzw. den Lehrgang ergänzen. Außerdem kann der Lehrer individuell genau beobachten, warum einzelne Schüler Aufgaben nicht bewältigen; bei den zusätzlichen Erklärungen für einzelne Schüler reduziert sich die Scheu, die manche Kinder bei Gesprächen im Klassenunterricht haben.
Auch beim *Helfersystem* kann die jeweilige Ausgangslage einzelner Schüler gut berücksichtigt werden. Ein Schüler ist Helfer oder Tutor und stellt einem anderen Schüler Übungsaufgaben, hilft und kontrolliert; wenn nötig, erklärt er auch den Lehrstoff. Gegenüber Klassenunterricht und Einzelarbeit wird beim Helfersystem die Arbeitsintensität erhöht, Tagträumen und ähnliche »Ausfallzeiten« werden vermindert. In empirischen Untersuchungen ließen sich als Folge des Helfersystems deutliche Verbesserungen in der Schulleistung und – unter der Voraussetzung, daß alle Schüler die Helferrolle ausüben können – auch im sozialen Bereich feststellen (vgl. Feldmann 1980).

3.4 Beispiele zur Differenzierung und Individualisierung

3.4.1 Differenzierung und Individualisierung in einer Übungsstunde

Ausgangssituation sei eine Klasse der 2. Jahrgangsstufe mit 25 Kindern. Zu Beginn des Schuljahres möchte der Lehrer im Mathematikunterricht den Zehnerübergang wiederholen. In der Klasse sind 5 leistungsschwache Rechner, die das Addieren und Subtrahieren mit Zehnerübergang noch nicht können. Ziel für diese Gruppe ist es,

das Verständnis des Prinzips des Zehnerübergangs zu vermitteln. Die 10 Kinder der Klasse mit mittlerer Rechenleistung sollen zu einer sicheren Beherrschung des Zehnerübergangs gelangen. Weitere 10 Kinder sind leistungsstarke Rechner; sie können in der Übungsstunde bereits schwierige Aufgaben bearbeiten. Außer zu den Fertigkeiten möchte der Lehrer in den Übungsstunden langfristig auch zu erziehlichen Zielen hinführen: Die Schüler sollen lernen, sich in den Abteilungen und Gruppen nicht ablenken zu lassen und konzentriert für sich zu arbeiten; die leistungsstärkeren Schüler sollen Arbeitshaltungen zur überlegten Selbstkontrolle aufbauen.
In der Anfangsphase der Übungsstunde (ca. 10 Min.) findet Klassenunterricht statt; Lehrer und Schüler besprechen an Beispielen gemeinsam das Prinzip des Zehnerübergangs (Zahlzerlegung: 8+7= ; 8+2+5=). In der ersten Differenzierungsphase (ca. 20 Min.) arbeiten die leistungsschwachen Schüler gemeinsam mit dem Lehrer an der Flanelltafel und führen die Zerlegung mit verschiedenfarbigen Scheiben durch (methodisch-mediale Differenzierung wegen Lehrerhilfe und Anschauungsmittel). Die Schüler mit mittlerer Rechenleistung bearbeiten Aufgaben im Zahlenraum bis 20 aus dem Buch; nach Fertigstellung können sie mit Rechenübungskästen Aufgaben zum Zehnerübergang lösen. Die leistungsstarken Schüler erhalten Arbeitsblätter mit schwierigen Aufgaben, z. B. Zehnerübergang im Zahlenraum bis 100 (qualitative Differenzierung). In der nächsten Unterrichtsphase (ca. 15 Min.) wendet sich der Lehrer den Schülern zu, die bisher selbständig gearbeitet haben, und läßt sich einige Arbeitsergebnisse zeigen. Fünf Schüler setzen sich zu den leistungsschwachen Rechnern und führen im Helfersystem mit diesen Schülern Übungen durch. Die anderen bearbeiten zusammen mit dem Lehrer komplexere Aufgaben, bei denen die Schüler zwei Operationen miteinander vergleichen und die Zahlzerlegung deshalb schon mechanisiert sein muß (z. B. größer als bzw. kleiner als einsetzen: 9+7 8+9). Zum Abschluß der Übungsstunde sprechen Lehrer und Schüler kurz über den Arbeitsverlauf und ggf. über die Einhaltung von Arbeitsregeln.
Es ist darauf zu achten, daß die Zuordnung der Kinder nach lehrstoffspezifischen Fähigkeiten erfolgt, also z. B. Schüler, die in dieser Stunde ohne Hilfen gearbeitet haben, in anderen Aufgabenbereichen– wenn nötig – methodisch und medial unterstützt werden. Um soziale Fixierungen zu vermeiden, sollten die Gruppen in Deutsch anders zusammengesetzt sein als in Mathematik und auch räumlich öfter einmal wechseln (Gruppenraum, Tafel, Lernspielecke usw.). Zur Vermeidung von Fehlern beim selbständigen Arbeiten gibt es eine Vielzahl von Materialien, bei denen die Selbstkontrolle mit einer Art »Rätsellösung« verbunden ist.

3.4.2 Individualisierendes Verstehen und Helfen

In den meisten Grundschulklassen befinden sich einige Kinder, die scheu, zurückgezogen und ängstlich sind, wobei das mangelnde Selbstwertgefühl nicht selten mit schwachen Schulleistungen kombiniert ist (u. U. wegen wechselseitiger Bedingtheit). Aber auch bei Kindern, die durch Stören oder aggressives Verhalten auffallen, kann eine schwerwiegende Verunsicherung im Hintergrund stehen, sei es wegen mangelnder Bindungsmöglichkeiten in der Familie, sei es wegen der schulischen Anforderungen. Da in diesen Fällen Gefahren für die gesamte Persönlichkeitsentwicklung und für die Schullaufbahn bestehen, kommt dem Grundschullehrer die Aufgabe zu, im Sinne der Grundlegung bei der Anbahnung von Selbstsicherheit und Erfolgszuversicht behilflich zu sein. Diese Ziele individueller Persönlichkeitsförderung haben Vorrang gegenüber dem Ausfüllen von Lernlücken (vgl. Abschnitt 3.2.1).
Unter dem Motto »Verstehen und Helfen« wurden von individualpsychologisch ausgerichteten Pädagogen Prinzipien entwickelt, die sich in vielen erziehungsschwierigen Situationen als förderlich erwiesen (vgl. Simon 1950; Dreikurs u. a. 1976). »Verstehen« meint dabei, daß der Lehrer zunächst versuchen soll, sich in die Perspektive des Kindes hineinzuversetzen. Dazu ist es günstig, im informellen Gespräch mit dem Kind möglichst viele Hintergrundinformationen in Erfahrung zu bringen. Für den Erzieher ist es ratsam, nicht vorschnell zu interpretieren, sondern durch zurückhaltende Gesprächsführung Vertrauen zu schaffen und das Kind erzählen zu lassen.
Das »Helfen« sollte sich an folgenden Prinzipien orientieren:

- *Verantwortung übertragen*
  Durch Strafen oder harte Kritik wird das Selbstvertrauen nicht gestärkt. Günstiger ist es, wenn das Kind erlebt, daß man ihm die erfolgreiche Bewältigung einer Aufgabe zutraut, z. B. eine kleine Ausstellung zu betreuen, ein interessantes Spiel vorzubereiten, im Helfersystem für ein bestimmtes Übungsziel verantwortlich zu sein.
- *Stärken ansprechen*
  Das Kind kennt seine Mißerfolgsbereiche zur Genüge. Wenn man seine Spezialinteressen in den Unterricht einbezieht, besteht Aussicht, daß sich die Sicherheit in diesen Gebieten auf andere Bereiche ausweitet. Beispiele: Ein Tier mitbringen und über Tierhaltung erzählen lassen, durch den elterlichen Bauernhof oder Betrieb führen.
- *Ermutigen*
  Die Umsetzung dieses Prinzips ist relativ schwierig, weil mit allgemeinen und häufigen Aufmunterungen noch wenig gewonnen ist (besonders wenn sie leerfor-

melhaft oder unrealistisch sind). Empfohlen wird, auf leichtere Aufgabenstufen zurückzugehen und über positive Erfahrungen dort Erfolgszuversicht zu vermitteln. Vor allem sollte die Ermutigung nicht global, sondern nach Möglichkeit sachbezogen sein.

- *Individuelle Lernfortschritte feststellen*
  Beim Vergleich mit anderen (soziale Bezugsnorm) werden individuelle Lernfortschritte häufig verdeckt. Der Lehrer sollte deshalb leistungsschwachen Kindern positive Veränderungen gegenüber dem früheren Lernstand aufzeigen (individuelle Bezugsnorm), auch wenn der Lernfortschritt im Klassenvergleich noch zu keiner Notenverbesserung führen würde.

3.5 Resümee: Gleiche Decke oder gemeinsamer Grund?

Nach der gesetzlichen Verankerung der deutschen Grundschule hatte man in den 20er Jahren die Vorstellung, mit der Einrichtung einer »für alle gemeinsamen« Schule eine vergleichbare Grundbildung sowie die soziale Integration der Kinder unterschiedlicher Herkunft herbeiführen zu können. Während der Reformdiskussionen Ende der 60er Jahre war ein wichtiges Argument, daß allein mit der Existenz einer gemeinsamen Schule für alle diese Aufgaben nicht zu erfüllen seien. Man forderte »besondere Chancen« zusätzlich zum Unterricht für alle (vgl. Kap. 1) und »Startchancengleichheit« für die Kinder, die sonst die Bildungsziele der Grundschule nicht erreichen würden. Reformziele waren deshalb, die Vorschulerziehung zu verbessern, die Eingangsstufe einzuführen und in den Grundschulen die innere Differenzierung und den Förderunterricht zu verwirklichen.
Wenn wir die neueren Entwicklungen zur inneren Differenzierung (flexible Gruppenbildung, individuelle Förderung der Kinder im Förderunterricht u. a. m.) dazunehmen, können wir – historisch gesehen – eine allmähliche Ausbreitung und Verbesserung individualisierenden Lehrens und Lernens feststellen (vgl. auch die Maßnahmen zur landesweiten Einführung der inneren Differenzierung in Nordrhein-Westfalen). Nach Aussagen von Grundschullehrern kommen Förderunterricht, Kleingruppenarbeit und Einzelbetreuung auch deswegen häufiger zum Einsatz, weil sie eine entspanntere Atmosphäre ermöglichen als die Durchführung des Klassenunterrichts.
Trotz dieser Entwicklungen sollte man die Chancen des individuellen Lernens in der Grundschule nicht überschätzen. Wenn Kinder im differenzierenden und individualisierenden Unterricht Unterschiedliches oder auf unterschiedliche Weise lernen, wird bei aller kompensatorischen Wirkung für die leistungsschwächeren Schüler

doch immer auch Unterschiedlichkeit gefördert. Anstelle einer illusorischen und anthropologisch unerwünschten Gleichheit am Ende des Bildungsprozesses sollte die Grundschule versuchen, in den zentralen Lernbereichen eine vergleichbare Ausgangsbasis zu schaffen. Ziel des individuellen Lernens im Rahmen der grundlegenden Bildung ist nicht die »gleiche Decke«, sondern der »gemeinsame Boden«.

Differenzierung und Individualisierung sind einerseits auf die Erreichung der Grundkenntnisse, Grundfähigkeiten und Grundfertigkeiten für alle Schüler am Ende der 4. Jahrgangsstufe gerichtet. Andererseits schließt das Konzept der Förderung individueller Entwicklung bereits weitergehende Beherrschungsgrade der Grundqualifikationen sowie unterschiedliche gegenstandsbezogene Interessen nicht aus. Bildung ist auch dadurch gekennzeichnet, daß das Individuum sein Selbstverständnis auf die ihm eigenen spezifischen gegenstandsbezogenen Kenntnisse, Fähigkeiten, Einstellungen und Haltungen gründet.

Wolfgang Einsiedler

4. Grundlegung sozialer Handlungsfähigkeit und -bereitschaft

4.1 Soziales Lernen, Sozialerziehung und Soziallehre als Aspekte grundlegender Bildung

(1) Zu den zentralen Aufgaben von Erziehung und Unterricht zählt die Grundlegung sozialer Handlungsfähigkeit in Verbindung mit der Förderung entsprechender Handlungsbereitschaft. Im Rahmen der Schule wird die Erfüllung dieser Aufgabe dem »Sozialen Lernen«, der »Sozialerziehung« bzw. der »Soziallehre« zugeordnet. Es bereitet allerdings Schwierigkeiten, die Termini gegenseitig abzugrenzen, da keine exakten Begriffsbestimmungen vorliegen, sondern nur divergierende oder sich überschneidende Beschreibungen, wie die Entwicklung der vergangenen Jahrzehnte zeigt (vgl. Halbfas 1974, 188–190):
In der Zeit kurz nach dem zweiten Weltkrieg stand im Mittelpunkt der schulischen Bildungsbemühungen die *»Partnerschaftsthese«* Friedrich Oetingers (Pseudonym für Theodor Wilhelm; Oetinger 1956). Die sechziger Jahre waren vom Konzept des *»sozialintegrativen«* Führungsstils (Tausch/Tausch 1965) geprägt. Zentrales Anliegen der anschließend einsetzenden Gesamtschuldiskussion war die *»soziale Integration«* (Stubenrauch in Keim 1973). Daneben beeinflußte der in Summerhill verwirklichte Grundgedanke einer *»repressionsfreien«* Erziehung (Neill 1969) sowohl die Schulwirklichkeit als vor allem auch die theoretische Diskussion. Diese mündete in eine Ausweitung »sozialen Lernens« durch den Aspekt des *»politischen Lernens«* (vgl. Engelhardt 1968, Keim 1973, Beck 1975, Silkenbeumer 1979).
Waren noch bis gegen Ende der sechziger Jahre die Begriffe »Sozialerziehung« und »Sozialkunde« bzw. »Soziallehre« vorherrschend, so entwickelte sich danach die Bezeichnung »Soziales Lernen« immer mehr zu einem Modebegriff; dabei verloren die zu einer differenzierteren Betrachtung erforderlichen anderen Termini an Bedeutung. Diese begriffliche Einengung tritt besonders dann hervor, wenn »soziales Lernen« sich auf »die Aktivitäten des Lernenden zu beschränken scheint und damit von der Aufgabe des Lehrers ablenkt, obwohl der Lehrer eingestandenermaßen als Inszenator vorausgesetzt wird« (Rauschenberger 1985, 307). Es besteht also die Notwendigkeit, auf der einen Seite den Vermittlungsaspekt, auf der anderen Seite die »Perspektive des betroffenen und aktiven Individuums« (Groddeck 1976, 78) zu beachten.
Demnach setzt der Schüler selbst *»Soziales Lernen«* in Gang, wobei nicht notwendigerweise die Bindung an eine Erziehungsabsicht bestehen muß; andererseits bietet

»Sozialerziehung« oft Anlaß zu vielseitigerem, teilweise geplantem sozialen Lernen. Das gilt sowohl für den schulischen als auch den vor- und außerschulischen Bereich. Einen schulspezifischen Beitrag leistet die *»Soziallehre«*. Hier geht es um Grundlegung bzw. Ausbau vorhandenen »Sozialwissens«, um Erschließung bisher unbekannter Zusammenhänge, um rationelle, lehrgangsorientierte Vermittlung sozialer Kenntnisse, Einsichten, Fertigkeiten.

»Sozialerziehung« und »Soziallehre« in der Schule zielen auf die Förderung *sozialer Handlungsfähigkeit,* aber auch auf die *Bereitschaft* zur Umsetzung des Gelernten in praktisches Tun ab. Mit den in Erziehung und Unterricht zum Ausdruck kommenden Absichten des Lehrers setzen sich die Schüler im »Sozialen Lernen« auseinander, indem sie Stellung beziehen, Anregungen aufnehmen oder verwerfen bzw. abändern, Verhaltensweisen einüben, neue Verhaltensmöglichkeiten suchen und erproben.

(2) Jeder Schulanfänger hat bei Eintritt in die Schule schon eine mehrjährige individuelle Sozialisationsgeschichte durchlaufen, die sich auf sein Sozialverhalten auswirkt. Gleichzeitig und neben den nun beginnenden schulischen Einflüssen unterliegt er auch weiterhin der außerschulischen Sozialisation und Erziehung. Deshalb ist es schwierig, den *Beitrag der Schule zur Grundlegung* sozialer Handlungsfähigkeit eindeutig festzulegen.

»Grundlegende Sozialerziehung« findet nämlich schon im Elternhaus, im Kindergarten und im Kontakt mit anderen Erwachsenen statt. Anlaß für »grundlegendes soziales Lernen« bieten neben diesen Erziehungssituationen die vielfältigen zwischenmenschlichen Bezüge, in die das Kind eingebettet ist, z. B. die Gleichaltrigengruppe.

Sozialerziehung in der *Schule* orientiert sich an vor- und außerschulischen Sozialerfahrungen, greift sie auf, baut sie aus, führt sie weiter, ergänzt sie durch neue Erfahrungen bzw. setzt ein Gegengewicht zu bisher erworbenen Verhaltensweisen, gelegentlich auch zu den sie bedingenden Einstellungen. Hinzu kommen neue, planmäßig angeregte Erfahrungen im Rahmen schulischer Sozialerziehung und Soziallehre/-kunde. Kennzeichnend für die Sozialerziehung in der Grundschule ist das Bemühen um *planmäßige Grundlegung für alle* unter Berücksichtigung individuell unterschiedlicher Voraussetzungen sowie das Bestreben, ein solides *Fundament für selbständiges Weiterlernen* innerhalb und außerhalb der Schule zu schaffen (vgl. 2.2.1).

(3) Die Grundlegungsarbeit schulischer Sozialerziehung ist von unterschiedlichen Zielsetzungen geprägt, was beispielhaft an folgenden Konzeptionen deutlich wird:

- Aus der reformpädagogischen Bewegung erwuchs das Konzept der *Lebensgemeinschaftsschule* Peter Petersens (1894–1954), verwirklicht in der Jena-Plan-Schule mit dem Ziel der *Gemeinschaftserziehung* (Petersen 1950, Dietrich 1986). Kennzeichnend war die Gestaltung des *Schullebens* mit der Orientierung am »Stammgruppenprinzip« sowie dem planvollen Wechsel zwischen »Gespräch«, »Arbeit«, »Spiel« und »Feier«. Die Stammgruppen umfaßten jeweils drei Jahrgänge, die jedes Kind als »Lehrling«, »Geselle« und »Meister« durchlief. So wuchs es bei Neueintritt in eine schon bestehende Gemeinschaft hinein und gestaltete diese später selbst mit, insbesondere auch bei der Betreuung der in die Gruppe nachrückenden jüngeren Schüler.

- Ein ähnliches Konzept verfolgte Lichtenstein-Rother (1969) mit dem Grundgedanken der *Schule als Lebensstätte des Kindes.* Innerhalb des Jahrgangsstufensystems wurde der Schulalltag durch immer wiederkehrende Ordnungen im Tages-, Wochen- und Jahreskreis so gestaltet, daß ein fester Bezugsrahmen entstand. Dieser gewährte den Schulanfängern emotionalen Halt, ließ sie schon bald sich in der Schule heimisch fühlen und regte zu eigenen Beiträgen für das reichhaltig ausgeprägte Schulleben an.
- Eine etwas andere Verwirklichung des Gemeinschaftsgedankens war in der *»Ecole Moderne«* vorzufinden, in der »modernen französischen Schule« von Célesine Freinet (1896–1966; Freinet 1979). Im Mittelpunkt stand die Förderung der Selbsttätigkeit der Kinder, besonders in Hinblick auf die *Unterrichtsinhalte.* Die hierfür erforderlichen Fähigkeiten sollten sich allmählich im Unterrichtsalltag herausbilden, etwa bei der Nutzung von Arbeitsateliers oder der gemeinsamen Absprache über Texte der für Freinet-Schulen charakteristischen Schuldruckerei; diese wiederum konnten Anlaß zu Kontakten über die Schulhausgrenzen hinweg zu Eltern oder anderen Schulklassen bieten. Hauptanliegen der Konzeption war die *Gemeinschaftserziehung* im Rahmen der individuellen und gemeinsamen Arbeit, aber auch die *Veränderung des bestehenden Schulsystems* durch vorbildliche Gestaltung der »Ecole Moderne« jeweils »vor Ort«. – Freinets Gedankengut findet in der aktuellen »Alternativschuldiskussion« verbreitet Aufmerksamkeit und geht auch in schulpraktische Reforminitiativen ein (vgl. z. B. Arbeitskreis Grundschule e. V. 1981).
- Beispiele *»emanzipatorischer Sozialerziehung«* mit dem Ziel »kritischer Handlungsfähigkeit in der Gesellschaft« enthalten die nachfolgenden Vorschläge:

Rudolf Schmitt (1976) verwies auf die Notwendigkeit einer *»Erziehung zur Solidarität«* mit den Angehörigen sozialer Minderheiten. In drei Unterrichtsprojekten – Außenseiterproblematik in der Schule, Gastarbeiterkinder im Lande, Auswirkungen des Kolonialismus in Afrika – zeigte er, wie Grundschüler über problembezogenes Rollenspiel solidarisches Verhalten im angestrebten Sinne einüben können.

»Kompetenz, Autonomie, Solidarität«, die Grundgedanken der Unterrichtsplanungskonzeption nach W. Schulz, konkretisierten Köhler/Schreier (1981) in einem Vorschlag zum *Sachunterricht.* Ausgehend von der Frage: »Helfen wir beim Essen Tiere quälen?« aus einem Beispiel zur Käfighaltung von Legehennen gaben sie Anregungen zur Verwirklichung dieser Prinzipien: »Sachkompetenz« durch Sammeln von Infor-

mationen und Auseinandersetzung mit kontroversen Stellungnahmen, »Autonomie« bei der Bildung des eigenen Standpunktes, »Solidarität« im Mitgefühl gegenüber den wehrlosen Tieren. Dieser etwas ungewöhnliche Aspekt der Solidarität zeigt, daß solidarisches Verhalten sich nicht immer auf Menschen beziehen muß, sondern gelegentlich auch gegenüber Tieren erforderlich sein kann.

- Das Konzept einer *Gemeinschaftserziehung* und *demokratischen Erziehung* unter *Orientierung am christlichen Menschenbild* (vgl. z. B. den Lehrplan für die Grundschule in Bayern von 1981; Mahler/Selzle 1982) ist um Einheit von Erziehung und Unterricht unter dem Vorrang des Erzieherischen bemüht. Sie bezieht sich sowohl auf Situationen des Schullebens als auch des Unterrichts.

4.2 Die zentrale Aufgabe: Erwerb und Verarbeitung sozialer Erfahrungen

Ansatzpunkte für Sozialerziehung und Soziales Lernen ergeben sich vielfältig in der *Schule*, z. B. im Umgang der Kinder miteinander, im Bezug zwischen Kindern und Erwachsenen und gelegentlich auch dann, wenn mögliche Hintergründe für Verhalten zum Gegenstand des Unterrichts erhoben werden sollen. Schulische Situationen eignen sich für die Sozialerziehung besonders, weil sie gemeinsame Erfahrungs- und Erprobungsmöglichkeiten bieten und Ernstcharakter tragen. Über bloße Erfahrungsgewinnung hinaus bedarf es jedoch der Anleitung zur Erfahrungsverarbeitung, z. B. durch individuelle Hilfe oder gemeinsam erarbeitete Verhaltensvorschläge, als Unterstützung bei der Überwindung von Konflikten oder Aufmunterung, weiterbestehende Schwierigkeiten zu akzeptieren. Dahinter steht das Anliegen, soziale Handlungsfähigkeit auf- und auszubauen sowie Handlungsbereitschaft zu fördern.

4.2.1 Der Leitgedanke: Soziale Handlungsfähigkeit und -bereitschaft

Gewinnung und Verarbeitung konkreter Erfahrungen bedeuten mehr, als es eine Sozial*»kunde«* zu leisten vermag. Anliegen ist nicht so sehr die Kenntnis von Institutionen und Verordnungen, sondern die Befähigung zu Sozialkompetenz unter Einbezug von Selbst- und Sachkompetenz. Für den Erzieher ergibt sich somit die Aufgabe, Anregungen zu eigener, selbstverantworteter Entscheidung mit Blick auf mögliche Folgen des eigenen Handeln bzw. Nichthandelns zu geben. Besonders deutlich zeigt das Marian Heitger, wenn er dem jungen Menschen im »Subjekt-Subjekt-Bezug« nach dem »dialogischen Prinzip« zum »Selbstand der Person« verhelfen möchte (Heitger 1963). Auch wenn einschränkend anzumerken ist, daß

sich in der Schulklasse ein solcher intensiver Subjekt-Subjekt-Bezug nicht durchgängig verwirklichen läßt, verliert dieses Prinzip nicht seine Gültigkeit als »Wegweiser« für pädagogisches Handeln. Anzustreben ist, daß schulisch erworbene Handlungsfähigkeit und -bereitschaft nicht an den Grenzen der Schule halt machen, sondern auch außerschulisch wirksam werden und bleiben.
Orientierungshilfen zur Förderung sozialer Handlungsfähigkeit und -bereitschaft, dem Leitgedanken schulischer Sozialerziehung, gewähren die nachfolgend dargestellten Vorschläge:
(1) Auf der Einstellungsebene bietet sich die Anbahnung der bei Lothar Krappmann angegebenen *»Grundqualifikationen sozialen Handelns«* an (vgl. Krappmann 1972, 178 ff.):

- »Empathie«: Fähigkeit, eine Situation aus der Perspektive des Partners zu betrachten.
- »Rollendistanz«: Fähigkeit, eine verinnerlichte Norm unter Berücksichtigung der Ansprüche des Partners situationsgerecht auszulegen.
- »Ambiguitätstoleranz«: Fähigkeit, widersprüchliche Rollenerwartungen auszuhalten und dennoch handlungsfähig zu bleiben.
- »Kommunikative Kompetenz«: Fähigkeit, sich gegenseitig die jeweilige Sicht auf ein Problem verständlich zu machen.

(2) Zur Gewinnung von Verhaltenssicherheit trägt die von Walter Popp geforderte *Einübung von Verhaltensweisen* bei. Hierfür schlägt er eine Reihe guter Verhaltensbeispiele vor, auch wenn die zusammenfassenden Bezeichnungen nicht immer begrifflich »stimmig« sind (Popp 1972, 174 f.):

- »Affirmative Verhaltensweisen«: Eine Auskunft einholen, sich entschuldigen, telefonieren, etwas mitteilen, eine Verabredung absagen ...;
- »kritische Verhaltensweisen«: Etwas ablehnen, sich beschweren, für jemanden eintreten, eine Bitte abschlagen, das eigene nichtangepaßte Verhalten argumentierend begründen ...;
- »kooperative Verhaltensweisen«: Eine gemeinsame Aufgabe aufteilen, einen Kompromiß suchen, aushelfen, berichten ...;
- »Verhaltensweisen der Wahrnehmung von Gruppeninteressen«: Vereinbarung einer gemeinsamen Strategie, Delegation von Aktivitäten ...;
- »Verhaltensweisen der Mitbestimmung«: Einwände hervorbringen, Alternativen finden und begründen ....

4.2.2 Schulische Situationen als Inhalte der Sozialerziehung

Die vielfältigen täglichen Situationen in der Schule werden zum Inhalt der Sozialerziehung, wenn der Lehrer das Verhalten der beteiligten Kinder aufmerksam beobachtet (dabei auch das eigene Verhalten nicht unberücksichtigt läßt) und gegebenenfalls durch Impulse, Anregungen oder direkte Anweisungen steuernd einwirkt. Zum

Gegenstand gemeinsamen Nachdenkens erhoben, lassen sich auch bedrohliche Situationen – zumindest vorübergehend – »entschärfen«. Allerdings sollten sich die im »Schonraum« erarbeiteten Verhaltensvorschläge anschließend in den wieder einsetzenden »Ernstsituationen« bewähren.
Die nachfolgend dargestellte Auswahl an Inhalten aus Unterricht und Schulleben bietet Anregungen zur Einübung sozialer Verhaltensweisen sowie zur Verwirklichung von Grundqualifikationen sozialen Handelns in konkreten Situationen.

(1) Pflege des täglichen sozialen Umgangs

- Höflichkeitsformen: Nicht vordrängen bzw. ständig im Mittelpunkt stehen wollen; andere nicht auslachen, freundlich sein im Umgang mit ihnen; verläßlich die anvertrauten Aufgaben erfüllen ...
- Arbeitsatmosphäre: Anderen helfen; wenn nötig, sich selbst helfen lassen; auf langsamer arbeitende Kinder warten; nicht hochmütig auf Kinder mit Lernschwierigkeiten herabschauen; bei Kindern mit Schwierigkeiten auch kleinere Fortschritte anerkennen und sich mitfreuen ...
- Gesprächsführung: Sich melden, warten, zuhören, gegebenenfalls zurückfragen; nicht unnötig unterbrechen, ausreden lassen; selbst laut, deutlich, verständlich reden ...

(2) Beteiligung an gemeinsamen Projekten

- Aktivitäten innerhalb der Klasse:

Erstellen eines »Drehbuchs«: Kasperletheater mit Puppen aus dem Handarbeitsunterricht; Planung und Durchführung eines Ausflugs (»Wandertag« mit »Schatzsuche«), eines »Klassen-Familienfestes« (mit Eltern, Geschwistern, Lehrern); Aufnahme und Betreuung vorübergehend in der Klasse weilender Kinder (Zirkus, Schausteller) ...

- Aktivitäten innerhalb der Schule:

Mitwirkung am Schulfest (Sommerfest, Jubiläumsveranstaltung), beim Adventssingen, an der Weihnachtsfeier, beim Faschingsball, am »Tag der offenen Tür«; Aufführung eines Puppenspiels in anderen Klassen, im Kindergarten, vor den Eltern; Einladung der Kindergartenkinder in die Anfangsklassen der Schule; Mitgestaltung der Abschlußfeier für die Grundschulkinder, des gemeinsamen Jahresschlußgottesdienstes; Übernahme einer Aufgabe im Schulgarten, eines Beitrags für die Schülerzeitung ...

(3) Bewältigung von Konfliktsituationen

Beim Streit mit anderen erst einmal »bis drei zählen«, nicht sofort reagieren; den Lehrer als »Schiedsrichter« in Anspruch nehmen, anstatt handgreiflich zu werden; als »der Klügere« nachgeben, anschließend – z. B. mit Hilfe des Lehrers – die Situation klären und nach gemeinsamer Lösung suchen; »streitsüchtige« Kinder nicht absichtlich reizen, konfliktbelasteten Kindern Fehlverhalten auch einmal nachsehen können; Streit mit Kindern aus anderen Klassen (Pausehof, Schulweg) mit dem »gebührenden Abstand« betrachten, nur bei sehr belastendem Anlaß weiterverfolgen; Schulleistungen des anderen nicht zum Konfliktanlaß werden lassen, Notenvergleiche nicht überbewerten ...

(4) »Zusammenrücken« in Ausnahmesituationen

Sich mitfreuen, wenn ein Geschwisterchen geboren wurde; Behinderungen eines Kindes sachlich annehmen, seine Stärken auf anderen Gebieten anerkennen; einen Mitschüler im Krankenhaus besuchen (bzw. ein Bild malen, Brief dazu schreiben und dem Lehrer als »Überbringer« mitgeben); »besonders lieb sein« zu einer Mitschülerin nach dem Tod ihres Vaters ...

(5) Begegnung mit (sozial-)politisch bedeutsamen Situationen

Beteiligung an gemeinnützigen Aktionen (Spendensammlung für Katastrophenhilfe; Mitwirkung an der »Aktion Sorgenkind«, darüber hinaus aber auch Aufnahme und Ausbau des direkten Kontaktes zu behinderten Kindern); Mitwirken an Umweltprojekten (Sammeln wiederverwertbaren »Abfalls« im Haushalt; Aktion »Pfandflasche statt Getränkedose« beim Sommerfest der Schule) ...

4.3 *Schwerpunkte der Grundlegung in den ersten Schuljahren*

Die dargestellten Ziele und Inhalte schulischer Sozialerziehung beziehen sich auf die gesamte Grundschulzeit. Für die Anfangsklassen ergibt sich zusätzlich die Notwendigkeit der *Grundlegung des Zusammenlebens und Zusammenarbeitens* in der Schule, damit allmählich »aus einer bunt zusammengewürfelten Schar eine Lern- und Lebensgemeinschaft« heranwächst (Rabenstein 1982, 24). Anregungen zur Gestaltung dieser Aufgabe enthalten die nachfolgenden Abschnitte dieses Kapitels (vgl. auch die Fülle der Vorschläge in der einschlägigen Literatur, insbesondere bei Lichtenstein-Rother 1969, 36–108; Moeller-Andresen 1973, 8–59; Herbert/Meiers 1980, 21–60; Lichtenstein-Rother/Röbe 1982, 56–72 u. 209–250).

Auch amtliche Richtlinien betonen diese Aufgabe der Anfangsklassen, beispielsweise im Konzept des »Grundlegenden Unterrichts« (Bayerischer Grundschullehrplan 1981): Die Zusammenfassung der meisten Lernbereiche zu einem ausschließlich vom Klaßlehrer erteilten Unterricht – er entscheidet selbst über Schwerpunkte, Zeiteinteilung und Themenverbindungen – erleichtert die Einbindung von Aufgaben schulischen Zusammenlebens und Zusammenarbeitens. Dabei wird »dem Erzieherischen Vorrang« eingeräumt und eine »Atmosphäre der Anerkennung, des Vertrauens und der Geborgenheit« angestrebt, die als »Voraussetzung« für eine erst allmählich einsetzende Erziehung »zu kritischem Denken und selbständigem Handeln« angesehen wird (vgl. Mahler/Selzle 1982, 52f.).

4.3.1 Gestaltung schulischen Zusammenlebens

Vor allem sensible Kinder benötigen von Anfang an Geborgenheit, Vertrauen und Anerkennung, wenn sie bei Schuleintritt die zahlreichen fremden Kinder, die hektische Betriebsamkeit in Schulhaus und Pausehof und die vielen anderen ungewohnten Eindrücke als belastend, ja bedrohlich erleben. Hierzu tragen überschaubare Sozialbezüge und gleichbleibende Orientierungshilfen im Ablauf des Schultages und der Schulwoche bei. Nach wenigen Wochen allerdings, wenn die notwendige Festigung erreicht ist, sollten die Schulanfänger Gelegenheit erhalten, an der behutsamen Veränderung und Weiterentwicklung der vertrauten Formen mitzuwirken:

- Das betrifft beispielsweise die *Sitzordnung in Tischgruppen*, die zur Festigung allmählich heranwachsender Partnerbeziehungen während der ersten Schulwochen eingehalten, dann aber langsam von einer immer freieren Sitzplatzwahl abgelöst wird.
- Auch die zunächst vorgegebene Form des *Morgenkreises* kann, da täglich praktiziert, ein Gefühl der Sicherheit vermitteln; über den Einbezug variierender Momente ist ein »bruchloser Übergang« zur gelegentlichen, dann immer häufigeren Mitgestaltung des täglichen Schulbeginns durch Kinder der Klasse möglich.
- Aus festen *Vorlesephasen*, in denen Kinder und Lehrer »anheimelig« beisammensitzen und dem Lehrer beim Vortrag aus einem ansprechenden Kinderbuch zuhören und zuschauen, entwickeln sich ebenso Zug um Zug Situationen, in denen erst wenige, dann immer mehr Schüler selbst Bücher anschauen, diese ausleihen und später anderen vorzulesen versuchen.
- Spielphasen, wie die Vorlesephasen fester Bezugspunkt im Wochenablauf und zu Beginn noch straff vom Lehrer geleitet, können ebenfalls in eine immer selbständigere Auswahl der Spiele und eigenständigere Entscheidung für die Spielpartner einmünden.

4.3.2 Grundlegung schulischer Zusammenarbeit

Auch die Förderung schulischer Zusammenarbeit knüpft an Kenntnisse und Fähigkeiten an, die dem Kind vertraut sind. Unterschiede im individuellen Leistungsvermögen werden sich im Laufe der Zeit von selbst zeigen; dem kann durch individualisierende und differenzierende Lernangebote Rechnung getragen werden (vgl. Kap. 3). Andererseits sollten bestehende Unterschiede nicht immer verschwiegen werden, sondern – wo nötig – in taktvoller Weise angesprochen und in Bezug zu anderen Fähigkeiten dieses Kindes, insbesondere zu dessen subjektiven Leistungsfortschritten gesetzt werden.

Schulische Zusammenarbeit findet in vielfältigen Situationen des Klassenunterrichts, der Einzel-, Partner- und Gruppenarbeit statt. Beispiele zur Grundlegung schulischer Zusammenarbeit enthalten die nachfolgenden Abschnitte, in denen die Einübung von Einzel- und Partnerarbeit sowie die Schärfung des Blickes für soziale Bezüge innerhalb dieser Sozialformen beschrieben wird. Die Einführung erfolgt in mehreren Schritten: Im zunächst unreflektierten Gebrauch lernen die Kinder die Sozialformen kennen. Dann werden diese ins Bewußtsein gehoben, indem die Schüler sie »von außen her« beobachten, beurteilen und anschließend das beobachtete Verhalten nachvollziehen. Schließlich wendet sich die Aufmerksamkeit der Beobachter immer deutlicher den sozialen Bezügen zwischen den Partnern zu.

4.3.3 Die »Darstellungseinheit« als methodisches Modell zur Verarbeitung sozialer Situationen

Szenische Darstellungen aus »elementaren sozialen Situationen« sind Kernstück des methodischen Modells der »Darstellungseinheit« nach Rabenstein/Haas (1972). An einfachen, für das Kind bedeutsamen und als »Schlüsselfälle« durchschaubaren Beispielen wird in knappen Szenen das Verhalten von Personen herausgestellt. Die Beobachtung der Darstellung sowie die Beschreibung, Beurteilung und Bewertung des Verhaltens zielen auf die Gewinnung von Grunderfahrungen, Grundbegriffen und Grundeinsichten. Im Mittelpunkt des Unterrichts steht eine kurze *»szenische Darstellung«*, die *»einer klärenden und vertiefenden Besinnung unterzogen«* wird. Das methodische Modell selbst bietet eine Fülle von Variationsmöglichkeiten. So kann die szenische Darstellung am Anfang oder Ende der Unterrichtseinheit stehen, mit anderen Szenen verglichen werden, als weitgehend vorgeplanter Ablauf oder als relativ freies Spiel zur Geltung kommen. Der unterrichtlich zumeist schwierigere und für den Unterrichtserfolg oft bedeutsamere Teil ist die vertiefende Besinnung über die

dargestellte soziale Situation (vgl. Rabenstein/Haas, 25ff.). – In Anfangsklassen hat es sich bewährt, eine vor dem Unterricht mit wenigen Kindern eingeübte kurze Szene an den Beginn zu stellen, den Ablauf des dargestellten Verhaltens nochmals gedanklich zu wiederholen und anschließend zu diesem Verhalten Stellung zu nehmen.
Der Verarbeitung sozialer Situationen dient das Modell auch bei der denkenden Auseinandersetzung mit Formen des Unterrichts, wenn nach dem von Rabenstein (1975 b, 14–51) entwickelten Konzept schulische *Sozialformen zum Gegenstand des Unterrichts erhoben werden.* An Beispielen der Einzel-, Partner- und Gruppenarbeit, des Unterrichtsgesprächs, des Zusammenlebens im Schulalltag und des Verhaltens in der Spielgruppe wird gezeigt, wie schwerpunktmäßig im 1./2. Schuljahr sachgemäßes Arbeiten, ab dem 3. Schuljahr dann das Sozialverhalten im Mittelpunkt der Betrachtung stehen können.
Die nachfolgend vorgestellten Beispiele aus der 1./2. Jahrgangsstufe beruhen auf diesem Grundgedanken, konkretisieren das Konzept an Hand von »Lehrgangsbausteinen« und entwickeln es unterrichtspraktisch weiter (vgl. Pfeuffer 1973, 1979, 1984). Dabei wird der Schwerpunkt auf die *Beobachtung des Sozialverhaltens* bei der Partnerarbeit sowie auf das wiederholte *Nachspielen sozialer Situationen aus jeweils unterschiedlicher Sicht* gelegt.

4.4 Beispiel: Einführung in Sozialformen des Unterrichts

4.4.1 Sachangemessenes Verhalten bei Einzel- und Partnerarbeit

Anlaß für Einzelarbeit bietet die tägliche Unterrichtspraxis fast »von selbst«; dagegen bedarf die Partnerarbeit zumindest anfangs der Aufforderung durch den Lehrer. Dabei sollte die Situation die Sozialform zwingend erfordern, etwa wenn zwei Kinder nur eine Arbeitsvorlage erhalten.
Im *ersten Schritt der Einführung* geht es um den noch unreflektieren Umgang mit der Sozialform. Hier einige Beispiele:

- »Bandwurmsätze« aufgliedern:

Mehrere ohne Zwischenraum aneinandergereihte Wortschriftbilder ergeben einen unübersichtlichen Satz. Ein Schüler deckt so lange Buchstabe für Buchstabe auf, bis der andere »halt« ruft, dann markiert er das Wortende. Nun kommt der Partner an die Reihe; anschließend im Wechsel weiter, bis alle Wörter gekennzeichnet sind. Beide übermalen abschließend »ihre« Wörter mit heller Farbe und lesen sie sich gegenseitig vor.

- »Kreuzworträtsel« ausfüllen:

Beide Partner schreiben die gesuchten Wörter (als »Herr Waagrecht« bzw. »Fräulein Senkrecht«) in die vorgesehenen Kästchen, dabei passen sie aufeinander auf.

Nicht immer muß der Lehrer nur beobachten, vielmehr kann er selbst als Partner teilnehmen. So schrieb ich einmal »Eoxi« statt »Foxi«, was meinen Partner veranlaßte, mir zu »helfen«; kurz darauf stellte er mir eine ähnliche »Falle«. Als die anderen Kinder davon erfuhren, hörte man anschließend immer wieder die spitzbübische Frage: »Stimmt das?«, anschließend die Korrektur durch den Partner.

- Sinnvolle Wörter suchen:

Die Partner gehen eine Liste zusammengesetzter Namenwörter durch. Erscheint ein sinnvolles Wort, dann wird es angekreuzt (»Telefonbuch«), andernfalls durchgestrichen (»Telefonball«).

- Rechenaufgaben lösen:

Einer rechnet alle Aufgaben mit »plus«, der andere mit »minus«. Der Partner beobachtet, ob richtig gerechnet wird. Anschließend gemeinsamer Vergleich an Hand eines Musterblattes aus dem Ordner »Lösungen«.

- Ergebnisse vergleichen:

Jeder bearbeitet zunächst eine Vorlage (mit Rechenaufgaben bzw. einem Lückentext) für sich. Dann suchen beide nach Übereinstimmungen bei den Ergebnissen; ungleiche Lösungen überprüfen sie gemeinsam, in Zweifelsfällen wenden sie sich an den Lehrer.

- Lösungskärtchen zuordnen:

Vor jedem Kind liegt eine Vorlage mit Leerstellen für Lösungskärtchen. Die Karten werden gemischt, dann verteilt. Nun legt jeder »seine« Kärtchen auf »seine« Vorlage, bis er nur noch Karten für die Vorlage des anderen besitzt. Dann erbitten beide gegenseitig unter Beschreibung des gesuchten Inhaltes die noch fehlenden Karten. Abschließend überprüfen sie die Zuordnung an Hand von Kontrollbuchstaben auf der Rückseite der Kärtchen (vgl. Rabenstein 1975 b, 31 ff.).

Beispiele wie diese fördern das Miteinanderlernen und tragen zur Entwicklung von »Partnerbewußtsein« bei. Über die zunächst vorgegebenen sehr einfachen Regelungen hinaus entwickeln sich allmählich freiere Formen der Zusammenarbeit, z. B. wenn Lösungen besprochen, erklärt, begründet werden.

Variierendes Praktizieren läßt derartige Formen der Zusammenarbeit allmählich immer bewußter werden. Zur Reflexion über Unterricht kommt es dann *in einem zweiten Schritt,* wenn die *Sozialformen zum Gegenstand des Unterrichts erhoben werden* (vgl. Rabenstein 1975 b und Rabenstein/Haas 1972). Das zeigen folgende Beispiele:

- »Uwe arbeitet allein«:

In einer vorbereiteten kurzen szenischen Darstellung zeigt ein Kind, wie »Uwe«

seiner Vorlage die entsprechenden Lösungskarten zuordnet. Die beobachtenden Kinder beschreiben die Darstellung und urteilen, »Uwe« arbeite so, wie sie es gelernt haben. Anschließend stellen sie das Namensschild »Uwe« vor sich auf und spielen die Szene nach. (Grundsätzlich verwendeten wir bei solchen Szenen nur »neutrale« Namen, z. B. solche von »Fibelkindern«.)

- »Doris arbeitet nicht vorbildlich«:

Bei der Beschreibung einer szenischen Darstellung stellen die Kinder fest, »Doris« habe ihre Karten nicht so gelegt, wie sie es gelernt hatten. Sie schlagen vor, wie das Verhalten berichtigt werden könne; das zeigt »Doris« sodann. Nun spielt jedes Kind beide Szenen nach: Ein Kind wird »Doris«, der Nachbar beobachtet, anschließend Wechsel zwischen Beobachter und »Doris«. Es folgt die Stellungnahme jedes einzelnen: »Gefällt mir sehr gut / gefällt mir gut / ich weiß nicht so recht / gefällt mir nicht so gut / gefällt mir überhaupt nicht« (Wenn vorher eingeübt, kann das an Hand eines Befragungsbogens mit passenden symbolischen Gesichtsausdrücken geschehen). Sie bezieht sich nacheinander auf beide gezeigten Verhaltensmöglichkeiten und wird anschließend im Gespräch begründet.

Zunächst stehen also »vorbildliches« und »nicht vorbildliches« Verhalten gleichbedeutend nebeneinander. Beide Verhaltensmöglichkeiten erleben die Kinder, zunächst als »Beobachter von außen«, anschließend als Handelnde beim Nachvollzug. Erst dann folgt die wertende Aufarbeitung der Erfahrungen, indem die Stellungnahme der Kinder herausgefordert wird – nicht in bloßer Schwarzweißmalerei, sondern differenziert mit Hilfe der vorgegebenen Auswahlmöglichkeiten.

- »Doris und Uwe arbeiten zusammen«:

Zwei Kinder legen vorbildlich ihre Karten. Die beobachtenden Schüler begründen, warum es sich um Zusammenarbeit handelt. Nun spielen sie in Partnergruppen die Szene als »Doris« und »Uwe« nach, tauschen die Namensschilder aus und lernen im erneuten Spiel die Situation aus Sicht des anderen kennen.

Die Beispiele zeigen, wie die Sozialformen Einzel- und Partnerarbeit zum Gegenstand des Unterrichts erhoben werden und dadurch Anlaß zu reflektierender Auseinandersetzung bieten können. Auf einer solchen Grundlage nehmen dann die Schüler nicht nur passiv am Unterrichts»geschehen« teil; vielmehr stehen ihnen Kriterien zur Verfügung, derartige Formen zu durchschauen, sie – teilweise – sogar selbständig anzuwenden oder zumindest in umgrenzten Bereichen mitzugestalten.

Einen Beitrag zur Förderung von Handlungsfähigkeit und -bereitschaft leisten die Beispiele dann um so mehr, wenn es dem Lehrer »vor Ort« gelingt, durch die Gestaltung der szenischen Darstellungen einen möglichst engen Bezug zur konkreten Situation der Klasse zu knüpfen und im nachfolgenden Gebrauch die gewonnenen

Erfahrungen, Fertigkeiten, Einsichten und Einstellungen immer wieder neu zur Bewährung zu stellen.

Unterrichtliche Erfahrungen haben gezeigt, daß als Inhalte für die szenischen Darstellungen möglichst einfache Sachverhalte gewählt werden sollten, z. B. Zuordnungsübungen mit Arbeitskarten. Damit wird gewährleistet, daß sich die Beobachtung auf die Sozialform, nicht aber auf dargestellte Sachprobleme richtet.

4.4.2 Konfliktbewältigung bei schulischer Zusammenarbeit

Der *dritte Schwerpunkt* im Rahmen der Grundlegung schulischer Zusammenarbeit liegt in der Sensibilisierung für *mögliche Hintergründe beobachtbaren Verhaltens.* Drei Beispiele »nicht vorbildlicher« Partnerarbeit stellen *modellhaft ausgewählte Konfliktsituationen* dar. Kurze Kommentare verweisen auf die über das Beispiel hinausgehende Bedeutung der jeweils dargestellten Situation.

Zunächst beobachten und beschreiben die Kinder das gezeigte Verhalten und spielen es in den Rollen der beteiligten Personen nach: In jeder Partnerschaft erst aus Sicht des einen, dann des anderen. Hierfür stellen sie entsprechende Namensschildchen vor sich auf. Im Anschluß an gemeinsame Vermutungen der Klasse zur Entstehung des Konflikts versuchen die jeweiligen Partner, Lösungen zu diesem Konflikt bzw. Auswege zu finden. Den Vorschlägen der Kinder wird die szenische Kurzdarstellung einer vorgegebenen Lösung entgegengesetzt und zur Diskussion gestellt. Dabei werden kontroverse Stellungnahmen besprochen, gegebenenfalls offen gelassen; denn keine Lösung gilt als allgemein verbindlich, einzig »richtig«, wenn unterschiedliche Vorentscheidungen dagegen sprechen.

Darstellung der Konfliktbeispiele:

- »Vorübergehende Störung der Zusammenarbeit«:

»Doris« legt ihre Karten vorbildlich, »Uwe« zeigt durch sein Verhalten, daß ihm die Lust zur Mitarbeit fehlt. Daraufhin nimmt sie wortlos seine Karten und erfüllt neben ihrer auch seine Aufgabe. – Dargestellte Konfliktlösung am folgenden Tag: »Uwe« war gestern unpäßlich, heute will er wieder mitarbeiten.

Das Beispiel zeigt eine Situation, in der grundsätzliche Bereitschaft zum gemeinsamen Handeln besteht; diese ist jedoch auf Grund des Verhaltens eines der Partner vorübergehend getrübt.

- »Ende der Zusammenarbeit«:

Ein heftiger Streit unterbricht die anfangs feststellbare Zusammenarbeit zwischen »Angelika« und »Alexander«. Es kommt zu Tätlichkeiten.

Dargestellte Konfliktlösung: Beide wollen lieber mit anderen zusammenarbeiten, da sie sich gegenseitig nicht leiden können. Sie beschließen auseinanderzugehen, sich aber nicht weiterhin böse zu sein.

In diesem Beispiel werden Auswirkungen tiefergehender Unstimmigkeiten gezeigt. Allerdings kann die Lösung, sich zu trennen, auch lediglich die Flucht aus einem Problem bedeuten.

- »Störung der Zusammenarbeit wegen zu großer Ungleichheit«:

»Andreas« ist »Doris« in den Schulleistungen weit überlegen. Er beleidigt sie mit harten Worten, daraufhin zieht sie sich sehr bedrückt zurück.

Die dargestellte Situation fordert zum behutsamen Ansprechen möglicher häuslicher Ursachen heraus. Das kann im Unterricht als kurzes Hörspiel vom Cassettenrecorder, als eindrucksvolle Lehrerschilderung oder als knappe Videoszene geschehen. Arbeitsblätter mit Bildern (»Bei Doris zu Hause / Bei Andreas zu Hause«) veranschaulichen zusätzlich den schwierigen Sachverhalt und fordern zu Lösungen in der konkreten Situation – nicht nur in, sondern auch außerhalb der Schule – heraus.

Die vorgegebene Konfliktlösung bezieht sich zunächst nur auf das Verhalten beider: Jeder arbeitet für sich allein an Aufgaben mit individuell angepaßtem Schwierigkeitsgrad; bei Bedarf hilft Andreas Doris, auch Andreas muß sich manchmal helfen lassen (z. B. vom Lehrer bzw. von Doris in einem Bereich, der ihr besser liegt als Andreas).
Zur Förderung von Handlungsfähigkeit und -bereitschaft ist es auch bei den Konfliktbeispielen erforderlich, nach Übertragungsmöglichkeiten für die jeweilige Klasse zu suchen. Das kann etwa geschehen durch Abänderung der dargestellten Szenen, durch Erweiterung der Beispiele um klassenbezogene Situationen, durch Aussprache zu aktuellen Konfliktfällen unter Einbezug von Lösungen oder Lösungswegen aus den drei Beispielen; eine solche Aussprache kann auch einmünden in eine gemeinsam entwickelte szenische Darstellung bzw. die Gestaltung eines Rollenspieles. Besonders hinzuweisen ist auf die enthaltenen Lösungswege, die auch bei weiter entfernt liegenden Konfliktsituationen Hilfen zu deren Überwindung gewähren können; insbesondere betreffen sie den »spielenden« Nachvollzug des strittigen Falles aus der Sicht des anderen (Hineinversetzen in dessen Situation), die Suche nach möglichen Ursachen für das gezeigte Verhalten und die Trennung zwischen Feststellung (aus der Beobachtung) und Wertung (Stellungnahme zu dem beobachteten Verhalten).

4.5 Resümee: Soziale Handlungsfähigkeit und -bereitschaft durch Einsicht oder Gewöhnung?

Auf dem Hintergrund der bisherigen Darstellung ergibt sich die Grundsatzfrage, ob zur Grundlegung sozialen Handelns im Anfangsunterricht überwiegend Gewöhnungsprozesse oder einsichtiges Lernen angestrebt werden sollten.
Für Sozialerziehung durch *Gewöhnungsprozesse* spricht, daß der Schulanfänger zunächst Geborgenheit und Sicherheit in der Gemeinschaft benötigt. Der Aufbau

eines »Schonraumes«, einer »räumlichen und geistigen Kinderheimat« in der Schule durch Vorbildwirkung des Lehrers, konsequente Pflege notwendiger Umgangsformen und z. B. auch die Gliederung des Tages-, Wochen- und Jahreskreises in feste, wiederkehrende Ordnungen schafft Voraussetzungen für emotionale Stabilität des Kindes. Dabei ist der Schulanfänger eingebettet in ein vorgegebenes Gefüge von Ordnungen, Regelungen und Verhaltensweisen, das der Lehrer wachsam beobachtet, und welches ihm in schwierigen Situationen Gelegenheit gibt, behütend einzuwirken. – Hervorzuheben ist die Entlastungs- und Sicherungsfunktion von Gewöhnungsprozessen sowie deren Grundlegungsfunktion für sittliche Bildung; darüber hinaus kommen diese in den Anfangsklassen der Grundschule der altersgemäßen Erlebens- und Lernweise der Kinder besonders entgegen.
Sozialerziehung als Anbahnung von *Einsicht in soziale Zusammenhänge* wendet sich gegen die bloße Übernahme von Ordnungen, Formen, Gewohnheiten, da einerseits die Gefahr »blinder Gewöhnung« besteht, andererseits Konfliktsituationen leichtfertig übergangen werden. Deshalb steht im Mittelpunkt des Unterrichts die bewußte Thematisierung des sozialen Umgangs in und außerhalb der Schule. Dabei werden Konflikte aufgegriffen, Lösungsmöglichkeiten gesucht. Vergleiche zu eigenen Erfahrungen gezogen, Stellungnahmen herausgefordert, Handlungsanweisungen erarbeitet und erprobt. – Ohne den Einbezug einsichtigen, auf selbstverantwortliches Handeln ausgerichteten Lernens bliebe ein lediglich auf Gewöhnung aufbauender Unterricht sachlich und pädagogisch unzureichend.
Als Resümee ist festzuhalten: In den ersten Schuljahren sollte nicht auf Gewöhnungsprozesse im Schulalltag verzichtet werden, denn diese tragen einerseits zu emotionaler Sicherheit bei, helfen andererseits bei der Festigung von Erfahrungen, auf denen Weiterlernen aufbaut. Ebenso unumgänglich ist aber auch systematisches und situatives Aufgreifen von Inhalten schulischen Zusammenlebens und -lernens im Unterricht zur Anbahnung von Einsichten in soziale Zusammenhänge und zur Vorbereitung selbstverantworteter Handlungsentscheidungen.

Peter Pfeuffer

5. Grundlegende Bildung und Fachpropädeutik

In der pädagogisch-didaktischen Diskussion unserer Tage ist eine Erscheinung zu bemerken, die das Bemühen um sachliche Darlegung, fachliche Klarheit und problembezogenes Erkennen und Verstehen in zunehmendem Maße erschwert: der leichtfertige Umgang mit Begriffen. Nicht nur im pädagogischen Alltag, sondern auch in der Literatur kann man feststellen, daß sowohl althergebrachte Termini falsch gebraucht werden als auch die Flut neuer Begriffe bedenklich wächst. Einerseits existiert eine Fülle entbehrlicher Synonyma, andererseits ist zu beobachten, daß gerade da, wo es um wirkliche Besonderheiten geht, oft triviale Globalausdrücke gewählt werden.

Im Bereich der letzteren erweist sich häufig die Auffassung als irrig, daß ein Terminus wegen seiner allgemeinen Gebräuchlichkeit – oft quer durch alle Fachdisziplinen – von sich aus schon die Kraft in sich trüge, mit hinreichender Bildhaftigkeit, mit fragloser Verstehbarkeit oder einfacher Ableitbarkeit seiner Bedeutung rechnen zu dürfen und deshalb ohne Bedenken zu verwenden sei. Diese »Selbstverständlichkeit« ist es, die so manchen Begriff zum Stolperstein gegenseitigen Verständnisses werden läßt, zu halben oder schiefen Aussagen, zum Aneinandervorbeireden.

5.1 Propädeutik als pädagogischer Begriff

Zu den immer wieder auftauchenden Termini, ja fast schon zu einem Schlagwort im Bereich der grundlegenden Bildung degradiert, gehört der Begriff »Propädeutik«.

Das Kunstwort »Propädeutik«, entstanden aus dem lateinischen pro (vor, für) und dem griechischen παιδεία (Erziehung, Unterricht, Zucht, Bildung; aber auch Kenntnisse, Wissenschaft, Schule), wird, wie in einem beliebigen Lexikon nachzulesen, mit Vorschule, Vorübung, Vorunterweisung, Vorbereitung auf ein Wissensgebiet, Einführung in eine Wissenschaft oder bescheidener Einleitung in die Vorkenntnisse, die zu einem wissenschaftlichen Studium gehören, umschrieben. Propädeutik taucht besonders im Zusammenhang mit Vorstudien zur Philosophie auf und meint damit vorzugsweise Logik. Auch der in die Grundprobleme der Logik, Psychologie, Erkenntnistheorie und Ethik einführende Unterricht an den humanistischen Gymnasien zu Beginn des 19. Jahrhunderts wurde als Propädeutik bezeichnet.

Ob F. A. Finger (1808–1888) den Begriff Propädeutik in die (Grundschul-)Pädagogik eingeführt hat, ist nicht sicher belegbar.

Um keine allzu großen Erwartungen zu wecken: wenn im Verlauf dieses Beitrags versucht werden soll, dem Begriff »Propädeutik« näher zu kommen, deutlich zu machen, was man mit ihm ausrichtet oder gar mit ihm anrichtet, so geschieht das einmal aus der Überzeugung, daß diesem Terminus eine Gefährlichkeit besonderer Art anhaftet, zum andern aber in dem Bewußtsein, daß mit den folgenden Darlegungen keinesfalls eine völlige Klärung möglich ist. Es sollen lediglich Anstöße zum Nachdenken und in der Folge zu einem vielleicht vorsichtigeren Umgang mit diesem Begriff gegeben werden. Auch soll Propädeutik hier lediglich aus dem Aspekt grundlegender naturwissenschaftlicher Bildung beleuchtet werden, was sicher den Wert dieser Darstellung einengt.

5.1.1 Propädeutik als Fürsorge

Wäre man nicht zu allen Zeiten davon überzeugt gewesen, daß eine solche Vorschule nötig sei, so hätte man sie nicht einer Wissenschaft, einem Unterrichtsfach, einem beliebigen Bereich geistiger Auseinandersetzung in der jeweils als geeignet befundenen Form vorgeschaltet. Es kommt der Propädeutik somit zunächst der *Wesenszug der Fürsorge* zu. Fürsorge für den, der sich künftig mit einem bestimmten Wissensgebiet zu beschäftigen hat. Es erscheint unzumutbar, daß ein Lernender sogleich »voll einsteigt«. Da gibt es Rücksichten auf bestimmte Lebensalter, auf die psychologische Situation des Adressaten, auf die zu erwartenden Anforderungen und Schwierigkeiten, denen der Schüler noch nicht gewachsen sei, auf die Ausgangslage, auf die Notwendigkeit einer gewissen Sensibilisierung oder Motivierung für einen bestimmten Lernbereich und derlei Gründe mehr. Da werden in der didaktischen Garküche konsumierbare Brocken ausgesucht und unter strenger Beachtung der Bekömmlichkeit für den Lernenden zubereitet, wobei man zu wissen glaubt, welche Inhalte und Methoden eines bestimmten Faches für seine geistige Ernährung unabdingbar seien, gleichzeitig aber ist man besorgt, diese Kost in möglichst verträglichen Mahlzeiten zu reichen. Überhaupt scheint der Zwiespalt zwischen der dringend nötigen Verpflegung und dem Verdaubaren eine ganz wesentliche Rolle zu spielen. Man gewinnt den Eindruck, daß Propädeutik geradezu den Lernenden vor jenem Wissensgebiet in Schutz zu nehmen habe, in das er doch eindringen muß. So besteht die *Gefahr, daß Propädeutik zum Selbstzweck entartet,* sich gleichsam als Ersatz für das »eigentliche Fach« versteht, zumal ja nicht jeder Schüler erwarten kann, daß er dieses eigentliche Fach auch erreicht.

Fürsorge ist jedoch auch noch in einem anderen Sinne zu verstehen. Hier geht es darum, den Lerngegenstand vor dem Zugriff durch jenen Rohling in Schutz zu nehmen, der da in Gestalt des ungesitteten, in die Regeln des Denkens, Argumentierens und Handelns uneingeweihten, unkundigen, polternden, stillosen und somit vielleicht auch als lästig empfundenen Schülers in die geheiligten Hallen eines Faches Einlaß begehrt.

Der Wesenszug der Fürsorge für den Lernenden und für das Fach trägt somit leider auf der Kehrseite das Signum der Ausgrenzung. Was innerhalb einer Propädeutik geschieht, ist aus der Sicht des Faches das Vorläufige, allzu Selbstverständliche, Primitive, unbedingt Notwendige, aber auch das Unvollkommene, Ungenaue, Laienhafte, das der höheren Weihen entbehrt und deshalb von zweifelhaftem Wert zu sein scheint, obwohl man andererseits eben diese Propädeutik so nachdrücklich fordert.

Abgrenzung der »Insider« gegenüber denjenigen, die zwar dazugehören möchten (oder sollten), denen man aber – noch – nicht zutrauen kann, daß sie schon echte »Fachleute« sind und denen man deshalb mit wohlwollendem Mißtrauen, leutseliger Reserviertheit und gereizter Nachsicht begegnet, ist eine allgemeine Erscheinung der menschlichen Gesellschaft. Aber zurück zur Propädeutik für ein Wissensgebiet.

5.1.2 Konflikt zwischen Fach und Propädeutik

Es ist merkwürdig, welche Widersprüche hier aufeinandertreffen: Propädeutik und Fach erscheinen als zwingend komplementäre Bereiche, distanzieren sich jedoch zugleich von einander, indem sie sich gegenseitig beargwöhnen: *Die Propädeutik schützt den Lernenden, das Fach seinen Gegenstand.* Die Propädeutik ängstigt sich um den Schüler, er könne vom Fach überrollt werden, das Fach fürchtet um Verwässerung, Aufweichung, Niveauverlust, obwohl beide die gegenseitige Notwendigkeit betonen. Im Grunde präsentiert sich in diesem Zwiespalt die Spannung zwischen dem Lernenden und dem Lerngegenstand, jenes uralte Problem, das Erziehung und Unterricht beschäftigt und das zugleich die Existenz dieser Disziplinen sichert.

Es ist festzustellen, daß die Kluft zwischen einem Fach und seiner sogenannten Propädeutik von Wissensgebiet zu Wissensgebiet unterschiedlich tief ist. Besonders gravierend erscheint sie im Bereich der Naturwissenschaften, die durch ihre markanten Wesenszüge den Zugang erschweren: die Komplexität der zu betrachtenden Erscheinungen, eine »geschlossene« Systematik, eine differenzierte Fachsprache, eine von Symbolen und Modellen durchsetzte Darstellung, eine quantifizierende und mathematisierende Aufbereitung der Phänomene, eine geistig und materiell anspruchsvolle Methodik.

5.1.3 Institutionalisierung der Propädeutik

Erschwerend kommt hinzu, daß das Mißverhältnis zwischen einem Lernbereich und seiner möglichen Propädeutik institutionalisiert ist. So fühlt sich letztlich der Kindergarten als Zulieferer für die Grundschule, diese wieder als Progymnasium, das Gymnasium als »höhere« Schule mit »kolleg«-artigen Effekten, die Universität als der krönende Schlußstein. Die jeweils niedrigere Schulstufe erscheint aus der Sicht der nächst höheren als die ihr zugehörige Propädeutik, mag auch jede einzelne noch so sehr ihren Eigengeist betonen. Im Grunde tut jede ganz dezidiert etwas für die nächstfolgende, damit man dort »weitermachen« kann. Selbstverständlich erwartet jede Anschlußstufe, daß Bestimmtes grundgelegt wurde.

Damit kein Mißverständnis entsteht: dieser Zustand wird nicht beklagt, er birgt jedoch in sich Gefahren, die letztlich zu Lasten des Lernenden und zu Lasten des Faches gehen, insbesondere deshalb, weil dadurch Erwartungshorizonte geschaffen werden, die wiederum den Auftrag jeder einzelnen Stufe dieser Bildungshierarchie berühren.

Konzentrieren wir uns auf die Grundschule und auf die in ihr zu leistende grundlegende Bildung, eine Aufgabe, die auch in den Bereichen zu erfüllen ist, welche die Konfrontation des Menschen mit der belebten und der unbelebten Natur betrifft. Diese Phänomengebiete – die gegenwärtig zu beobachtende Geringschätzung in der Öffentlichkeit, insbesondere was physikalische, chemische und technische Sachverhalte anlangt, einmal außer acht gelassen – sind Gegenstand einer doppelten Zielsetzung, nämlich der Bewältigung der kindlichen Lebenswelt und zugleich der Vorbereitung auf künftige fachliche Anforderungen. Der Sachunterricht der Grundschule hat die Doppelaufgabe (Bäuml-Roßnagel 1979, 20; Neuhaus 1974, 248; Rabenstein 1985, 9ff.) zu leisten, neben der Hilfe zur Bewältigung seiner Lebens- und Umwelt, dem Kind eine Vorbereitung auf künftiges Erziehungs- und Bildungsgeschehen oder gar auf das Leben schlechthin angedeihen zu lassen. Man kann gewiß mit einem solchen Grobverständnis leben, man kann aber keineswegs damit unterrichten und schon gar nicht »bilden«. Die Gewichtung dieser beiden Teilaspekte kann in der Grundschule unterschiedlich stark sein. So gibt es manche Anzeichen für eine Betonung der propädeutischen Komponente. So hat man – wie in jüngster Vergangenheit geschehen – in manchen Bundesländern in der Sprachlehre die lateinischen Bezeichnungen für die Wortarten eingeschult oder in der Mathematik Terme und Operationen mit den gebräuchlichen Fachausdrücken belegt. Hier liegt doch in hohem Maße ein Anschlußinteresse der folgenden Schulstufen vor, denen die Grundschule Propädeutik leistet. Zur Bewältigung der kindlichen Umwelt kann man ein solches Unternehmen wohl nicht unbedingt für erforderlich halten.

5.1.4 Propädeutik für die Naturwissenschaften?

Ganz anders verhält es sich mit den naturwissenschaftlichen Bereichen des Sachunterrichts. Hier besteht kein zwingendes Interesse der weiterführenden Schulen an einer Propädeutik, weder vom Gymnasium noch von der Hauptschule her. Das Gymnasium verzichtet bis weit in seine Mittelstufe hinein auf jegliche Unterweisung in der Physik und in der Chemie. In der Biologie beginnt es »ganz von vorn«. Eine Vorbereitung durch die Grundschule wird oftmals nicht gewünscht, sie wird bisweilen sogar als lästig empfunden.
Auch die Hauptschule rechnet nicht unbedingt mit Vorleistungen durch die Grundschule. Mit dem Schwinden eines Anschlußinteresses aber gerät die Grundschule in Gefahr, nicht nur die Bedeutung dieser Bereiche menschlicher Auseinandersetzung mit der Natur im Bildungsgeschehen zu unterschätzen, sondern sie sogar zu verlieren, was im Blick auf den ständig steigenden Zustrom zur höheren Schule zusätzliches Gewicht verleiht. (Angesichts der durchlebten Revolution in der Grundschule unter der Parole »Wissenschaftsorientierung« darf man auf die Sprengwirkung des zu erwartenden neuerlichen »Sputnikschocks« gespannt sein).
Aus dem Dargelegten ließe sich der Schluß ziehen, daß Propädeutik für die naturwissenschaftlichen Bereiche in der Grundschule überflüssig sei. Somit könnte sich die Grundschule ganz auf die Unterstützung des Kindes bei der Bemeisterung seiner Lebens- und Umweltsituation zurückziehen, eine Haltung, die leider allzuoft und durch amtliche »Bildungs«- und Stoffpläne gedeckt zu beobachten ist.
Mit der Frage nach der Zulässigkeit eines solchen Rückzuges tut sich in sehr eindrucksvoller Weise die Notwendigkeit auf, danach zu fragen, was Propädeutik im Rahmen einer grundlegenden Bildung meint.

5.1.5 Fehlverständnis von Propädeutik

Es ist unschwer auszumachen: die Problematik beruht auf einem falschen oder doch zumindest einseitigen Verständnis des Begriffes Propädeutik. Nahezu ausschließlich wird nämlich Propädeutik als ein Unternehmen verstanden, das einen Katalog von verfügbaren Inhalten bzw. erreichten Zielen meint, die eine folgende Schulstufe zur unbedingten Voraussetzung hat. Je mehr ein solcher Anspruch zurücktritt, umsomehr verblaßt ein inhaltlicher Bezug zum Unterricht in der Grundschule oder fehlt scheinbar völlig, wie im Bereich von Physik/Chemie/Technik. Nun kann man sicher Propädeutik nicht allein aus den inhaltlichen Aspekten verstehen. Ein Wissensgebiet, auf das eine bestimmte Propädeutik vorbereiten soll, besteht auch aus Methoden,

Denkweisen, Haltungen usw., obwohl klar sein dürfte, daß die inhaltliche Komponente die Bedeutung einer Propädeutik ganz wesentlich bestimmt. Gerade dies aber ist der Angelpunkt, um nach Erscheinung und Bedeutung einer naturwissenschaftlichen Propädeutik im Rahmen der grundlegenden Bildung zu fragen. Das Fehlen einer unmittelbar inhaltlichen Bindung zwischen Grundschule und weiterführenden Schulen im Bereich Physik/Chemie/Technik (weniger in der Biologie), bedeutet Gefahr und Chance für eine Propädeutik und damit für eine grundlegende Bildungsarbeit zugleich.

Für die nachfolgende Erörterung scheinen zwei Prämissen notwendig zu sein: das ist zum einen eine Vorstellung von dem, was grundlegende Bildung im allgemeinen kennzeichnet, das ist zum anderen aber auch die *Unmöglichkeit einer Eingrenzung von Propädeutik.* Wenn grundlegende Bildung die Anfangsphase einer allgemeinen Bildung bedeuten soll, die sich unter den Bedingungen der Institution Grundschule an Kindern eines bestimmten Lebensalters (in der Regel der Sechs- bis Zehnjährigen) vollzieht (siehe Kapitel 1), dann muß Propädeutik in unserem Zusammenhang ausschließlich für diesen Abschnitt der schulischen Einflußnahme verstanden werden, was bedeutet, daß ihr ein definierbarer Beginn und ein ebenso festlegbares Ende zukommt. Das widerspricht aber in aller Regel der allgemeinen Unabgrenzbarkeit einer Propädeutik. Sicher läßt sich sagen, womit eine Propädeutik beginnen könnte, es ist aber unmöglich zu sagen, wo Propädeutik in das eigentliche Fach übergeht. Hier lassen sich allenfalls institutionelle Marken setzen, die durch den Beginn einer folgenden, aufbauenden Schule gekennzeichnet sein können. Daß der Abschluß einer Propädeutik nicht oder doch nur sehr unscharf umrissen werden kann, ist schon aus der Tatsache abzuleiten, daß Inhalte und Methoden einer bestimmten Disziplin, die in früheren Epochen Kernpunkte der wissenschaftlichen Auseinandersetzung waren, heute in die Propädeutik verwiesen sind. Der Übergang von einer Propädeutik zu dem auf sie bezogenen Fach ist also durchaus fließend, weil historisch bedingt. Angesichts der bestehenden Meinungsverschiedenheiten, was denn nun zur Propädeutik gehöre und was zum Fach, darf die Vermutung ausgesprochen werden, daß hierin schwerlich ein Konsens erreicht werden kann.

Die Bewertung einer Propädeutik für die naturwissenschaftlichen Disziplinen im Rahmen der grundlegenden Bildung hat unter vier Kriterien zu geschehen: Es sind zu betrachten zunächst die Inhalte (Ziele) als die Gegenstände der Auseinandersetzung, die Methoden, mit deren Hilfe diese Konfrontation zu bewältigen ist, und der Lernende, das Grundschulkind mit den dabei einzunehmenden Haltungen. Ferner muß das Verhältnis zu dem übrigen Geschehen in der Grundschule, die Integrierbarkeit in den Kreis der anderen Bereiche der schulischen Arbeit überdacht werden. Auch wenn zwischen diesen Kriterien ein intensiver Zusammenhang besteht, muß dennoch versucht werden, sie getrennt anzusprechen.

5.2 Inhaltliche Bildung

Vielleicht liegt die Ursache, daß es bislang nicht gelungen ist, eine sinnvolle Propädeutik zu konzipieren, daran, daß man immer zuerst oder doch vorwiegend an »den Stoff« gedacht hat. Solche Gedanken sollte man sich unter dem Dach einer grundlegenden Bildung aber erst machen, wenn die anderen Faktoren – das Kind, sein möglicher Zugriff, das Umfeld anderer Gegenstandsbezüge – überdacht sind, weil diese ganz wesentlich die inhaltliche Frage mitbestimmen. Deshalb sollen hier zunächst grundsätzliche Anmerkungen gemacht werden.
Die Frage, was Kinder lernen und was Kinder verfügbar haben sollen, ist stets belastet von zukünftigen Ansprüchen bestimmter Fächer und zugleich von der durch Interessenrichtungen beeinflußten öffentlichen Meinung, was die Zukunft, das spätere Leben, von ihnen fordern könnte, beides Faktoren, die durch erhebliche Unsicherheiten gekennzeichnet sind. Die zur Zeit des wissenschaftsorientierten Sachunterrichts heftig diskutierten Ansichten, ob in Bezug auf die fachliche Vorbereitung in der Grundschule Inhalte oder Methoden zukunftsweisender seien, ja selbst die Auffassung, daß konkrete Inhalte lediglich die Strukturen fachlicher Disziplinen verdeutlichen sollten (Tütken 1970, 12), zeigt, daß die Antwort auf die Frage nach dem »Was« in erheblichem Maße Schwierigkeiten bereitet. Ferner ist jedem, der die Entwicklung unserer Gesellschaft kritisch betrachtet, klar, daß die Sicherheit vorhersagen zu können, was Kinder im späteren Leben an Kenntnissen und Fertigkeiten brauchen werden, in dem Maße schwindet, in dem wir alle, dem immer rascher sich vollziehenden Wandel in der nötigen Ausrüstung für das Bestehen in dieser Welt unterliegen.

a) Freiheit von inhaltlichen Vorgaben

Daraus darf der Schluß gezogen werden, daß eine naturwissenschaftliche Propädeutik im Rahmen der Grundschule von inhaltlichen Vorgaben durch fachliche Zwänge und zukünftige Lebensanforderungen relativ frei ist, um so mehr, als die Fächer ja weit weg zu sein scheinen und Lebensertüchtigung nicht nur auf die Grundschule beschränkt bleiben kann. Darin ist gewiß die schon angesprochene Chance zu sehen. Zugleich aber birgt jede Freiheit Verpflichtungen in sich, die sich in diesem Zusammenhang in der pädagogischen Verantwortung manifestieren. Die in unseren Tagen zu bemerkende Rückbesinnung auf die erziehlichen Aufgaben der Schule, der Grundschule im besonderen, verlangt im Blick auf eine zu erstrebende grundlegende

Bildung größte Umsicht, gerade weil diese inhaltlich-fachliche Ungebundenheit besteht, gerade weil die Ausrüstung für künftige Lebensbedürfnisse auch noch anderen Schulstufen obliegt. Es bleibt zu bedenken, daß »Fächer«, Fachwissenschaften wie die auf sie bezogenen Berufsfelder in steigendem Maße unser Leben beeinflussen. Insofern ist es schlicht töricht zu glauben, in der Grundschule gingen uns die Fachwissenschaften nichts an. Hier bedarf es eines geläuterten Verständnisses des Schlagwortes »Wissenschaftsorientierung«.
Wie wäre diese »gezügelte« Freiheit im Hinblick auf die Inhalte zu nutzen?

b) Ausgewogenheit – Beschränkung – Gründlichkeit

Allererst gelten für solche Überlegungen die Regulative der Ausgewogenheit, der Beschränkung und der Gründlichkeit. Den Ausführungen im Abschnitt 1.2.2 (a) ist im Prinzip nichts hinzuzufügen. Der starken Vorliebe für biologische Inhalte im naturwissenschaftlichen Bereich muß verstärkt die physikalische, technische, aber auch die chemische Seite der Naturbetrachtung zugesellt werden, unter Umständen durch Einschränkung der biologischen. Es ist im hohen Maße verantwortungslos, physikalische, chemische und technische Bezüge zu vernachlässigen und sie von vornherein als suspekt zu denunzieren. Unser Leben ist in einem so hohen Maße von der an den Pranger gestellten Komponente der »Natur um uns« mitbestimmt, daß man sich wohl keinen gröberen Verstoß gegen die Zukunft unserer Kinder leisten kann, als diesen Bereich in den Lehrplänen zu vernachlässigen. Die Schule darf einer Fehleinschätzung durch die öffentliche Meinung nicht unterliegen, will sie sich nicht erneut einer beinahe gewaltsamen Veränderung ihres Wirkens aussetzen, wie das im Verlaufe der siebziger Jahre geschehen mußte. Die *Doppelaufgabe der Grundschule in Gestalt der Umweltbewältigung und der Propädeutik* kann nur funktionieren, wenn man ihr Raum gibt – den ihr zustehenden Raum, mehr wird nicht verlangt!
Beschränkung und Gründlichkeit erscheinen geradezu als korrespondierende Bedingungen. Die große Fülle möglicher unterrichtlicher Zuwendungen, die in jüngster Vergangenheit zu enzyklopädisch anmutenden Stoffkatalogen geführt hat, eröffnet die Freiheit beliebiger, aber überlegter Auswahl, zumal bestimmte Inhalte von nachfolgenden Schulstufen nicht erwartet werden. Hierin ist teilweise die Chance einer Propädeutik zu sehen.
Beschränkung erst macht Gründlichkeit möglich. Mit Gründlichkeit ist vor allem der Reichtum an bearbeiteten Facetten eines Phänomens gemeint, ganz besonders aber die Intensität, mit der ein Gegenstand aufgespürt, beobachtet, betrachtet, ausprobiert, befragt, überdacht, geprüft, eingeordnet, verknüpft, angewendet wird. Aber wissen wir das nicht längst?

5.3 Methodische Bildung

Die Phase des wissenschaftsorientierten Sachunterrichts in der Grundschule hat neben problematischen Erscheinungen auch positive Wirkungen gehabt. Eine solche ist die wiedergewonnene und heute gefestigte Überzeugung, daß sach- und schülergerechte Zuwendung nicht nur auf Inhalte (Fakten, Ziele) beschränkt bleiben dürfe, sondern auch die Methoden und die sie tragenden Techniken, mit deren Hilfe es gelingt, einen bestimmten Beobachtungsgegenstand zu meistern, in die Auseinandersetzungen einzubeziehen habe. Allerdings können die Begründungen dafür, zumindest was eine Propädeutik im Rahmen grundlegender Bildung betrifft, nicht durchwegs überzeugen.

a) Methoden und Techniken stabiler als Inhalte?

Der häufig geäußerten Ansicht, Methoden seien über die Zeiten hinweg stabiler als Inhalte (Tütken 1970, 16) und könnten deswegen mehr zu einer fachlichen Vorbildung beitragen als das Tradieren von Fakten, muß mit einer gewissen Skepsis begegnet werden. Das mag für prinzipielle Wege der Erkenntnis (Deduktion und Induktion oder für das auf sie aufbauende experimentelle Verfahren) gelten, es trifft aber keineswegs zu für sammelnde, vergleichende, beschreibende Verfahren, die in hohem Maße von speziellen Techniken abhängig sind. Hier haben sich revolutionierende Wandlungen vollzogen, die auf technischer Umsetzung weit verzweigten Wissens basieren. Auch wenn wir es in der Grundschule nur mit den elementarsten naturwissenschaftlichen Methoden und Techniken in einfachster Ausprägung zu tun haben, ist die Rechtfertigung, Methoden deswegen zu lehren, weil sie dauerhafter seien als Inhalte, eine viel zu allgemeine und zu pauschale Behauptung. Ganz entscheidend hängen nämlich die Methoden und mit ihnen die Techniken davon ab, welcher Grad an Einsicht angestrebt wird, was hinwiederum bedingt ist vom Niveau, auf dem sich der beobachtende Schüler befindet. Da wir es in der Grundschule mit elementaren Natur-Phänomenen zu tun haben, die mit elementaren Methoden und Techniken zu erarbeiten sind, kann nicht eingesehen werden, weshalb eine elementare Erkenntnis (z. B. Wasser vergrößert beim Gefrieren seinen Rauminhalt) weniger stabil sein sollte als die dieser zu gewinnenden Einsicht angemessene Methode (Experimentieren) mit der ihr zugehörenden Technik (Beobachten: was geschieht mit der wassergefüllten Flasche im Gefrierfach?).

b) Methoden und Techniken für den Selbstunterricht?

Häufig begegnet man der Ansicht, Methoden seien deswegen Gegenstand des Unterrichts, weil damit der Schüler in die Lage versetzt werde, sich selbständig Faktenwissen zu erarbeiten. Dieses Argument bedeutet eine Überschätzung sowohl der Fähigkeiten und Möglichkeiten des Lernenden, als auch der Wirkung einer Propädeutik der Methoden (und Techniken) für die spätere Schullaufbahn. Die Vorstellung, daß ein Grundschulkind selbständig und ohne äußeren Anlaß auf ein ihm unbekanntes Phänomen trifft, das es dann methodengerecht zerlegt, ist wohl zu akademisch, als daß dies als Regelfall angesehen werden könnte. Selbst das durch Eltern oder Lehrer initiierte »Forschen zu Hause« darf zumindest nicht als allgemein üblich betrachtet werden. Unvergleichlich häufiger ist dagegen die rein zufällige, mehr spielerisch-situative Konfrontation mit Naturerscheinungen, insbesondere beim »Reparaturfall«, indem ein erwartetes Naturverhalten nicht eintrifft, wobei das Kind dann intuitiv probierend-hantierend dahinterzukommen versucht. Aber gerade diese Fälle taugen nicht, um den Wert methodisch-technischer Unterweisung als solche zu bestätigen. Sie werden nämlich nicht aufgrund schulischer Vorleistungen »in Sachen Methode« bewältigt, sondern beweisen die *Bindungen von Methoden an das Phänomen:* erst wenn dieses vorliegt und genügend Qualitäten erfahren läßt, fragt man nach dem »Wie« der Bewältigung oder entsinnt sich vorhandener Erfahrungen oder Kenntnisse. Bedenkt man ferner, daß die instrumentellen Möglichkeiten nicht als selbstverständlich vorauszusetzen sind, dann verliert das Argument »Methodenlehre als Rüstzeug für autodidaktische Naturerkenntnis« ganz erheblich an Überzeugung. Mit zunehmender Eindringtiefe auf weiterführenden Schulstufen verfeinert bzw. verkompliziert sich das Verfahren nicht nur durch die Fülle der in den einzelnen methodischen Zugriffen steckenden und zur Anwendung umgeformten Wissensbestände, sondern ganz erheblich auch der technische Aufwand, der dem durchschnittlichen nach Erkenntnis Suchenden kaum zu Gebote stehen dürfte. Statt eigenständiger Erarbeitung wird fast durchwegs der Rückgriff auf faktenvermittelnde Informationsquellen übrig bleiben.

c) Methoden und Techniken als Lerngegenstand

Methoden und Techniken stehen nicht als selbstverständliches Rüstzeug zur Verfügung. Gewiß ist das Grundschulkind in der Lage, die durch Sinneseindrücke gesteuerten, in seiner Umwelt nötigen Orientierungsfunktionen zu gebrauchen, um sich der Betrachtung eines Naturphänomens zuzuwenden. Sehr bald aber wird sich zeigen, daß diese Fähigkeiten einer speziellen Ausschärfung bedürfen, um eben diese Erscheinung in der rechten Weise zu erfassen.

Damit aber werden Methoden und mit ihnen Techniken zum Lerngegenstand, und das um so mehr, je anspruchsvoller sie sind. Sie stellen in hohem Maße mit einer gehörigen Portion Raffinement versehenes, umgesetztes, kalkuliertes, benutztes Naturverhalten dar. Das bedeutet hinwiederum, daß der Einsatz dieses Raffinements die Kenntnis von Fakten voraussetzt. Um auf experimentellem Wege mit Hilfe einer wassergefüllten Flasche zu klären, ob gefrierendes Wasser sein Volumen vergrößert, ist das Wissen erforderlich, daß sprödes Glas auf Dehnung mit Zerspringen reagiert. Es tut grundsätzlich nichts zur Sache, ob dieses einzubringende faktische Vorwissen aus Alltagserfahrungen oder aus dem Unterricht stammt. Andererseits wird deutlich, daß der Zugang zu Methoden und Techniken erst durch solche Erfahrungen möglich wird, denen deshalb besondere Hinwendung gebührt. Daraus folgt zwingend, daß das Vermitteln von Methoden und Techniken ohne Bezug zu einem sachlichen Anlaß im Bereich der allgemeinen und grundlegenden Bildungsarbeit sinnlos ist. Die Klärung eines Problems, beispielsweise mit Hilfe des experimentellen Verfahrens, wird dann zur Auseinandersetzung mit dieser Methode nötigen, wenn die fragwürdige Erscheinung eine experimentelle Klärung fordert. Niemand wird außerhalb der Schule auf die Idee kommen, die von Deduktion und Induktion gesteuerten logischen Denkschritte gleichsam als Trockenkurs zu absolvieren. Etwas anderes ist die Situation bei Techniken. Es existiert die Ansicht, Wiegen oder Filtrieren – um zwei Beispiele zu nennen – seien mit Rücksicht auf deren Bedeutung im Alltag oder in der fachlichen Arbeit weiterführender Schulstufen unverzichtbares Gut, das ein Gebildeter doch im Griff haben müsse. Dieses Argument ist zu vordergründig. Hier wird die prinzipielle Mittlerrolle jeglichen Verfahrens (und jeglicher Techniken) zwischen einem Gegenstand und seinem Betrachter in der diesem eigentümlichen Situation übersehen. Erst wenn es ein Gegenstand dem Lernenden aufzwingt, daß zu seiner Erfassung experimentiert bzw. filtriert oder gewogen werden muß, besteht die Notwendigkeit, sich damit zu befassen. Ein bestimmtes Phänomen nötigt den Betrachter dazu, seinen Annäherungsversuch zu überdenken, zu verändern, zu verbessern und dies ist die Rechtfertigung, Methoden und Techniken zum Lerngegenstand zu machen.

d) Der »Wert« von Methoden und Techniken

Nun steht der Erarbeitung von Erkenntnissen unter prinzipiell nötiger Zuhilfenahme von Methoden und Techniken die Tradierung von Fakten gegenüber, die Belehrung, die Information, die ohne derartige Verfahren samt der sie stützenden Maßnahmen auskommt. Abgesehen davon, daß dieser klassische Konflikt in Wirklichkeit keiner ist – sachbezogene Information ist genauso bedeutsam für die Gewinnung von Erkenntnissen wie methodengerechte Problemlösung –, abgesehen ferner von den Bedürfnissen altersspefizischer Sachbegegnung, abgesehen auch von allen didaktischen Einsichten, welche die Übernahme von Wissensbeständen durch das Kind als vorherrschende Form der Vermittlung in Zweifel ziehen, bleibt die Frage nach dem »Wert« einer bewußten Betrachtung von Methoden und Techniken als Komponente fachlicher Propädeutik im Rahmen grundlegender Bildung.

Da weiterführende Schulstufen und Schularten, die im Primarbereich eine mögliche Propädeutik für ihr Wirken erblicken könnten, keine inhaltlichen Vorgaben machen, sind die zu betrachtenden physikalischen, chemischen oder technischen Phänomene und problemabhängigen Methoden und Techniken ebenfalls frei von bestimmten Erwartungen. Der Grundschule aber kann das nicht genügen, weder im Blick auf ihren Auftrag nach einer fachlichen Propädeutik noch in Bezug auf grundlegende Bildung.

Betrachten wir zuerst die letztere: Bildung als »Ausstattung zum Verhalten in der Welt« aufzufassen, wie das Robinson (1967, 9) tat – Wasser auf die Mühlen jener humanistischen Eiferer, die in den Naturwissenschaften das bloß Nützliche sahen und sehen – würde beinahe dazu ermuntern, methodischen Fragestellungen aus dem Wege zu gehen. Ein schlichtes Anlernen von Technik würde genügen, um zu gewissen »Ausstattungs-Ergebnissen« zu kommen. Die damit heraufbeschworene Gefahr einer vermehrten Übernahme von Fakten, lediglich kaschiert durch vordergründige unterrichtliche Betriebsamkeit unter Vorgabe didaktischer Prinzipien wie Selbsttätigkeit, Anschauung oder Tätigkeitswechsel, hat sich in der Vergangenheit hinreichend deutlich gezeigt. Die postulierte Auffassung von der größeren Stabilität der Methoden und Techniken im Gegensatz zu Fakten wirkt in diesem Zusammenhang wie ein Hohn. Man genügt aber der Bedeutung von Methoden und Techniken nicht, indem man sie anwendet, man muß sie reflektieren und zwar deshalb, weil damit das Phänomen des menschlichen Zugriffs auf die uns umgebende Welt angesprochen ist. Zu empfinden, was man mit der Wahl eines bestimmten Verfahrens der Natur antut, wie sie auf gewisse Techniken reagiert, wie sie einem Betrachter den Einblick eröffnet oder versagt, wie sie auf unüberlegtes, leichtfertiges oder falsches Handeln zurückschlägt, ihre Berechenbarkeit – nicht im mathematischen, sondern im prospektiven Sinn –, das sind prägende Urerlebnisse, die intuitiv erfahren und zu einem bewußten Handeln geführt werden müssen. Das von Grundschulkindern so gerne hervorgekehrte stolze Gefühl des Vermögens (... »ich kann schon ...«) bedarf von allem Anfang an des Wissens um dessen Grenzen und der dahintersteckenden Verantwortung.

Wer dem als Lehrer aus dem Wege geht, verfehlt seinen Bildungsauftrag! Man darf sich nicht hinter der Ausrede verstecken, das zu betrachtende Phänomen gebe in bezug auf fachliche Methodik oder auf Techniken nicht mehr her, weil ja, wie ausgeführt, die zu klärende Erscheinung allein Methode und Technik bestimme.

Nein, gerade weil dem so ist, hat man sich in der Wahl geeigneter Unterrichtsvorhaben darum zu kümmern, daß die zu behandelnden Probleme notwendige und unterschiedliche Wege der Bemeistung auftun.
Im rechten Verständnis einer grundlegenden Bildung *kommt Methoden und Techniken somit ein Eigenwert zu.* In ihnen repräsentiert sich die Palette menschlicher Möglichkeiten, sich »die Welt untertan« zu machen.
Wo aber bleibt der Wert methodischer Fragestellungen in bezug auf fachliche Propädeutik?
Wurde nicht wiederholt betont, daß weiterführende Schulen mit dem Sachunterricht an die Grundschule keine Ansprüche stellen? Könnte man nicht vielmehr der Auffassung sein, die Grundschule fasse sich mit ihrem Anspruch auf Fachpropädeutik in schulmeisterlichem Übereifer etwas heraus, was ihr gar nicht zustehe? Zunächst muß mit Nachdruck darauf hingewiesen werden, daß dieser fehlende Anspruch auf eine fachliche Propädeutik von seiten der weiterführenden Schulen die Folge sachfremder, peripherer, weder pädagogisch noch psychologisch und schon gar nicht fachlich hinreichend begründbarer Entscheidungen ist. Ohne diesen Fragenkomplex vertiefen zu wollen, muß festgestellt werden, daß hierbei historisch-bildungstheoretische Gründe eine übermächtige Rolle spielen. Daraus läßt sich aber für die Grundschule kein propädeutischer Auftrag ableiten. Zu glauben, die Grundschule müsse deshalb Propädeutik betreiben, weil weiterführende Schulen sie nicht wollten oder noch keine Naturwissenschaften betrieben, obwohl Schüler, Sachgegenstand, Lebensbedeutung und Bildungsauftrag dies dringend fordern würden, ist ein anmaßender Gedanke. So beklagenswert dies alles sein mag, fachliche Propädeutik in der Grundschule leitet ihren Anspruch einzig und allein aus der Tatsache ab, daß die Erfassung der Umwelt nur möglich ist, wenn es gelingt, sie in *»fachliche Aspekte«* (Wagenschein) zu zerlegen. Das komplexe Erscheinungsbild der Welt diesseits unserer Sinne bedarf der ausblendenden, ausfilternden Brille, die wir aufsetzen müssen, wenn wir eben diese Welt jenseits unserer Sinne verstehen wollen. Aber – und diese Frage drängt sich sofort auf – bedeutet das nicht, daß jeglicher Unterrichtsgegenstand, aus welchem Aspekt auch immer betrachtet, sachlich-fachlich angemessen, stimmig, richtig zu bearbeiten ist? Ist das nicht eigentlich selbstverständlich? Was hat das mit »Vorschule« als Vorbereitung auf ein spezielles Unterrichtsfach, auf eine wissenschaftliche Disziplin zu tun?
Ist das wirklich so selbstverständlich? Hat nicht die Geschichte des Sachunterrichts gezeigt, daß das geflissentliche Übersehen fachlicher Kompetenz eine Revolution dieses Zweiges grundständiger Unterweisung herbeigeführt hat? Ist nicht die Suche nach einer geeigneten Plattform, von der aus es gelingt, ein beliebiges Objekt sicher zu betrachten, Voraussetzung für die Umweltorientierung und bieten Methoden und

Techniken nicht etwa hierzu die einzig denkbare Chance und zwar unabhängig davon, ob diese Bemühungen in Fachunterricht oder Fachwissenschaft einmünden? Ihretwegen betreiben wir keine »Fach-Propädeutik«, sondern wir betreiben sie des ehrlichen Zugangs zur Sache wegen.

e) Konkrete Forderungen

Im Gegensatz zu den Inhalten bzw. Zielen lassen sich im Bereich Methoden und Techniken – eingedenk der Tatsache, daß sie selbst zu Inhalten werden können – konkrete Forderungen aufstellen. Auch wenn gegen den Katalog einschlägiger Verfahren wie sie etwa das SAPA-Curriculum (zit. n. Tütken 1970, 18) forderte, heftig polemisiert wurde, im Prinzip ist er zutreffend, allerdings und keineswegs in der dort gemeinten hierarchischen Bedingtheit, sondern – vor allem was seine Techniken anbelangt – in problembezogener Auswahl. Aber gerade hier ist dieser Katalog – er nennt nur drei reine Techniken (Beobachten, Messen, Klassifizieren) – eher eine Unterforderung als überzogener Eifer. Jegliche Technik ist zulässig und wünschenswert, sofern die Lösung eines dem Schüler angemessenen Problems eine solche verlangt.
Unabdingbar sind dagegen die allermeisten übrigen genannten »Qualifikationen«, zumal sie Bestandteil jener Methode sind, die naturwissenschaftlich-technischen Unterricht auf jeglicher Niveaustufe bestimmt: *das experimentelle Verfahren.* Da ohne diese Methode »nichts läuft«, andererseits das Experimentieren aber schon mit Vorschulkindern gelingt, muß erwartet werden, daß der Grundschullehrer hierin fachdidaktische Kompetenz genug besitzt. Es darf weiterhin nicht übersehen werden, daß das Experiment als das die Naturwissenschaften kennzeichnenden Verfahren, das daneben aber auch in anderen Wissenschaften (Medizin, Agrarwissenschaft, Wirtschaftswissenschaft, Soziologie, Psychologie und u. a.) Eingang gefunden hat, als ein Element grundlegender Bildung bezeichnet werden muß (Bauer 1975, 126ff.).

5.3.1 Der Lernende

Der Stellenwert des Grundschulkindes im Rahmen einer durch Fachpropädeutik determinierten grundlegenden Bildung ist belastet durch das Vorurteil, die Orientierung am Schüler stehe im Widerspruch zu der Orientierung am Lerngegenstand. Schülerorientierung – insbesondere in Verbindung mit naturwissenschaftlichen Lerninhalten – wird gerne als pädagogisch-psychologische Wärmflasche aufgefaßt, Sachorientierung dagegen als kaltes Duschbad aus einer seelenlosen Faktenbrause. In der Tat gibt die wechselnde Wertschätzung des Primarstufenschülers in den vergangenen Jahrzehnten – von der Vergötterung kindlicher Andersartigkeit bis zur Mißachtung seiner Persönlichkeit als Lernender unter gleichzeitiger und gegenläufiger Gering- bzw. Überschätzung fachlich-inhaltlicher Anliegen – allen Anlaß zu dieser Meinung, die für den Laien zwar entschuldbar sein mag, für den Leser aber keinesfalls. Als Ausweg aus diesem scheinbaren Widerspruch wird gerne vorgeschlagen, daß man doch zu dem »goldenen Mittelweg«, den »vernünftigen Kompromiß« kommen möge, ohne diesen beschreiben zu können, nicht beachtend, daß ein solcher Verschnitt zweier völlig wesensverschiedener Phänomene (Lernender – Lerngegenstand) gar nicht existiert. Nichts wäre nämlich schlimmer, als wenn es gelänge, diesen *Konflikt zwischen Gegenstand und Lernendem* aufheben zu können, aus dem heraus doch alles Mühen um Erkenntnis seinen wesentlichen Antrieb erhält!

a) Kind contra Sache?

Schülerorientieung und Sachorientierung sind keine Gegensätze und schließen deshalb einander nicht aus. Vielmehr sind in jedem Lernakt die Erfordernisse des Schülers, bzw. die der Sache, wenn auch in einem unterschiedlich hohen Maß zu berücksichtigen. *Eine bloße Schülerorientierng ist ebenso undenkbar wie eine reine Sachorientierung.* Zu Beginn der Schullaufbahn eines Kindes wird naturgemäß der Anspruch des Lerngegenstandes bescheiden sein, um so mehr sind dagegen die Bedürfnisse des Schülers zu berücksichtigen. Mit zunehmenden Fähigkeiten, Kenntnissen und Fertigkeiten des Lernenden, mit dem dank Methoden und Techniken sich ständig mehrenden Zugriff auf die Sache wächst deren Anspruch und verlangt steigende Orientierung an ihr. Der Schulanfänger steht noch im Mittelpunkt der unterrichtlichen Zuwendung, ist gleichsam Unterrichtsobjekt. Diese Position kommt ihm aber auf Dauer nicht zu, diese gebührt nämlich der Sache. Er muß aus der *Objektrolle* in die des *Subjekts* geführt werden. Dazu muß er sich bewegen (bzw. bewegt werden), die Sache kann das nämlich nicht. Sie will durch den Lernenden betrachtet, erfaßt, ergriffen und begriffen werden, nicht umgekehrt.

b) Die Aus-ein-ander-setzung

Das gelingt nur, wenn sich der Schüler bemüht, sich auf die Sache einzustellen, sie zu befragen, ihre Antworten verstehen zu lernen, ihre Eigenart zu erfassen, ihr gegenüber Rücksicht und Verständnis zu üben. Lernen ist nichts anderes als der Auf- und Ausbau einer Betrachter-Position, das Gewinnen und Ausstatten einer Plattform, von der aus es gelingt, sich mit dem Gegenstand aus-ein-ander-zusetzen. Dem Schüler dabei zu helfen, meint die Orientierung an ihm, meint aber zugleich, Rücksicht auf die Sache zu nehmen, sachorientiert vorzugehen. Weder dem einen noch dem anderen darf Gewalt angetan werden. *Der Lehrer muß den Schüler vor der*

Sache in Schutz nehmen, aber genauso die Sache vor dem Schüler. Der ständig neu zu gewinnenden Adäquanz der Sache im Blick auf den Schüler (≙ Schülerorientierung) entspricht die Sachorientierung, die in die Fachorientierung hinein wächst und endlich in die Wissenschaftsorientierung mündet (wobei »Wissenschaftsorientierung« hier nicht im herkömmlichen und vorbelasteten Sinn verstanden werden darf). Im Bezug auf die zu diskutierende Propädeutik ergibt sich ein eindeutiger und geradezu zwingender Auftrag für die Grundschule. Unter der Voraussetzung, daß sich der Schüler an die zu bearbeitenden Objekte anzupassen hat, daß er zum fähigen, sachkundigen Betrachter werden muß, bedarf er der Methoden und Techniken. Diese aber vermag er nur zu gebrauchen, wenn es ihm gelingt, sich selbst in den Griff zu bekommen. Er muß lernen, Fähigkeiten zu entwickeln, Tugenden auszubauen, Emotionen und Aggressionen zu beherrschen. Physikalische, chemische und technische Phänomene sind dazu in ganz besonderem Maße geeignet, weil sie durch den Beobachtenden nicht manipulierbar sind. Sie reagieren auf seine Aktionen in eindeutiger Weise.

Die in manchen Lehrplanpräambeln mit hochtrabenden Worten hervorgekehrten menschlichen Werte, die naturwissenschaftliche Unterweisung freisetzen soll (Genauigkeit; Gründlichkeit; Geduld usw.), sind viel zu allgemein, als daß man sie als notwendige sachbezogene Grundhaltungen auffassen könnte. Haney (zit. n. Tütken, 1970, 19) hat die erforderlichen Tugenden in beispielloser Klarheit dargestellt.

» *Neugier:* Das Verlangen, etwas entdecken und wissen zu wollen, angesichts neuer Situationen, in denen das vorhandene Wissen zur Beschreibung und Erklärung nicht hinreicht.
- *Rationalität:* Die Bereitschaft, für natürliche Ereignisse natürliche Ursachen zu suchen und nicht mythologische Erklärungsformen einzusetzen. Vertrauen auf wissenschaftliche Verfahren und Wertschätzung intersubjektiv überprüfbaren genauen Wissens.
- *Aufschieben des Urteils:* Die Bereitschaft, eine Schlußfolgerung hinauszuschieben, bis hinreichend Informationen gesammelt sind, um begründet urteilen zu können, und alternative Erklärungshypothesen geprüft wurden.
- *Offenheit:* Die Bereitschaft, Wissensbestände, Meinungen, Hypothesen und Schlußfolgerungen auf Grund neuer Erkenntnisse zu revidieren, entsprechende Informationen anzunehmen bzw. selbstkritisch zu erarbeiten.
- *Kritikbereitschaft:* Die Disposition, Behauptungen anderer daraufhin zu untersuchen, wie weit sie evident und durch sachbezogene Argumente begründet sind.
- *Objektivität:* Die Bereitschaft, Informationen sachbezogen zu erheben und zu interpretieren, sowie sie in intellektuell redlicher Weise Dritten mitzuteilen.«

Gewiß auch diese Eigenschaften muten hochgestochen an; sie zur Gänze zu erfüllen, gelingt kaum jemandem. Vielmehr sind sie als Permanentziele aufzufassen, denen es ständig nachzueifern gilt und ohne deren Beherzigung naturwissenschaftliches Erkennen nicht gelingt. Sie umschreiben nicht nur jene wünschenswerte und notwendige Grundeinstellung eines Beobachters zu naturwissenschaftlichen Phänomenen, sie sind zugleich wesentliche Momente einer fachlichen Propädeutik, die sich im Blick auf den Schüler geradezu darin erfüllen, ihn aus der dumpfen, unsachlichen Verwicklung mit der Natur in ein waches, fähiges und damit sachlich-fachliches Gegenüber zu führen. Die Tatsache, daß sich derartige Tugenden nicht durch Postulate, sondern allein durch tätige Auseinandersetzung mit geeigneten Phänomenen anbahnen lassen, verweist auf den engen Bezug zu den Methoden und Techniken und damit zur grundlegenden Forderung nach experimenteller Naturerschließung.

5.4 Alleingang oder Integration?

Die Frage nach der Berechtigung bzw. der Bedeutung einer fachlichen Propädeutik als Bestandteil des naturwissenschaftlichen Bereiches des Sachunterrichts ist nicht zu beantworten, wenn nicht auch das Umfeld der Zuwendungen zu den übrigen Phänomenen kindlicher Orientierung mitbedacht wird. Man sollte davon ausgehen dürfen, daß sämtliche Aspekte sachunterrichtlicher Bemühungen gleichberechtigt nebeneinander stehen, was gegenwärtig leider für physikalische, chemische und technische Aufgabenstellungen weder aus der Sicht der Lehrpläne noch aus der des Schulalltags gegeben ist.

Wenn man die Entwicklung der Sachunterrichtskonzeptionen, angefangen von denen der Heimatkunde bis zu denen der postcurricularen Epoche überblickt, dann zeigt sich – unbeeinflußt vom Hub reformierender bzw. restaurierender Wellenschläge – die Tendenz zu einer fachlich konzipierten oder integrativ vernetzten Anlage. Jede auf ein späteres Schulfach hinauslaufende Phänomenzuwendung bemüht sich unter Berücksichtigung des kindlichen Adressaten mit den zur Verfügung stehenden und ständig zu erweiternden Methoden und Techniken, eine sachlich vertretbare und fachlich stimmige Bearbeitung zu vollziehen. Da die unter dem Auftrag der Umweltorientierung besonders zu Beginn der Grundschule zu leistenden Unterrichtsaufgaben (insbesondere Sozialisierungsprozesse; Individualanpassungen an Arbeit, Ordnung, Raum, Zeit usw.) einer fachlich determinierten Sparte nur locker oder gar nicht zuzuordnen sind, besteht die Gefahr, daß der Durchbruch zu einer sachlich-fachlichen Bearbeitung, gepaart mit der immer noch lebendigen Abneigung gegen alles Fachliche, nachhaltig behindert wird. Als Rechtfertigung für diese Aversion werden neben psychologisch-pädagogischen Gründen – wobei der Begriff der »Ganzheit« reichlich strapaziert wird – gerne auch Auffassungen vertreten, die das Betrachten der Umwelt aus dem Blickwinkel der Fächer als schizophren abtun, die Komplexität der Lebensumwelt betonen, oder die vorgeben, dem »Fachidiotentum« wehren zu wollen. Gerade in der Grundschule komme es doch darauf an, dieses Spaltendenken möglichst lange hinauszuschieben und die Kinder davor zu bewahren, die »Zusammenschau« zu verpassen. Zweifellos schwingen hier neben den üblichen Resentiments gegen alles Naturwissenschaftliche auch Auffassungen aus der Heimatkunde und der ihr zugrundeliegenden volkstümlichen Bildungskonzeption nach.

a) Der aristotelische Irrtum

Die Wurzeln für eine solche Haltung reichen jedoch tiefer. Sie bestimmen seit der Gegenaufklärung jene anti-fachliche Grundeinstellung, die in der nicht vollzogenen Abkehr von der aristotelischen Natursicht bis in unsere Tage hineinwirkt. Spätestens seit Galilei wissen wir, daß sich Natur und Umwelt nicht durch die Suche nach einem alles regierenden Prinzip verstehen lassen, das dann das Einzelfaktum mühelos erklärt, sondern daß sich alle Phänomene, denen sich der Mensch ausgesetzt fühlt, nur dadurch begreifbar machen lassen, daß sie im Detail erforscht, verglichen und in Beziehung gesetzt, zu größeren Sinnganzen geordnet, allmählich ein Bild ergeben, das man mit größter Vorsicht als Zusammenschau bezeichnen könnte. Zu glauben, man müsse sich der Komplexität stellen, weil Umwelt eben komplex sei und das Zergliedern dieses komplexen Erscheinungsbildes ihr Wesen verfälsche, bedeutet die Wiedergeburt des aristotelischen Irrtums in maßloser Überschätzung menschlicher Fähigkeiten. *Natur und Mensch lassen sich nicht als »Ganzheit« erfassen, auch wenn sie uns als solche gegenübertreten.* So überwältigend die Begegnung mit Natur und Mensch in dieser Ganzheitlichkeit auch sein mag, sie versetzt den Betrachter in Ohnmacht, aus der er sich nur zu befreien vermag, wenn es ihm gelingt, sich der Fülle zu erwehren, sie zu entwirren, sie im Einzelnen aufzusuchen. Der Mensch ist von Anfang an darauf angewiesen, analysierend seine Umwelt zu erarbeiten. Diese Analyse verweist ihn auf die Fächer, die ihm den Weg dazu zeigen.
Allerdings – und darum müht sich Schule und Unterricht – muß das »Auf-den-Weg-bringen« behutsam geschehen. Wir wissen nur zu gut, was Eile, Ungeduld, Überschätzung und Eitelkeit insbesondere im Blick auf den endlosen Weg bewirken. Es geht aber nicht darum, ans Ziel zu kommen, es geht darum, unterwegs zu sein. Das gilt für alle Gebiete schulischer Arbeit gleichermaßen.
Was trägt dies für die Beantwortung der eingangs gestellten Frage nach der Bedeutung des Umfeldes anderer fachlicher propädeutischer Absichten bei?

b) Umwelt – keine Kiste zum bloßen Auspacken

Wagenschein (1965, 121) hat davor gewarnt – und dieser Rat ist auf alle Fächer übertragbar –, Natur (bzw. den jeweiligen Fachgegenstand) als eine »Kiste« zu betrachten, die einfach ausgepackt werden müsse. Es gehe nicht so sehr darum, den Inhalt zu ergründen, sondern um die »Tätigkeit des Auspackens« selbst, weil »die Art unseres Hineingreifens in die Kiste mit dafür bestimmend ist, was dabei herauskommt«. Weil nun jede fachliche Zuwendung auf ihre Art sich an dieser Kiste bedient, ist das Spektrum dieses unterschiedlichen Hineingreifens insgesamt von Wichtigkeit. Anders ausgedrückt: eine auf fachliches Zugreifen angelegte Propädeutik ist wertlos, wenn sie nicht durch andere propädeutische Absichten ausgeglichen, ergänzt, relativiert oder gar in Frage gestellt wird. Die Grundschule bedarf eines solchen Fächers grundlegender Aspekte, weil nur durch deren Miteinander und Gegeneinander das komplexe und letztlich falsche Bild vermieden werden kann. In der Primarstufe ist das Klima für diese aspektverschiedene Bearbeitung in nebeneinanderstehenden Propädeutiken besonders günstig. Einmal sind die gestellten fachlichen Aufgaben von den Inhalten her gesehen unkompliziert, zum andern sind die dazu benötigten Methoden und Techniken noch so einfach oder ohne große Schwierigkeiten erlernbar, daß der Zugriff in aller Regel gelingen kann. Auch das Klassenlehrerprinzip und der aus verschiedenen Aspekten bestehende, als ein Fach auftretende Sachunterricht dürften dazu beitragen.

c) Integration statt Addition

Zwischen- oder überfachliche Vorhaben neigen gerne dazu auszuufern, an Überblickbarkeit zu verlieren, letztlich dann doch einseitig bemeistert zu werden, weil die Bearbeitungskompetenz infolge einer zu großzügigen Addition verschiedener Aspekte nicht zureicht. Es gibt wohl nichts Schwierigeres, als Unterrichtsaufgaben zu finden, die bescheiden und von mehreren fachlichen Perspektiven aus gleich gewinnbringend gelöst werden können. Das damit gemeinte integrative, auf das Zusammenwirken einzelner fachlicher propädeutischer Ansätze fußende Vorgehen, keinesfalls als Neuauflage des Gesamtunterrichts verstanden, ist ein wünschenswertes, grundschulgeeignetes, aber schwierig zu meisterndes Unterfangen.

Nochmals Inhalte

Wagenscheins Vergleich mit der Kiste, aber auch andere seiner Aussagen (z. B. 1965, 309) haben zu der Fehlinterpretation geführt, als ob es gleichgültig sei, was man bei dem Griff in die Kiste am Ende in den Fingern hielte, als ob der Gegenstand zweitrangig sei, wenn dabei nur die Art und Weise des Hineingreifens fachlich angemessen, aspektartig erhellend, spezifisches Denken eröffne. Ganz abgesehen davon, daß man eine solche Auffassung Wagenschein niemals unterstellen kann, spiegelt sich in ihr doch die Fehleinschätzung aller inhaltlichen Bezüge als vorrangiger Faktor einer fachlichen Propädeutik wider. Sich zunächst an den Stoff zu klammern, wenn es um Propädeutik geht, ist ein ebenso gravierender Fehler, wie zuerst an Methoden oder aber doch »immer zuerst« an das Kind zu denken. Stoffliche Vorgaben lassen sich nur machen, wenn sie im *Spannungsfeld Kind – Zugriff – Sache* (diese Reihung bedeutet keine Rangordnung) gegeneinander abgewogen werden und dabei Gewicht beweisen.

Es soll versucht werden, die Position der Inhalte unter dem Einfluß der beiden anderen Kriterien zu formulieren: Ein Gegenstand physikalischer, chemischer oder technischer Auseinandersetzung bedarf absoluter Zugänglichkeit, d. h. er muß in der kindlichen Umwelt eine Rolle spielen, muß motivierend genug sein, indem er erfahrbar, auslösbar, wiederholbar ist. Diese notwendigen Eigenschaften zeigt er meist nur dann, wenn er isolierbar ist, d. h. wenn das durch ihn repräsentierte Phänomen nicht oder in nur geringem Maße durch andere Erscheinungen überdeckt ist. Ferner muß der Gegenstand den erforderlichen Zugriff gestatten. Es erhebt sich also die Frage, inwieweit er durch problemlösendes Verfahren mit Hilfe vorhandener, auszubauender oder neu zu erwerbender Techniken unter möglichst klein zu haltendem Anteil an bloßen Informationen aufzubrechen ist. Sind die verschiedenen Bereiche in genügendem Maße repräsentiert, verleitet ein Objekt nicht zu einseitiger – zwar wünschenswerter – Vertiefung, versperrt damit aber zugleich andere Orientierungen? Wie ist es um die Wirkung auf den Beobachter bestellt? Läßt die Wahl der Aufgabe es zu, daß sich der Aspekt seiner Weltsicht schärfen kann, daß sich eine Betrachterposition ausformt, daß Einstellungen, Reaktionen, Verhalten, Tugenden, das Denken in der Weise verändert, wie wir es von einem Gebildeten erhoffen? In welcher Weise unterstützen, ergänzen, widersprechen andere integrierte fachliche Zugänge das Vorhaben? Inwieweit kommt der Betrachter dadurch in die Lage, das Nebeneinander zweier oder gar mehrerer Standpunkte anzunehmen, zu verstehen?

Das sind keine einfachen Fragen. Man muß sich aber bemühen, eine Antwort zu finden, wenn Inhalte in Abhängigkeit zum Kind und dessen möglichem Zugriff ausgewählt werden sollen. Magnete beispielsweise gehören sowohl in die Welt des Spielzeugs als auch in die haustechnische Nutzanwendung und lassen deshalb genügend Umgangserfahrung erwarten. Sie sind isolierbar, lassen sich nebensächlichen Beiwerks entkleiden und stehen jederzeit zur Verfügung. Ferromagnetische Erscheinungen, wie die Wirkung durch andere Stoffe hindurch, Anziehung und Abstoßung, die Pole, die bloße Feststellung, welches Material angezogen wird und welches nicht, lassen sich probierend-experimentierend erfahren. Neben dem rein phänomenologisch-physikalischen Sachverhalt ist die technische Nutzanwendung gefragt: Wo werden Magnete benützt, um bestimmte Haltefunktionen auszuüben? Und da taucht schon wieder die Gefahr auf, der enzyklopädischen Versuchung zu erliegen, damit zugleich die grundschulrelevante Basisarbeit zu verlassen und andere Unterrichtsaufgaben zu behindern: Magnetisieren und Entmagnetisieren, das Finden der Stellen größter Anziehung, Unteilbarkeit des Magneten, ... halt! Hier beginnt sich die Sache zu verselbständigen! Wo bleibt der auf möglichen Zugriff angewiesene Schüler?

Magnete haben etwas Faszinierendes an sich. Die Tatsache, daß Kinder damit immer wieder spielerisch hantieren können, verrät die von diesem Phänomen ausgehende suggestive Kraft. Bei bescheidener aber bewußter Betrachtung wird dem Lernenden intuitiv klar: hier liegt etwas höchst Merkwürdiges vor, das bestimmte Eigenschaften besitzt, die sich benützen lassen, die aber keineswegs immer funktionieren (bei Nicht-Eisenmetallen). Damit ist die Betrachterposition verändert, die sich erneut ausformt, wenn ein anderer integrierbarer fachlicher Aspekt hinzutritt: Orientierung im Gelände durch den Kompaß. Wer curricularen Sachunterricht miterlebt hat, der wird zugeben, daß mancher Lerninhalt ein Volltreffer gewesen ist. Man frage sich, woran das wohl lag! Gelingt es, diesen Erfolg in seinen Bedingungen zu rekonstruieren, dann werden diese eben aufgeworfenen Fragen eine relativ einfache Antwort erhalten: es lag aus der Sicht des Unterrichtsinhalts an der Tatsache, daß es sich um elementare Urphänomene gehandelt hat, deren Aufsuchen, Auskosten, Hantieren, Überlegen, Probieren, das damit Experimentieren und Anwenden Spaß bereitet hat. Die Arbeit enttäuschte aber immer dann, wenn Deutungen, Erklärungen, Einordnungen gewollt waren, für die aus dem Erfahrungsschatz und dem gefestigten Wissen der Kinder die Voraussetzungen fehlten: in unserm Beispiel die Unteilbarkeit eines Magneten, Kraftlinien, das magnetische Feld, die Erde als Magnet. Das von Wagenschein so oft gegeißelte »von oben nach unten« hat in der Zwangsjacke curricular strukturierter Lehrpläne eine geradezu grausame Bestätigung erhalten, weil es zwar »Propädeutik« meinte, aber diese zugleich torpedierte.

5.5 Resümee: Propädeutik und grundlegende Bildung

Beim Nachdenken über das, was Umweltorientierung einerseits und fachliche Propädeutik andererseits denn so Unterschiedliches wollen, fällt es schwer, die beiden auseinander zu halten. So soll der Leser dazu angeregt werden, darüber nachzudenken, ob denn diese Doppelaufgabe wirklich existiert. Ist sie nicht vielmehr mit den beiden Seiten ein und derselben Münze vergleichbar, oder mit den zwei Köpfen des Doppeladlers, die einem gemeinsamen Leib entwachsen?

Propädeutik ist ein Akt pädagogischen Handelns. Sie will versuchen, dem Lernenden aus der Verflechtung mit seiner Umwelt herauszuhelfen und ihn in ein Gegenüber zu dieser Welt zu führen. Diese Auseinandersetzung ist nur möglich, wenn es gelingt, die Position des Beobachtenden zu ändern, ihm zu helfen, die Welt statt mit bloßen Augen mit aspektartig geschärften Brillen zu betrachten, um so mit ihr zurechtzukommen. Daraus folgt, daß Orientierung an und in der Umwelt im Grunde nichts anderes bedeutet als Propädeutik.

Die Grundschule hat nicht allein den späteren Fachwissenschaftler vorzubereiten (wohl auch ihn), sie versucht vielmehr den immerwährenden Prozeß einzuleiten, der Menschen dazu befähigt, mit einer Welt fertig zu werden, die nur aus Fachaspekten heraus verstehbar ist.

Es ist nicht einfach, Bilanz zu ziehen; zu voll ist der Sack, der am Ende zugebunden werden muß. Aber vielleicht sollten wir, ehe wir den Knoten machen, uns überlegen, was oben aufzulegen ist, damit derjenige, der das Bündel wieder aufknüpfen muß, zugleich das Wesentliche findet.

Worum geht es in all unseren Bemühungen? Es geht um das Veränderbare, das Gestaltbare, das Bildbare – den Lernenden. Er ist es, der bewegt werden kann, der bewegt werden muß. Was ihm die Natur als Lerngegenstand dabei antut, was sie von ihm fordert, was sie ihm schenkt, hinterläßt jene Spuren, die wir Bildung nennen. Propädeutik eröffnet uns die Möglichkeit dazu.

Ist nicht die ihr landläufig zugebilligte Übersetzung als »Vorschule, Vorübung, Vorbereitung« zu bescheiden und zu einseitig gefaßt? Da »pro« nicht nur »vor« sondern auch »für« heißen kann, παιδεία nicht nur »Schule«, sondern auch »Bildung« bedeutet, wäre es da nicht ein Vorschlag zur gütlichen Bereinigung, *Propädeutik* künftig mit *»für die Bildung«* zu interpretieren?

Aber damit sind wir schon wieder bei der unseligen Begriffsklauberei, die wir eingangs beklagt haben. Halte jeder, wie er's wolle, aber verstehe er's recht!

Herbert F. Bauer

6. Grundlegende Erschließung der Lebenswirklichkeit des Kindes mit fachlicher Hilfe

6.1 Lebenswirklichkeit des Kindes – die neue Mitte des Sachunterrichts?

Auf den ersten Blick erscheint es unerwartet einfach. Die Frage, was das zentrale Anliegen des Sachunterrichts sei, läßt sich scheinbar eindeutig und knapp beantworten; trotz aller regionalen Unterschiede in bildungspolitischen Grundpositionen, trotz widersprüchlicher Veröffentlichungen in den letzten Jahren, trotz vieler Schritte vor und zurück in der Praxis des Unterrichts:
»Eine zentrale Aufgabe des Sachunterrichts besteht in der *Hilfe*, die er dem Schüler *bei der Erschließung seiner Lebenswirklichkeit* gibt« (zit. n. Einsiedler/Rabenstein 1985, 118) – so hatten die Kultusminister der Bundesländer 1980 formuliert, und die Lehrpläne folgten dieser Formel weitgehend.
In Niedersachsen heißt es, »der Sachunterricht hat die Aufgabe, dem Schüler Ausschnitte der *Lebenswirklichkeit* zu erschließen, soweit sie für ihn bedeutsam und zugänglich sind (S. 5); in Hamburg steht als Aufgabe, »einen Beitrag zu leisten, mit den Kindern diejenigen Sachverhalte ihrer ... Umwelt zu klären, die sie betreffen« (S. 1). Bayern formuliert, »das Fach ... unterstützt und fördert das Hineinwachsen des Kindes in seine *Lebenswelt* ...« (S. 609), Baden-Württemberg setzt als Ziel, »den heranwachsenden Menschen zunehmend zu befähigen, am Leben teilzuhaben und seine *Lebensbezüge* differenziert zu verstehen (S. 134). Nach hessischen Vorgaben soll das Lernen im Sachunterricht »zur Erschließung von Aspekten der *Lebenswirklichkeit* führen mit dem Ziel, die Schüler zu Mitarbeit, kritischer Stellungnahme und sozialer Initiative zu befähigen« (S. 15).
Sieht man zunächst davon ab, das recht konstruiert erscheinende Wort »Lebenswirklichkeit« sprachanalytisch zu untersuchen, und unterstellt man einen konsensfähigen Bedeutungshof, so lautet die Frage für den Unterrichtenden: Wie kann Sachunterricht die Lebenswirklichkeit der Kinder erschließen bzw. wie kann er dazu beitragen, entsprechende Hilfe leisten? – weil selbstverständlich nicht der Unterricht allein und auch nicht als erster das Erschließen zu leisten hat.
Handelnd? Im Lernen vor Ort? Fachgerecht oder spielerisch? Kritisch, situativ, ganzheitlich?
Und nach welchen Kriterien, vielleicht auch nach welchem System werden aus der Fülle von Wirklichkeitselementen diejenigen ausgewählt, die besondere Bedeutung haben? Nach der Betroffenheit, wie eine Angabe lautet? Nach der räumlichen Nähe? Exemplarisch? Kategorial? Oder zufällig?

Diese Fragen und eine Auswahl aus der Fülle möglicher Antworten sind hier bewußt provokativ aufgeworfen. Sie sollen zeigen, wie differenziert, wie vielfach verflochten didaktische Aussagen bereits vorliegen und bedacht werden müssen, wie aussichtslos es andererseits auch ist, allen Forderungen gerecht zu werden, die sich mit solchen Fragen verknüpfen.

In Konsequenz dieser Überlegungen werden zunächst vier beschränkende Entscheidungen getroffen:

a) Die weiteren Ausführungen gelten überwiegend dem sozial-kulturellen Teilbereich des Sachunterrichts (soweit er sich von einem naturwissenschaftlichen Bereich überhaupt trennen läßt).

b) Antworten auf die Frage, wie sinnvoll dazu beigetragen werden kann, kindliche Lebenswirklichkeit zu erschließen, sollen zunächst versucht werden durch einen Rückblick auf fachdidaktische Literatur zum Sachunterricht nach 1970.

c) Die immanente Annahme, solch erschließender Unterricht werde zu Recht als »grundlegend« betrachtet, soll weiter überprüft werden.

d) Die folgenden Ausführungen gründen sich in der Annahme, daß »fachliches Denken« – ein Begriff, der zu untersuchen und deutlich zu machen ist – zum Erschließen der Wirklichkeit einen wichtigen Beitrag leistet. Allerdings erscheint diese Position gegenwärtig umstritten, gilt gelegentlich sogar als überholt. Sie zu entwickeln und zu begründen, bedarf besonderer Aufmerksamkeit.

6.2 *Fachliche Orientierung: Ja oder nein? Fragen an die Fachdidaktik unter den Aspekten »Didaktische Aussage – Bildungspolitik – Lehrpläne«*

6.2.1 Zugriff I: Zwei Aussagen eines Didaktikers im Abstand von einigen Jahren

Gibt es übergeordnete Maximen für die Gestaltung von Sachunterricht? Welche Rolle spielt der »fachliche Bezug« dabei, der »Gegenstand«, die »Wissenschaft?« Ein erster Blick gilt dem Didaktiker.

1971:

»... Ein auf Sachkenntnis abzielender Unterricht – und das ist auch der Sachunterricht in der Grundschule, muß sich um *gegenstandsspezifische Lernweisen bemühen* ...

Für den Sachunterricht jeder Schulstufe ist deshalb die Orientierung an den Forschungs- und Darstellungsmethoden der Bezugswissenschaft unerläßlich ...« (Rabenstein 1975 a, 9; 1. Aufl. 1971).

1985
»... Zur Zeit wird der Begriff (»grundlegendes Lernen« im Sachunterricht – Vf.) *mehr lebens- als schul- und fachbezogen* verstanden: ...
Ein solches Verständnis schließt den Aspekt grundlegender fachlicher Bildung keinesfalls aus (wenn dieser auch, wie ausgeführt, von eingeschränkter Bedeutung ist ...)« (Rabenstein 1985, 21).

Sichtlich ist in den vergangenen Jahren ein Wandel eingetreten. Die theoretischen Ausführungen der Fachdidaktiker – und der Zitierte steht hier nur stellvertretend für viele seiner Kollegen – spiegeln, wie sich die Schwerpunkte verlagert haben. Indes formuliert nicht jeder so behutsam wie der genannte Autor, der mit Wendungen wie »zur Zeit« und »schließt keinesfalls aus« noch Offenheit für Diskussion und Entwicklung signalisiert.
Die meisten Äußerungen der aktuellen Literatur zum Sachunterricht sind kompromißloser: die Bezugsfächer und gar die Bezugswissenschaften sind nicht von ausschlaggebender Bedeutung; nicht für die Inhalte, nicht für die Begriffe, nicht für die Verfahren.
Woher dieser Wandel? Wer verursachte ihn, welche Gründe waren maßgebend?

6.2.2 Zugriff II: Blick auf zwei ausgewählte bildungspolitische Leitaussagen

Im Abstand von zehn Jahren wurden von übergeordneten Gremien für den Sachunterricht in der Bundesrepublik die beiden folgenden Aussagen veröffentlicht, erarbeitet in langwieriger Diskussion und als Kompromiß divergenter Grundpositionen. Ihr Zweck: der Schule und allen beteiligten Entscheidungsträgern aufzuzeigen, wie Unterricht sinnvoll begründet und gestaltet werden kann:

Deutscher Bildungsrat 1970
»... Eine für den Unterricht im Primarbereich neue Akzentuierung ist die prinzipielle *wissenschaftliche Orientierung* der Lerninhalte und Lernprozesse. Sie ergibt sich aus dem Grundsatz, daß kein *Wesens- und Wertunterschied* zwischen den Lernprozessen am Anfang oder am Ende der Lernstufen besteht, wiewohl sie sich in der Methode der Vermittlung, der Differenzeinheit des Schülerverhaltens und der Form der Problemstellung selbstverständlich erheblich unterscheiden werden ... Dabei können die Arbeitsformen, die diese Fähigkeiten entwickeln, entsprechend

dem Entwicklungsstand der Kinder durchaus einen spielartigen Charakter haben, so daß die Kinder zum Mittun und Mitdenken angeregt werden ...
Wissenschaftliches Lernen im Primarbereich heißt darüber hinaus: *neue Inhalte.* Die Anfänge der Naturwissenschaften, der Sozialwissenschaften sowie eine moderne Mathematik und Sprachlehre müssen in elementarisierter Form Eingang in den Primarbereich finden. Anknüpfungspunkte dafür sind in den Lernerfahrungen der Kinder zu suchen. Die Möglichkeit, anspruchsvoll arbeiten und im Unterricht auch schwierige Fragen behandeln zu können, ist für das in seiner Umwelt neuen und wechselnden Reizen ausgesetzte Kind auch eine Befreiung. Die Kinder dürfen in ihrer kognitiven Entwicklung nicht zurückgehalten werden, und sie müssen die Freude an der Entdeckung neuer Lernmöglichkeiten erleben können ...« (Deutscher Bildungsrat 1972, 133; 1. Aufl. 1970).

Kultusministerkonferenz 1980
»... Die konkreten Lebenserfahrungen der Schüler in ihrer Umwelt rücken stärker in den Mittelpunkt des Unterrichts und bilden die Grundlage weiterführender Lebensprozesse ...
Die Erhaltung des natürlichen Interesses der Schüler an Phänomenen ihrer Umwelt ist von zentraler Bedeutung ...
›Wissenschaftsorientierung‹ wird vor allem als ein kontinuierlicher Prozeß verstanden, in dem spontane Erfahrungen, Vermutungen und Meinungen der Schüler allmählich in methodisch überprüfbare und gesicherte Erkenntnisse übergeführt werden.
Dabei wird auf die *Ableitung fachwissenschaftlicher Lehrsätze, Strukturen und Methoden aus dem Ordnungssystem der Einzelfächer verzichtet,* da sie nur geringen Bezug zur Umwelt der Schüler haben, nicht sinnvoll in das kindliche Wissen eingefügt werden können und daher auch keinen Beitrag zum besseren Verständnis der Lebenswirklichkeit zu leisten vermögen.
Fachliche und fachwissenschaftliche Erkenntnisse und Erkenntnismethoden haben für den Sachunterricht der Grundschule nur eine dienende Funktion; sie gewährleisten die sachliche Richtigkeit der vermittelten Einsichten und Fertigkeiten soweit es sich um nachprüfbare Sachverhalte handelt ...« (zit. n. Einsiedler/Rabenstein 1985, 120f.).
Gegensätze werden deutlich sichtbar; sie sind in der Zwischenzeit noch größer geworden. Keine Frage, unter solchen Richtungsangaben mußten sich Lehrpläne, Medien, Unterrichtsgestaltung tiefgreifend verändern.
Offenbar sind es also doch nicht Pädagogen und Didaktiker, die die Lehrer veranlassen, bisher als gesichert geltende Unterrichtskonzepte zu verwerfen, um sich neue zu

erarbeiten? Sind also es die Politiker – und aus welchen Gründen diese? – deren Entscheidungen die Didaktiker veranlassen, neue Positionen zu entwickeln?
Aber die Politiker werden wiederum auch von Pädagogen beraten ... In der Liste der Mitarbeiter am Strukturplan 1970 lesen sich immerhin Namen wie Hans Aebli, Hartmut v. Hentig, Ferdinand Kopp, Ilse Lichtenstein-Rother, Klaus Mollenhauer, Alfons Otto Schorb ...
Nein, diese Form des Fragens erwartet und erbringt keine Antworten. Aber sie macht Zusammenhänge sichtbar, die offengelegt bzw. in Erinnerung gerufen werden müssen, um die weiteren Ausführungen verstehbar zu machen.
Normative Aussagen, von Pädagogen, Didaktikern, Wissenschaftlern vertreten, haben – zu allen Zeiten – ihre forschungsgeschichtlichen *und* ihre gesellschaftlichen bzw. politischen Bedingungen. Sie können keinen Absolutheitsanspruch erheben, sind nicht Dogma oder Glaubensinhalte, sind nicht ungefragt zu übernehmen und auf die Ebene des Unterrichts zu übersetzen. Didaktische Handlungsweisen von heute sind gesetzliche Haltepunkte in vielschichtigen Prozessen zwischen gestern und morgen; Zwischenergebnisse, revidierbare und revidiert werdende Entscheidungen in wissenschaftlichen und politischen Entwicklungen. Sie sind damit Aufgabe, Anlaß zur Reflexion, Überprüfung, Weiterentwicklung – auch und gerade durch Lehrer in der Schulpraxis.

6.2.3 Zugriff III: Ausgewählte Lehrpläne zum Sachunterricht in den Bundesländern

»*Grundlegendes* Lernen« im Sachunterricht – wie anerkannt ist dieser Begriff gegenwärtig, und was beinhaltet er konkret? Ist er bundesweit geläufig, fest definiert oder frei interpretierbar? Auf welche Jahrgangsstufen wird er angewandt, für welche Inhalte gebraucht? Gilt er den Begriffen, den Methoden, den Erkenntnissen?
Ein Blick auf die Lehrpläne dazu:

Baden-Württemberg

»... *Grundlegung* schulischen Lernens im Anfangsunterricht.
Der Anfangsunterricht knüpft an die Erfahrungen und Kenntnisse der Kinder an, die sie aus dem Elternhaus und Kindergarten mitbringen. Ihm kommt eine Schlüsselstellung für das weitere Lernen zu ...
Fächerübergreifendes Lernen ist unter Beachtung sachspezifischer Arbeitsweisen und inhaltlicher Aufbaufolgen durchgängiges Prinzip ...« (Bildungsplan für die Grundschule Baden-Württemberg, 1984, 13).

Bayern

»... Heimat- und Sachkunde beschränkt sich auf *grundlegende* und für das Kind bedeutsame Lernziele und -inhalte ...
Heimat- und Sachkunde ist in den ersten beiden Jahren Teil des *grundlegenden* Unterrichts ...« (Lehrplan für die Bayerischen Grundschulen 1981, 609).

Hamburg

»... Da sich die intellektuellen Fähigkeiten des Grundschülers erst allmählich ausbilden, ist im Lernbereich »Gesellschaft« ein Unterricht erforderlich, der sich auf einfache, *grundlegende* und für das Kind durchschaubare Gegenstände und Zusammenhänge beschränkt. Dabei muß sich der Pädagoge des Problems bewußt sein, daß eine elementarisierte Erarbeitung und Darstellung des Sachverhalts nicht fachwissenschaftlichen Erkenntnissen und Methoden widersprechen darf ...« (Lehrplan Gesellschaft im Sachunterricht der Grundschule Hamburg 1979, 6).

Hessen

»... Wissenschaftsorientierung als Methodenorientierung ist »vor allem auf die Lernprozesse zu beziehen, mit denen im Schulunterricht Verhaltensweisen und Fähigkeiten erworben werden, die den Schüler in seiner Initiative zum Lernen bestärken. Diese Verhaltensweisen und Fähigkeiten sind an *grundlegenden* Methoden, wie sie für die wissenschaftliche Forschungshaltung bestimmend sind, zu orientieren ...
Diese Lernsituationen können nicht unmittelbar aus fachlichen Strukturen abgeleitet werden. Sie müssen an Realsituationen aus dem Erfahrungsbereich der Kinder anknüpfen und wieder in sie münden ...« (Rahmenrichtlinien Sachunterricht, Aspekt Gesellschaftslehre – Hessen 1979).

Nordrhein-Westfalen

»... Die Kinder müssen in allen Fächern die für das weiterführende Lernen *grundlegende* Kenntnisse für das Rechnen, Schreiben und Lesen erwerben ...« (Richtlinien Grundschule Nordrhein-Westfalen 1985, 12).

Schleswig-Holstein

»... Ausgehend von ihren Erlebnissen und Erfahrungen aus der engeren Heimat führt der Unterricht (Heimat- und Sachunterricht – Vf.) die Schüler in die *grundlegenden* geschichtlichen, sozialen und natürlichen Gegebenheiten des Gesamtraumes Schleswig-Holstein ein ...« (Grundschule. Übersicht zu den Lehrplänen in Schleswig-Holstein 1986, 22).

Zusammenfassend läßt sich festhalten: Es gibt den Begriff *»grundlegendes Lernen«* für den derzeitigen Sachunterricht in der Bundesrepublik, wenn auch interpretierbar, nicht festgelegt, mit Bandbreiten und Deutungsspielräumen. Und das Wort *»Grundlegung«* bezieht sich auf die Zukunft, für die grundgelegt wird: die nahe Zukunft in den folgenden Grundschuljahren, die Zukunft des traditionell gefächerten »Realunterrichts« in den weiterführenden Schulen und auf die Zukunft des späteren Lebens.

In der Mehrzahl tendiert das Begriffsfeld mehr zu den grundlegenden Arbeitsmethoden, -formen, -verfahren oder -weisen als zu den Inhalten, noch weniger zu den Fachstrukturen oder gar der Fachsprache. Doch auch das läßt sich finden, in Rheinland-Pfalz zum Beispiel, wo eine Forderung steht, die allen Bundesländern Anliegen sein sollte:
Erst nach spontanem und freien Sprechen in der Umgangssprache »sollten schließlich *elementare Fachbegriffe* eingeführt werden, ohne je den unmittelbaren Bezug zur Umgangssprache und zum Sprachvermögen der Kinder aufzugeben. Auf diese Weise gewinnt das Kind erste Einblicke in die Vorzüge beider Sprachen, in die Plastizität der Umgangssprache und in die Präzision der Fachsprache . . ., denn hier, im Übergang von animistischer, anthropomorpher Sprechweise zur präzisen Fachsprache kann den Kindern behutsam und exemplarisch bewußt gemacht werden, wie sich mit dem verändernden, sachlichen Zugriff der Sprache auch die Wirklichkeit anders darstellt . . .« (Lehrplan Sachunterricht – Rheinland-Pfalz 1984, 6).

6.2.4 Zwischenbilanz

Um 1970 war eine stürmische Entwicklung von Ideen, Curriculumplanungen, Veröffentlichungen, Materialien über die seit 50 Jahren »bewährte« Heimatkunde hereingebrochen; ausgewogene und überspannte, praxisnahe und hochtheoretische, überstürzte, emotionsgeladene, solide und lebensferne Publikationen hatten den Markt überschwemmt und auch gutwillige Leser ertränkt.
Um 1980 legten sich die Wogen wieder. Heute verstauben viele der vor kurzem noch brisanten Publikationen in Bibliotheken, sind im Handel vergriffen, geraten in Vergessenheit. In vielen Fällen zu Unrecht.
Sicher trifft der Vorwurf, vieles sei übereilt gewesen, einseitig, unrealistisch in den Vorschlägen der 70er Jahre. Aber ebenso trifft die Wertung, vieles habe Engagement, Originalität, Verantwortung, Weiterführung gespiegelt. Unter der neuen Mitte des Sachunterrichts, grundlegende Hilfe zu Erschließung der Lebenswirklichkeit zu leisten, gilt es noch einmal zu überprüfen, was an Vorschlägen zur Ablösung der Heimatkunde entwickelt worden war.
Es gilt unvoreingenommen und kritisch abzuwägen, was aus der Sicht einer weiterentwickelten Fachdidaktik Bestand haben könnte, und was sich zu relativieren, zu ergänzen, zu modifizieren lohnt unter der Bestimmungsgröße »Lebenswelt des Kindes«.

6.3 *Rückblick auf die Entwicklung in den 70er Jahren*

6.3.1 Didaktische Orientierung an den Fächern der weiterführenden Schulen

Einige Bundesländer übernahmen die Fächerbezeichnung der weiterführenden Schulen (Erdkunde, Geschichte usw.) als Aspekte des Sachunterrichts in die Grundschule. Die Isolierung der Fächeranteile dominierte, eine geforderte »integrative Planung« wurde vernachlässigt. Unterrichtsinhalte und neue fachliche Methoden überforderten viele schwächere Schüler (wie die Lehrer) – von den ersten Schulbüchern im Sachunterricht kräftig mitbedingt. Fachdidaktiker als Experten ihrer Fächer bestimmten die Diskussion, koordinierende Gespräche zwischen ihnen gab es kaum – eine frühe Ausnahme stellte sicher der Band »Fachgemäße Arbeitsweisen in der Grundschule« dar (Bauer u. a. 1971). Versucht man die Phase der Fächerorientierung aus heutiger Sicht zu beurteilen, kann man immerhin drei unterscheidbare positive Ansätze aufzeigen:

a) Die *Struktur* der Fachdisziplinen (grob übersetzt aus »structure of the discipline«, Bruner 1970) wurde jedenfalls ansatzweise herausgearbeitet und für die Schule angeboten.
b) Die wichtigsten *Methoden* (Verfahren, Arbeitsweisen) der jeweiligen Bezugsfächer und -wissenschaften wurden analysiert und auf ihre Anwendbarkeit im Sachunterricht überprüft.
c) Solche *Inhalte* der Fächer und Wissenschaften wurden ansatzweise herausgearbeitet, die sowohl für die Wissenschaftsdisziplinen als zentral galten, wie für die Schule besonders bedeutsam erschienen.

6.3.2 Einflüsse aus der bildungspolitischen Diskussion Anstöße aus den USA

Vielfach ist heute wieder in Vergessenheit geraten: Nicht nur im naturwissenschaftlichen Bereich, wo Spreckelsen und Tütken mit ihren begriffs- und verfahrensorientierten Ansätzen so überwältigende Anfangserfolge hatten (Tütken/Spreckelsen 1970), auch im sozialwissenschaftlichen Bereich kamen die entscheidenden Anstöße zur Reform des Sachunterrichts aus den USA. Die staatlich gewährten großzügigen Subventionen für die naturwissenschaftliche Curriculumentwicklung, u. a. ausgelöst durch den sog. Sputnik-Schock 1957, begünstigten zunächst auch die sozialen Nachbardisziplinen, dann aber verursachten problemgeladene gesellschaftliche Entwicklungen in den USA (Rassenunruhen, Studentenproteste, Anti-Vietnambewe-

gung, alternative Jugendkultur ...) eine tiefgreifende Verunsicherung in dem traditionell festgefügten Gesellschaftssystem und lösten verstärkt Bemühungen im sozialen Bereich der Erziehung aus. Insbesondere an dem Symbolprodukt »Sesamstraße«, dem inzwischen in über 60 Ländern verbreiteten, aufwendigsten Versuch in der Menschheitsgeschichte, Chancengleichheit kompensatorisch zu schaffen, ist bis heute auch bei uns ablesbar, welche curriculare Einflußnahme im sozialwissenschaftlichen Bereich man für machbar hielt und wie man Technologien dafür dienstbar machte (Feinstein 1972).
Im engeren Bereich des Sachunterrichts wurde in den USA eine Vielzahl von Curricula für die »Social Studies« neu entwickelt, Wulf nennt insgesamt sechsundzwanzig (Wulf 1974, 177ff.). Einzig das Bundesland Nordrhein-Westfalen reagierte auf diese US-Einflüsse direkt und wies im Lehrplan Sachunterricht von 1969 »Soziale Studien« aus – allerdings so übereilt und ohne Theoriefundierung, daß Kritiker sie schnell als »Soziale Studien ohne soziales Lernen« ablehnten (z. B. Holtmann 1971, 15ff.).

Anstöße aus der Pädagogik in der Bundesrepublik
Was die sozialwissenschaftlich orientierten Curricula in den USA aus ihrer positivistischen Grundorientierung vernachlässigten, nämlich die gesellschaftspolitische Komponente »Erziehung zur Demokratiefähigkeit« zu betonen, geschah intensiv und engagiert in Deutschland. Unter dem Einfluß der »kritischen Sozialwissenschaften« (Frankfurter Schule) rückten Grundschulpädagogen wie insbesondere Ackermann, Beck, Claußen jene sozialwissenschaftlichen Kategorien in den Vordergrund, die sie als vordringlich und unverzichtbar in der Bildung des *mündigen Staatsbürgers* ansahen: Information und Meinungsbildung – Rollenverhalten – Konfliktbewältigung, Macht und Kontrolle (vgl. G. Beck u. a. 1971). Die elementare *politische Bildung* in der Grundschule wurde zum Schwerpunkt des sozialwissenschaftlich orientierten Sachunterricht erklärt, insbesondere in den Hessischen und den Hamburger Lehrplänen.
Eine heftige Kritik brachte auch für diesen Ansatz in den meisten Bundesländern schnell die Revision: Die trotz aller Betonung von Handlungs- und Kindrelevanz doch große Theorielastigkeit mancher Vorschläge, aus engagierten Aufklärungsbemühungen resultierende einseitige Tendenzen, die Überforderung der Kinder im sprachlichen und kognitiven Bereich und die weithin fehlenden Lehrerinformationen wie Unterrichtsmaterialien erschienen als die entscheidenden Mängel.
Ein wichtiger Begründungsfaktor für das rasche Zurücknehmen dieser Versuche war sicher auch der politische Stimmungswandel: Emanzipation, Konflikt- und Kritikfähigkeit, Rollenhinterfragen und Mitbestimmungsansprüche von Grundschülern

waren nach wenigen Jahren bereits wieder suspekt geworden. Wie bei der Heimatkundekritik ein Jahrzehnt zuvor, wurde »das Kind mit dem Bade ausgeschüttet« und von einer neuen Zeitströmung hinweggeschwemmt ...

6.3.3 Der Boom der Sozialwissenschaften als Hintergrund

All die Entwicklungsdiskussionen im Sachunterricht und dessen sozialwissenschaftlichem Bereich, die eingebettet waren in reformerische Bemühungen um alle Fächer, um die Schulgliederung insgesamt, um Curriculumentwicklung und Lernzieldiskussion, sind nur zu verstehen vor dem Hintergrund eines ungeheuren Bedeutungszuwachses und Forschungsfortschrittes in den Sozialwissenschaften, der insbesondere in den USA und vor allem durch die Entwicklung und Anwendung empirischer Methoden entstanden war. Da erscheint es geradezu ärmlich, als sozialwissenschaftliche Bezüge für den Sachunterricht nur Geschichte, Erdkunde, Sozial- und Wirtschaftslehre anzugeben; Süssmuth etwa bereitet daneben noch Soziologie, Politik und Ökonomie in seiner strukturorientierten Veröffentlichung für Grundschullehrer auf (Süssmuth 1980).

Andere relevante Disziplinen wie Psychologie, Anthropologie, Sprachwissenschaften oder auch Medizin und Rechtswissenschaft wurden hingegen in Deutschland nicht berücksichtigt, ja nicht einmal auf ihre Bedeutung für Kinder geprüft.

Drei Versuche, Elemente amerikanischer sozialwissenschaftlicher Vorschläge in die Grundschuldiskussion einzubringen, seien abschließend erwähnt, weil sie als Zeugnis stehen für – mit Sicherheit zu früh abgebrochene – Versuche des Weiterdenkens und der Kooperation mit Pädagogen aus anderen Ländern.

L. Senesh und seine Mitarbeiter entwarfen ein sozialwissenschaftliches Curriculum für die Primarstufe, indem sie die »Strukturen« (*»fundamental ideas«*) der Bezugsdisziplinen Ökonomie, Politikwissenschaft, Soziologie, Anthropologie, Sozialpsychologie, Rechtswissenschaften analysierten. Ihr Konzept war, abwechselnd je ein Unterrichtsthema zentral aus einer Bezugswissenschaft zu entnehmen und die anderen Disziplinen darauf zu beziehen, wobei sie an ein Modell »Orchester« mit wechselnden »Soloparts« und »Begleitinstrumentierung« dachten (vgl. Kaiser 1978, 221 ff.).

Das Curriculum von Taba – ins Deutsche übersetzt, aber nicht bis auf die Unterrichtsebene übertragen – zielte insbesondere auf Qualifikationen im emotionalen und sozialen Bereich. So wurden Einstellungen und Gefühle als Ziele formuliert: Empathie (Fähigkeit zur Einfühlung in andere), Selbstgewißheit (Ertragen des eigenen Andersseins), Aufgeschlossenheit, Ambiguitätstoleranz (gegenseitige Anerkennung

des Bedürfnisses auf Befriedigung von Ansprüchen), Flexibilität (vgl. Reindel 1974).
Der amerikanische Sozialwissenschaftler R. Lippitt entwickelte im Team ein Curriculum, das in Zusammenarbeit mit der Laborschule Bielefeld, jedoch nicht zentral grundschulorientiert, teilweise für Deutschland umgearbeitet wurde. Es steht repräsentativ für den Versuch, neben Fachinhalten insbesondere die *Methoden des wissenschaftlichen Arbeitens* für die Kinder verfügbar zu machen: »What do social scientists study? – How do social scientists ask questions? How do social scientist conduct interviews« (Lippitt u. a. 1969, 5ff.) sind dort folgerichtig Überschriften von »Lessons«, die den Unterricht strukturieren.
Das Scheitern dieser Ansätze ist wohl auch bedingt im Scheitern des didaktischen Instruments jener Zeit, des geschlossenen Curriculums. Seine Unzulänglichkeiten und die ihm folglich geltende Kritik wirkten zurück auf alle mit ihm transportierten Inhalte, ließen teilweise der Ablehnung verfallen, was, wie etwa das Lernziel »Emotion entwickeln bzw. verstärken«, für sich gesehen durchaus bedenkenswert war.

6.3.4 Fachliche Ansätze – zu früh verworfen?

Das Bild vom Kinde, welches mit dem Badewasser ausgeschüttet wurde, sei noch einmal in Erinnerung gerufen. Aus unterschiedlichen Gründen wurden Ansätze wie die vorher dargestellten nicht zu Ende gedacht, wurde eine notwendige und mögliche Weiterentwicklung im Fach Sachunterricht verschenkt: weil Kinder teilweise überfordert waren, weil viele Lehrer die von oben verordneten Neuerungen nicht akzeptierten, sie nicht verstanden oder nicht realisieren konnten; weil eine modische Fachsprache, teilweise zusätzlich ideologiebeladen, Inhalte verstellte und weil in der folgenden Phase des Macht- und Wertewandels oft pauschal verurteilt wurde, was aus der Zeit der Reformen stammte – und das fast unabhängig davon, wie brauchbar oder unbrauchbar, wie begründet oder spekulativ, wie emotional oder rational der jeweilige Ansatz war.
Dabei stellt der Leitbegriff *»Lebenswirklichkeit des Kindes«* nicht *den* Gegensatz zu der vorherigen Maxime »Wissenschaftsorientierung« dar, wie vielfach vorschnell behauptet wird. Um das zu prüfen bzw. zu belegen, gilt es den Begriff hier intensiver zu befragen, seine Bedeutung zu untersuchen und festzustellen, welche Inhalte bzw. welche Praxis von Sachunterricht er bedingt oder ausschließt.

6.4 Hilfe zur Erschließung kindlicher Lebenswirklichkeit – konkret

6.4.1 Zum Begriffsinhalt

Das Wort »Lebenswirklichkeit« des Kindes ist – wie zu erwarten – nicht wissenschaftlich exakt eingeführt oder festgelegt. Auch die Autoren der KMK-Papiere oder die Lehrplanautoren definieren es nicht. Nachbarbegriffe, wie »Lebenswelt« aus der Phänomenologie oder »Alltag« aus der Soziologie und Geschichtswissenschaft sind ihm nicht gleichzusetzen. Der Begriff ist offen, er muß alltagssprachlich verstanden werden, seine Nichtfestgelegtheit ist zu betonen und zu verteidigen; er ist Chance, zugleich jedoch auch Gefahr.

Ein Versuch der Erläuterung durch Beispiele soll zunächst die Basis für weiteres Verstehen schaffen.

- Die Lebenswirklichkeit der Kinder gibt es nicht. In einem gegebenen gesellschaftlichen Rahmen bleibt es Aufgabe und Recht des Lehrers, herauszufinden, was für seine Schüler bedeutsame Realität ist. Ein Stück weit könnte so der frühere »Orts- oder Heimatlehrplan« ersetzt werden durch die Orientierung an der regionalen und aktuellen Kinderwirklichkeit.
- Lebenswirklichkeit der Kinder heute ist, versucht man behutsam zu generalisieren, gekennzeichnet durch Begriffe wie Spielen, Tiere, Freunde, Familie, Fernsehen, Schule, Nahraum, Phantasiewelt, ...
- Nähert man sich, wie es N. Elias mit dem Alltagsbegriff versucht, über die Frage, was solche Lebenswirklichkeit nicht ist, wogegen der Begriff abgrenzt, so findet man die Behauptungen, Kinderwirklichkeit sein nicht Erwachsenenwirklichkeit und Kinderwirklichkeit sei nicht durch Struktur, Systematik, Abstraktion, Theorie gekennzeichnet, nicht methodenorientiert und nicht in exakter Sprache gefaßt.

Stimmen diese Ausssagen?

Berührt, prägt das Leben der Erwachsenen nicht doch das der Kinder?

N. Postmans These, durch das Medium Fernsehen würden die Unterschiede zwischen der Erwachsenenwelt und der Welt der Kinder so sehr eingeebnet, daß ein »Verschwinden der Kindheit« drohe, könnte als Beleg angeführt werden (Postman 1983). Aber auch unabhängig von der Berechtigung der Position Postmans: Erfordert nicht »Bewältigung kindlicher Lebenswelt« immer auch »Auseinandersetzung mit der Lebenswelt der Erwachsenen« dort, wo beide Bereiche ineinandergreifen? Und ist dazu nicht Annäherung an das Erwachsenendenken Voraussetzung? Unabhängig von Schule sozialisiert das heutige gesellschaftliche Leben in diese Richtung: Generalisierungen sind unumgänglich, Abstraktionen, Theorieelemente beherrschen den Alltag, Symbole, Schemata, Diagramme, Regelsätze, Begriffe wie »Ausländer«, »Freizeit«, »Supermarkt«, ... betreffen auch das Kind.

Strukturierung und Selektion nach Kriterien nehmen Kinder von den ersten Lebensjahren an vor, wie die »Selbstkonzept-Forschung« z. B. für die Geschlechtsdifferenzierung untersucht hat. »Ich bin ein Junge bzw. ein Mädchen« ordnet die eigene Welt nach »paßt zu mir/paßt nicht zu mir« (wie verhängnisvoll müssen Selbstkonzepte sein wie etwa »ich bin dumm« – »mich mag keiner« – »ich kann keinen Sport« usw.).

Die Zweifel, ob man mit dem Begriff »Lebenswirklichkeit des Kindes« bestimmte Konzeptionen von Sachunterricht begründen bzw. ausschließen kann, mehren sich bei den folgenden Aussagen, die in der Praxis zu hören sind und sich nicht selten auch in praxisnaher Literatur spiegeln:

> »Kinderwirklichkeit sei schön, heil, friedlich, harmonisch« lautet eine Tendenzaussage, die abgrenzt von Problematisierung, Kritik, Negation; »Kinderwirklichkeit sei Gegenwart, nicht Zukunft«, eine zweite, »sie sei emotional, spontan, nicht rational, analysierend; an Phänomenen, nicht an Hintergründen und Zusammenhängen orientiert«, eine dritte.

Damit sind die Grenzen des Begriffes deutlich: Er ist ebenfalls für Mißverständnisse oder ideologischem Mißbrauch offen; als eindeutig definiert ausgegeben, kann er positionelle Festlegungen verschleiern.

> Die Begriffsliste von oben ist jedenfalls zu erweitern. Lebenswirklichkeit von Kindern kann auch sein: Urlaub im Ausland, aufregende Filme über Krieg oder Hunger, Bücher über fremde Menschen und Tiere, ausländische Mitschüler, Arbeitslosigkeit von Familienmitgliedern, Sorgen der Eltern, Krankheit, Tod, Aufpassenmüssen auf kleinere Geschwister, Zeugnisangst, Computer, Auto, Saurier, Reaktorunfälle und verseuchtes Wasser, Streit, Angst, Sünde, Freundschaft, sexuelle Neugier, Kleider, Frisur, Gott.

Diese Wörter, unvollständig und zufällig aufgeführt, sind für das einzelne Kind individuell unterschiedlich wichtig, unterschiedlich intensiv, stärkend oder belastend, oft aber eben doch schon existentiell bedeutsam und für die Zukunft prägend.

> Kindliche Lebenswirklichkeit wird endlich entscheidend auch durch Politik geprägt, obgleich die Kinder das zumeist nicht durchschauen. In Entscheidungen über Frieden, Arbeitsplätze, Umwelt, aber auch über Lärm, Spielplätze, Schulbücher, Fernsehangebot und Erziehung. Da Kinder in einer demokratischen Grundordnung später an diesen Entscheidungen mitwirken sollen, gilt es, entsprechende Einstellungen und Verhaltensweisen im Unterricht zu erlernen, zumindest anzubahnen. Und da, wie sozialwissenschaftliche Untersuchungen belegen, Grundmuster politischen Verhaltens im Kindesalter aufgebaut werden,

darf das weder auf weiterführende Schulen verlagert noch dem Elternhaus überlassen werden.

Die Zweifel an der Brauchbarkeit der Formel »Lebenswirklichkeit des Kindes« sollen kritische Aufmerksamkeit gegenüber dogmatischem Gebrauch bewirken, nicht aber Resignation, Verzicht auf Mitsprache. Hilfreich scheint der Begriff, um das Interesse und Eigenrecht des Kindes festzuschreiben, seine selektive, andere Wahrnehmung und Verarbeitung, seine Bedürfnisse, seine Gegenwartsorientierung und seine weitgehende Gebundenheit an Erfahrungen aus dem Nahraum.

Zum Begriff »Lebenswirklichkeit« gilt fast wörtlich, was Glöckel – bei aller Kritik – der Theorie der volkstümlichen Bildung positiv zurechnet (die er schon 1964 besser »Grundlegende Schularbeit« genannt sähe): »... sie hebt die Bedeutung der emotionalen Seelenschichten hervor« und ist gekennzeichnet als Bemühen, welches »die Individuallage berücksichtigt, sich auf die Realerfahrung und tätigen Umgang mit den Dingen gründet ... und die Gefahren zu früher Abstraktion und dürren Systems vermeidet ...« (Glöckel 1964, 222). Dabei werden Probleme, Ängste, Zukunftsdenken, Ferne und Kritik nicht ausgespart, sofern sie das Leben der Kinder tatsächlich betreffen. Die Grundlegung kann sich nicht nur daran orientieren, was Kinder von sich aus wollen; verantwortliches Lehren und Erziehen heißt auch weiterführen, heißt anbieten, was Kinder brauchen, lernen sollen, zur Bewältigung ihres Lebens nutzen können.

Und zu eng definiert, droht die Formel »Lebenswirklichkeit des Kindes« den Weg zur Mündigkeit zu verstellen, so wie nach Glöckel die Grenzen der volkstümlichen Bildung dort zu sehen sind, »wo das Kind erwachsen und reif für die heutige Welt werden soll ...« (Glöckel 1964, 222).

6.4.2 Thesen zur Unterrichtspraxis

Was im Kapitel 6.3 an Ideen, Konzeptionen, Ansätzen aus der Didaktik des Sachunterrichts in der Phase der Wissenschaftsorientierung noch einmal in Erinnerung gerufen wurde, sei nun in Thesen zusammengefaßt auf Gegenwartsaufgaben bezogen.

These 1: Eine Fülle von Inhalten sozialwissenschaftlicher Disziplinen betrifft und erschließt kindliche Lebenswirklichkeit, Disziplinen, die weit über den Kanon traditioneller Schulfächer hinausgehen:

- *Medizin* (Krankheit, Krankenhaus, Zahnarzt, Sterben, ...)
- *Psychologie* (Angst und Umgehen mit Angst, Versagen in Prüfungen, Ursachen

von Lernstörungen z. B. »Lernen wenn das Radio läuft«, »Rechenaufgaben machen nach einem Streit«, ...)

- *Völkerkunde und Geographie* (Hunger, Leben in fernen Ländern, ausländische Mitschüler bei uns ...)
- *Soziologie* (Rollen, Rollenspielräume, Rollenverweigerung, Rolleneinsicht, Hineinversetzen in den anderen (Empathie) zur Verminderung eigener Frustration, Toleranz, ...)
- *Recht* (Kinder schlagen, Kaufhausdiebstahl, Rolle des Hausmeisters, ...)
- *Erziehung* (Verhalten des Lehrers, Lohn und Strafe, Elternverhalten im Konfliktfall, Lügen, ...)
- *Politik* (Regeln, Mehrheit, Konfliktbewältigung, Recht und Formen des Widerspruches, ...).

Eine Vielzahl kindgemäßer Themen läßt sich zu solchen Stichworten formulieren; vielfach haben Fachleute bereits kindgerechte Materialien erstellt, das Kinderbuch ist den Schulmedien dazu oft überlegen.
Experten können in der Schule Auskunft geben (Arzt, Psychologe, Abgeordneter), Medien spiegeln fachliche Erkenntnisse auf der Ebene des Kindes (Prospekte, Schautafeln, Filme, Videos).

These 2: Innovationen, Neuansätze in Wissenschaftsdisziplinen, tragen häufig besonders die Züge von Spontanität, Anspruch und Nähe zur Popularwissenschaftlichkeit, was der Schule den Zugang erleichtert.

- »Umwelt« (Ökologie) ist gegenwärtig ein Feld spannender Aktivitäten und Publikationen
- »Dritte Welt« findet das besondere Engagement von Experten im kirchlichen Bereich
- »Naturorientierte Medizin« beschäftigt sich mit der Reduzierung der auch Kinder betreffenden Medikamentenschwemme
- »Geschichtswerkstätten« erarbeiten historische Lernpfade
- »Medienläden« machen auch für Schüler Fernsehsendungen transparent oder produzieren sie selbst.

These 3: Ausgewählte Methoden der Sozialwissenschaften (Verfahren, Arbeitsweisen) sind auch für die Schule hilfreiche Zugriffe zur Erschließung der Lebenswirklichkeit.
Im Bereich der Verfahren war der Ansatz der »Wissenschaftsorientierung« besonders fruchtbar und vielfach *nicht kindfern*, er hat sich auch in der Grundschule teilweise durchgesetzt. Arbeit mit einfachen geschichtlichen Quellen, Erhebung von Daten (Interview) und Aufzeichnung (Tonband, Protokoll, Kartierung) fanden Eingang in

den Sachunterricht, sind Bestandteil eines Unterrichts, der handlungsorientiert ist und das Lernen außerhalb des Klassenzimmers zuläßt (vgl. Bauer u. a. 1975).
Die Interaktions- und Kommunikationsspiele, ursprünglich aus der Psychologie stammende Methodenelemente, erweisen sich im sozialkundlichen Arbeiten bzw. im sozialen Lernen als brauchbar. Auch aus den Theaterwissenschaften kann Unterricht profitieren: So eignet sich das »Statuentheater« des Brasilianers Boal für direkte Umsetzung in die Grundschule (Engelhardt u. a. 1987); für den Ansatz des »Themenzentrierten Theaters« sind in unterrichtsnahen Einzelheften Schülerarbeiten dokumentiert (Werthmüller 1984).

These 4: Schüler bedürfen der Hilfe zur Bewältigung ihrer Lebenswirklichkeit besonders im emotionalen Bereich (Stabilisierung, Konfliktbewältigung, Umgehen mit Ängsten, Zulassen und Gewinnen positiver Gefühle, Stille ...).
Emotionales Lernen sei nicht planbar? Dieser Satz ist sicher teilweise richtig; man wird nicht »Stärkung positiver Gefühle« dienstags von 9.40–10.25 Uhr ansetzen können. Aber zum größten Teil ist er doch falsch und eher Ausflucht als Argument.
»Schulleben« ist z. B. ein entscheidender Rahmen für solche positive Gestaltung von Wirklichkeit. Schulleben bedarf intensiver Vorarbeit, intensiven Nachdenkens und Planens, beim Lehrer, im Kollegium mit den Schülern: Klassenfest, Ausflug, Brieffpartnerschaft, Projekte, ...
Ein anderer Bereich: Ängste von Kindern – vor dem Krankenhaus, dem Zeugnis, vor streitenden Eltern, vor Mitschülern. Das kann und muß gelegentlich situativ aufgegriffen werden, im Gespräch bei gegebenen Anlässen, im Zeichnen von Bildern, im Erzählen oder Vorlesen, in einem Film.
Letztes Beispiel: Meditation. Der Arbeitskreis Grundschule gab 1984 ein Buch mit dem Titel »Kinder finden zu sich selbst« (Burk 1984) heraus. Stille wird dort als pädagogische Qualität wiederentdeckt. Disziplin, Selbst-Erfahrung in schlichter Form. Sicher nicht neu, aber ein Stück in Vergessenheit geraten, wert, wiederentdeckt zu werden im Nachdenken über »Ich-Stärke« (vgl. auch Andresen 1980).

These 5: Fachliche Grundbegriffe mit »kategorialer Erschließungsfunktion« bieten Zugriffe zum »Verstehen von Welt«.
Die Diskussion um Grundbegriffe war bereits im Heimatkundeunterricht geläufig. So nannte Gärtner ein zentrales Kapitel seiner Didaktik »Begriffsbildung und Denkschulung« und widmete sich darin dem Problem einer »kategorialen Ausweitung des Begriffsinhaltes« (Gärtner 1958). 1959 leitete Klafki eine intensive Auseinandersetzung mit dem Begriff »kategoriale Bildung« ein, die auch für die Grundschuldidaktik bedeutsam war (Klafki 1959).

Wenn das Gewinnen solch erschließender Grundbegriffe unter dem Aspekt fachorientierten Lernens hier neu gefordert wird, geht es also nicht um Vokabeln, die zu lernen sind. Wörter, wie »Spielstraße«, »Nachbar«, »Denkmal« oder »Frühblüher« sollen vielmehr durch umfassende Auseinandersetzung mit allen Sinnen, also auch über Handeln und Erleben, so zum geistigen Besitz der Kinder werden, daß eine, wie Klafki es nennt, *doppelseitige Erschließung* eintritt: Die Begriffe helfen dem Kind, die Welt besser zu verstehen; mit dem Verfügen über Schlüssel-Begriffe wird jedoch zugleich auch das Kind bereichert, seinerseits für die Welt erschlossen (vgl. auch 1.2.2 und 5.2!).

These 6: Elementares politisches Lernen im Sinne der Berücksichtigung kindlicher Interessen ist möglich – und unverzichtbar.
Ackermann hat 1976 eindrucksvolle Beispiele des politischen Wissens und Denkens von Grundschülern veröffentlicht (1976, 17ff.). Anhand amerikanischer Forschungen zeigt er, daß latente politische Sozialisation von den ersten Lebensjahren an geschieht und daß Rollenmuster in der Familie dabei entscheidende Prägung leisten, eine Prägung, die analog zur verbreiteten Familienstruktur häufig nicht auf demokratische Grundtugenden hinzielt.
Das Rollenspiel hielt zu dieser Zeit Einzug in die Methodik des Sachunterrichts, weil es half, Rollenklischees zu durchschauen (vgl. Schäffler 1973, 71ff.); es hat seine Aktualität nicht verloren, auch wenn es »aus der Mode gekommen« scheint (was eher positiv zu werten ist). Claußen macht darauf aufmerksam, daß in der politischen Erziehung für Grundschüler vielfach der Fehler gemacht würde, Negatives, Probleme, Krisen und Bedrohungen zu thematisieren und damit Sorge und Ängste, Frustration und Resignation zu provozieren; nicht verwunderlich bei der Fülle der die Lebenswirklichkeit der Kinder durchdringenden täglichen Katastrophenmeldungen, aber psychologisch und pädagogisch nicht von Vorteil. Im Gegenteil müßten aus dem Horizont der Schüler Beispiele gefunden werden, wo politische Gegebenheiten im Heimatraum positiv auffallen, wo Bürgerbeteiligung zu Erfolgen führte, wo durch Initiativen Verbesserungen erreicht wurden, oder in Planung sind, wenn möglich auch im Rahmen der Klasse und der Schule als erstem Feld eigener Aktivität (Claußen 1976).

6.5 *Resümee und Ausblick*

Sachunterricht, der die Erschließung der Lebenswelt von Kindern durch Kinder grundlegen will, ist am Kind und an der Sache orientiert, am Kind und an seiner Heimat, an der belebten, aber auch an der technischen Welt, am Kind und am Erwachsenenleben, das dieses umgibt; er sieht das Kind und seine Zukunft, die positive wie die Bedrohung, Spiel, Freude, Unbeschwertheit und Ängste, Unzufriedenheit wie Versuche, zur Veränderung beizutragen.

Damit ist kindorientierter Unterricht immer auch fachlich, d. h. an den Disziplinen orientiert, die sich auf solche Themenbereiche spezialisiert haben, sie wissenschaftlich bearbeiten, Expertenaussagen liefern:

Wissenschaftsorientierung vom Kind aus und für das Kind.

Einer Orientierung des sozialen Lernbereichs des Sachunterrichts an den Sozialwissenschaften das Wort zu reden, verlangt abschließend nach einer Einschränkung und einer Ausweitung.

Einschränkend sei angemerkt, daß Wissenschaft ihrerseits zunehmend mit Kritik konfrontiert ist – von bedeutenden Wissenschaftlern selbst wie von Außenseitern und Alternativen. Diese Kritik konnte hier nicht berücksichtigt werden: Blinde Wissenschaftsgläubigkeit ist jedenfalls nicht beabsichtigt.

Die notwendige Erweiterung bedürfte ebenso differenzierter Ausführungen; sie sind hier nicht zu leisten. Kinder lernen keinesfalls ausschließlich sachgerecht, an Objektivität orientiert, planmäßig angeleitet. Sie erfassen ihre Lebenswirklichkeit im Spiel, in ästhetischer Gestaltung, in emotionalen Zugängen, über Phantasie.

Kinder brauchen Märchen und Träume, sie müssen (von Erwachsenen so genannte) Fehler machen dürfen und »Irr«wege gehen, Gedankenflüge wagen, meditieren, zaubern und lachen – Bereiche, zu denen die Didaktik noch viel zu wenig gesagt hat und zu sagen weiß.

Am Ende führen die beiden Aspekte auch wieder zusammen: Wissenschaftskritisch ist ein Rückblick zu fordern auf die frühe Wissenschaftsgeschichte: auch Wissenschaftler brauchen Utopien, Magie, Mythen ... (Dürr 1980, Feyerabend 1980). Die Schule ist den Wissenschaften hier doch noch ein Stück voraus – ein Vorsprung, den sie nicht verschenken darf.

Wolf Engelhardt

7. Grundlegende Werterziehung

7.1 Erziehungsziele als Wertentscheidungen

7.1.1 Vorrang moralischer Erziehung

Absichtliche, planvolle Erziehung richtet sich immer nach Zielen aus, die Vorstellungen von dem beinhalten, was für Einstellung und Verhaltensweisen von Individuen und Gruppen allgemein als wünschenswert gilt. Erziehungsziele haben also Wertvorstellungen als Grundlage. Beziehen sich diese Ziele auf sozial-verantwortliches Handeln, so spricht man meist von »moralischer oder sittlicher Erziehung«. Moral ist hierbei »der Inbegriff der verbindlichen Sollensregeln der Zusammenlebenden. Mit Sittlichkeit (im weitesten Sinn) meint man die Achtung, welche das Individuum für die moralischen Regeln empfindet« (Weber 1973, 17). Die Begriffe »moralische Erziehung« und »Werterziehung« werden in der wissenschaftlichen Diskussion nicht streng geschieden. Diese mangelnde Trennschärfe verweist auf Vorrangigkeit und umfassenden Charakter sozialer Einstellungsbildung im Menschen. »Werterziehung« könnte man als den weiteren Begriff ansehen, der soziale (moralische), politische, religiöse, ästhetische, ökonomische, vitale Wertsphären einschließt. Doch bleibt auch hier der umfassende soziale Bezug unbestritten, kann doch z. B. die Verwirklichung religiöser Werte unter den Forderungen des Dekalogs nicht Privatsache des Christen sein oder hat die Gleichgültigkeit einzelner gegenüber dem vitalen Wert »Gesundheit« eminente Auswirkungen bis hin auf die gesamte Gesellschaft. Dazu kommt, daß die Vermittlung von Werteinstellungen zumindest im Kindesalter nur durch zwischenmenschliche Akte geschehen kann. Diese eher banale Feststellung des unausweichlich sozialen Charakters der Werterziehung ist aber eine wichtige Bestimmung für unsere Thematik:

Grundlegende Werterziehung ist in ihren Zielen, Inhalten und Methoden immer auch Sozialerziehung.

Dem widerspricht nicht, daß die Erziehung selbst dem Bild des frei entscheidenden, mündigen Individuums mit seiner einmaligen persönlichen Wertkonzeption verpflichtet ist. Denn dieses Individuum lebt nicht für sich in einem quasi a-sozialen Raum, und es bildet sein grundlegendes Wertkonzept nicht durch Intuition oder aus inhärenten Anlagen heraus. Der Mensch ist ein soziales Wesen. Dies ist sowohl eine empirische Feststellung als auch ein normativer Satz: Alle Erziehung muß auf erhöhte soziale Handlungsfähigkeit und soziale Verantwortung gerichtet sein. »Grundlegend« bedeutet in diesem Zusammenhang nicht mehr und nicht weniger, als daß ein Außerachtlassen dieser Forderung, beispielsweise durch den Versuch einer rein individualistischen Erziehung, das Fundament des Menschseins negieren würde.

7.1.2 Grundlegende Werte

Wenn wir die moralisch-mündige Handlungsfähigkeit des Menschen als umfassendes Leitziel akzeptieren, dann müssen wir als deren Konstituenten neben Sachverstand und sachlichem Können auch soziale Einsichtsfähigkeit und verantwortliches Handeln fordern. »Moralisch-mündig handeln kann ja nur heißen, mit Sach- und Sozialverstand den großen ethischen Prinzipien der Menschheit wie Freiheit, Brüderlichkeit u. a. in den konkreten Situationen gerecht zu werden, in denen es zu handeln gilt« (Roth 1971, 388f.). Das »u. a.« bei Heinrich Roth kann man ohne Verfälschung des Grundgedankens durch Wertbebestimmungen ersetzen, wie sie z. B. verfassungsgemäß aufgeführt sind: Ehrfurcht vor Gott, Achtung vor der religiösen Überzeugung und vor der Würde des Menschen, Selbstbeherrschung, Verantwortungsgefühl und Verantwortungsfreudigkeit, Hilfsbereitschaft und Aufgeschlossenheit für alles Wahre, Gute und Schöne, Wertschätzung der Demokratie und des Gedankens der Völkerversöhnung, Liebe zur Heimat und zum deutschen Volk. Oder wir setzen Wortformulierungen wie »Bereitschaft zur Friedenssicherung, zur Demokratisierung und zur Abwendung der ökologischen Krise als Aufgaben der Zeit« ein (vgl. Tröger 1974). Denkbar wäre auch ein Katalog von Tugenden wie Anständigkeit, Sachlichkeit, Fairneß, Solidarität, Freundlichkeit, Rücksichtnahme, Verantwortungsbewußtsein, Taktgefühl u. ä. (Kopp 1976, 193f.).

Solche Listen sind nicht vollständig, ihre Systematik ist beliebig. Sie umfassen Komplexe von Werteinstellungen, die sich weiter ausdifferenzieren oder auch anders zusammenfassen lassen. Abgrenzungen der einzelnen Wertvorstellungen sind äußerst schwierig, beliebige Unter- und Überordnungen erscheinen möglich. Die Schule muß diese Wertvorstellungen für ihre Schüler zurichten, konkretisieren, »operationalisieren« – die Grundschule in besonderem Maß. Darin hat sie große Freiheit. Gebunden aber ist sie an den allgemeinen Wertkonsens – eine zweite Bestimmung des Grundlegenden:

> *Alle, die direkt oder indirekt mit Erziehung zu tun haben, müssen gleiche oder zumindest sehr ähnliche übergeordnete Wertvorstellungen als Richtschnur für Erziehungsziele haben.*

Die Grundschule hat die Aufgabe, Haltungen, Dispositionen im jungen Menschen aufzubauen, damit er den fachlich-sachlichen und den sozialen (moralischen) Anforderungen des Lebens jetzt und in Zukunft genügen kann. Dabei ist der Kanon der sozialen Haltungen der Prüf- und Bezugspunkt aller anderen Wertinhalte. Denn letztlich sollen Werthaltungen wie Gerechtigkeitsstreben, Toleranz, Ehrfurcht vor dem Leben verhindern, daß Tugenden wie Pflichtbewußtsein, Pünktlichkeit, Ordnungsliebe aus ihrem moralischen Kontext genommen werden und zur Begründung bzw. Durchführung von Unterdrückung, Menschenverachtung und Menschenvernichtung dienen.

Anzubahnende grundlegende Werthaltungen sind dann im sozialen (moralischen) Bereich vor allem:

- Freundlichkeit/Hilfsbereitschaft/Fairneß/Kooperationsbereitschaft
- Toleranz/Friedfertigkeit/Ehrfurcht vor der Schöpfung, dem Leben
- Gerechtigkeitsstreben/Bereitschaft, für als richtig erkannte Ziele einzutreten/ Zivilcourage.

Unter dem Primat dieser Werthaltungen werden gegenstandsbezogene Dispositionen oder Arbeitstugenden fruchtbar:

- Sachlichkeit/Ernsthaftigkeit/Pflichtbewußtsein
- Gründlichkeit/Sorgfalt/Ordnungsliebe
- Ausdauer/Verzichtbereitschaft/Selbstkontrolle

(vgl. Einsiedler 1986; siehe auch 2.2 und 2.3).

Ebensowenig können Werte der Individuation aus dem sozialen Kontext gelöst werden; ihre Ausprägung im Menschen macht ihn mehr oder weniger »wertvoll« für andere, fürs Ganze. Werterziehung soll den jungen Menschen öffnen, ermutigen, zu Fähigkeiten, Haltungen, Ideen zu stehen wie:

- Innere Ruhe/Sammlung/Selbstvertrauen/Tapferkeit
- Religiöse Bindung/Glaube/Hoffnung
- Freude/Genuß/Begeisterung
- Besinnung/Mitleid/Einfühlungsvermögen
- Spiel/Sport/Gesundheit
- Kreativität/musische Ansprechbarkeit/Kunstverständnis und Kunstausübung
- Vertieftes Sich-Einlassen mit einzelnen Interessensbereichen.

Diese z. T. idealistischen Wert- und Zielvorstellungen dürfen uns allerdings nicht darüber hinwegtäuschen, daß wir in der Grundschule nur erste Schritte, nicht letzte Gipfelanstiege leisten können. Andererseits zeigt die Auflistung den hohen Anspruch dieser Schulstufe, der darin besteht, daß sie sich nicht auf die Idylle einiger »kindgemäßer« Werte zurückziehen kann. Kindgemäß müssen die *Methoden* ihrer Vermittlung und die Ebene der kognitiven Durchdringung sein.

7.1.3 Zur Erfüllbarkeit übergeordneter Erziehungsziele

Der Konsens über Wertvorstellungen garantiert noch keineswegs, daß diese über schulische Vermittlung im jungen Menschen verankert werden können. Der hohe Abstraktionsgrad der Wertformulierungen bzw. der durch sie bestimmten Leitziele macht bei der schulpraktischen Umsetzung große Schwierigkeiten. Noch fragwürdiger wird die Erfüllbarkeit, wenn wir die vier mächtigen Hemmfaktoren der heutigen schulischen Erziehung ins Kalkül bringen, die Glöckel (1985, 348ff.) prägnant aufgelistet hat.

Da sind zum einen die vielfältigen und multikausalen Erziehungsmängel wie Konzentrationsschwäche, Lustlosigkeit und Apathie, Verwöhntheit, Ungehorsam und Aggressivität, die wir auch schon beim angehenden Grundschüler vorfinden. Zum zweiten stellen sich der Schule die vielen offenen und geheimen Einflüsse der Familie, des gesellschaftlichen Umfelds entgegen, wie gestörte Familienverhältnisse, Erziehungsunsicherheit der Eltern, kinderfeindliche Umwelt, Reizüberflutung, allgemeine Wertunsicherheit der Gesellschaft.
Zum dritten steht sich Schule bei ihren Erziehungsaufgaben oft selbst im Weg mit ihren unüberschaubaren, die Anonymität fördernden Schulkörpern, zerstückelten Stunden- und überfüllten Lehrplänen, auch mit dem Entzug von Sanktionsmöglichkeiten und der Erziehungsunsicherheit vieler Lehrer.
Dazu wird sie viertens von außen mit vielen speziellen Erziehungsaufträgen konfrontiert, deren Erfüllung sie unmöglich in auch nur annähernd befriedigender Breite und Tiefe leisten kann. Diese Aufträge gehen im einzelnen durchaus mit den oben aufgeführten Leitzielen konform, sind wichtig und dringend. In ihrer Anzahl, inhaltlichen Komplexität bis hin zur Widersprüchlichkeit und in der unreflektierten Selbstverständlichkeit ihrer Delegation an die Schule stellen sie aber eine Überforderung dar und lassen zugleich den Verdacht aufkommen, daß andere Instanzen und Institutionen Aufgaben auf die Schule abwälzen, mit denen sie selbst nicht fertig werden (wollen). Solche »Erziehungsaufträge« sind z. B. die Friedens-, Umwelt-, Berufs-, Arbeits-, Leistungs-, Verbrauchererziehung, die Freizeit- und Medienerziehung, auch Verkehrs-, Gesundheits-, Bewegungs-, Ernährungs- und Antidrogenerziehung.

Grundlegende Werterziehung kann angesichts solcher systematischer, empirischer und normativer Probleme und Überforderungen nur heißen – und das ist ein drittes Bestimmungsstück für »grundlegend«:

Die Schule kann nur zum verantwortlichen Handeln im konkreten Vollzug der kleinen, gegenwärtigen Aufgaben anleiten.

Diese Bestimmung bringt den für schulisches Lernen so wichtigen Prinzipienkomplex »Konkretheit, Lebensnähe, Aktualität, Verfügbarkeit« in Verbindung mit Werterziehung. Dieser Komplex gilt in besonderer Weise für Zielsetzungen, die auf Sittlichkeit bezogen sind, um diese vor Unverbindlichkeit, Unkontrollierbarkeit, letztlich leerformelhaftem Sinnverlust zu bewahren.

7.2 Entwicklungspsychologische Befunde zur moralischen Erziehung

7.2.1 Bedingte Gültigkeit der entwicklungspsychologischen Aussagen

Wir suchen vergeblich nach Forschungsergebnissen, Theorien oder Modellen der Entwicklung von Werteinstellungen oder -haltungen, die sich auf das *gesamte* Spektrum möglicher Wertinhalte (wie in Abschnitt 7.1.2 angedeutet) beziehen. Andererseits ist die Genese der *moralischen* Entwicklung des Kindes und des Jugendlichen ein zentrales Thema der modernen Entwicklungspsychologie seit S. Freud und vor allem J. Piaget, deren Untersuchungen bis heute große Ausstrahlung bewahren. Gleichwohl sei auf die Kritik an Piaget wenigstens hingewiesen, die sich vor allem an seinen Untersuchungsmethoden, an den ziemlich starren Alterszuordnungen seiner Entwicklungsstadien und an dem idealtypischen Charakter seines Modells entzündet, das »geflissentlich die epochalpsychologische und gesellschaftlich-soziokulturelle Determination der Wertentwicklung übersehe« (Engelmayer 1978, 37). Wir haben es heute mit dem Kind in der industriellen Gesellschaft zu tun, das von den Medien, von weltpolitischen, sozialen, ökologischen Krisen, vom Formwandel der modernen Familie nicht unbeeinflußt bleibt und sich den Trends des Wertewandels nicht entzieht: Abnahme leistungsorientierter Haltungen, vermehrtes Streben nach Wohlstand, Sicherheit, öffentlicher Daseinsvorsorge; Wertschätzung äußerer Prestigemerkmale, Rückgang religiöser Bindungen, Liberalisierung moralischer Werturteile u. a. m.

Im folgenden wird sehr knapp und zusammenfassend auf grundschulrelevante Ergebnisse und Theorien eingegangen, wobei vor allem die auf Piaget basierenden Stufen des moralischen Urteils von L. Kohlberg, aber auch Ansätze von D. P. Ausubel und R. Oerter verarbeitet sind. Dabei muß nochmals auf die vergröbernde Extrapolation solcher Befunde auf das der schulischen Einwirkung zugrundegelegte Wertespektrum hingewiesen werden.

Wir wagen auch keine eng umgrenzten Altersangaben, können nur relativ pauschal von »Grundschulzeit« sprechen. Für die Wertvermittlung eben in dieser Zeit können die folgenden Aussagen dennoch Hilfen geben, da sie uns einerseits davor bewahren, schlicht auf das Heranreifen »höherer« Formen der Werteinstellung zu warten, andererseits uns aber auch warnen, unrealistische, unkindgemäße Wertansprüche an das lernende Kind zu stellen bzw. hier mit unangemessenen Methoden zu arbeiten.

Im folgenden werden »Werthaltung« und »Werteinstellung« synonym verwendet, obwohl der Begriff »Einstellung« weniger auf grundlegende sittliche Prinzipien bezogen ist als der Begriff »Haltung«. So wäre *Werthaltung* übergeordnet und für

Werteinstellungen potentiell determinierend. Die Herausbildung von Werthaltungen ist letztlich Ziel der Erziehung, wenn auch deren umfassender und konsistenter Charakter sich im Grundschulkind noch kaum voll ausprägen wird. Die Verwendung des Haltungsbegriffs signalisiert aber für die Werterziehung eine weitere Bestimmung des Grundlegenden:

> *Von Anfang an muß Werterziehung darauf bedacht sein, im jungen Menschen sittliche Prinzipien zu verankern, die sein Handeln stetig bestimmen.*

Danach genügt es nicht, dem Kind eine Wertepalette anzubieten, aus der es beliebig auswählen und verwerfen kann. Der Erziehungsauftrag verlangt notwendig die Abkehr von Beliebigkeit und Unverbindlichkeit der Ziele und Inhalte. Und wenn hier in die vorgesehene psychologische Erörterung rein pädagogische Postulate eingehen, so möge das deren Vorrang vor allen noch so wichtigen psychologischen Bedingungen der Möglichkeit einer Werterziehung bekräftigen.

7.2.2 Zur Entwicklung von Werthaltungen im Kind

Werthaltungen werden von frühester Kindheit an im jungen Menschen aufgebaut. Dabei geht zunächst die Handlungskomponente voran: Das Kind tut etwas aus biologischen oder sozialen Impulsen heraus, ohne daß es dabei ein Gefühl der Bindung an Regeln hat. »Gut« ist, was angenehm oder anreizend wirkt, »schlecht« ist, was Schmerz oder Angst hervorruft. Die Beurteilung von Handlungen und Sachverhalten auf der Grundlage von Regeln und Autorität ist nicht möglich. Kohlberg charakterisiert so die »vormoralische Stufe« (Stufe 0) in der Entwicklung des moralischen Urteils, die er folgendermaßen strukturiert:

Postkonventionelle Ebene	Stufe 6: Orientierung an universellen ethischen Prinzipien Stufe 5: Legalistische Orientierung am Gesellschaftsvertrag
Konventionelle Ebene	Stufe 4: Orientierung an Gesetz und Ordnung Stufe 3: Orientierung an interpersoneller Übereinstimmung
Präkonventionelle Ebene	Stufe 2: Instrumentell-relativistische Orientierung Stufe 1: Orientierung an Strafe und Gehorsam
	Stufe 0: Vormoralische Stufe

(nach Mauermann 1978, 13)

Auf der *präkonventionellen Ebene* ist das Kind für Regeln und Merkmale der umgebenden Kultur in bezug auf gut und schlecht, richtig und falsch offen, aber es interpretiert diese Merkmale auf *Stufe 1* dieser Ebene im Hinblick auf physische

Konsequenzen einer Handlung, ohne nach Sinn oder Wert einer zugrundeliegenden Moral zu fragen. Das Kind sucht Strafe zu vermeiden und unterwirft sich wie selbstverständlich der jeweils herrschenden Macht.
Auf *Stufe 2* wird als richtiges Handeln angesehen, was die eigenen und manchmal auch die Bedürfnisse anderer instrumentell befriedigt. Elemente der Fairneß, der Gegenseitigkeit und der gleichen Teilhabe sind vorhanden, stehen aber nicht unter Leitprinzipien wie Loyalität, Dankbarkeit oder Gerechtigkeit, sondern sind Sache des Gebens und Nehmens, eine Art Tauschgeschäft.
Auf der *konventionellen Ebene* gilt es als selbstverständlich, die Erwartungen der eigenen Familie, Gruppe oder Nation zu erfüllen, ohne daß dabei die Folgen berücksichtigt werden. Man geht mit den umgebenden Ordnungen konform, sucht diese aktiv aufrechtzuerhalten, zu unterstützen und zu rechtfertigen und identifiziert sich mit Personen und Gruppen, die solche Ordnungen repräsentieren. *Auf Stufe 3* innerhalb dieser Ebene beurteilt man Verhalten danach, ob es anderen gefällt, ihnen hilft, von ihnen anerkannt wird. Man sucht Übereinstimmung mit stereotypen Vorstellungen über das mehrheitlich vertretene oder das »natürliche« Verhalten. Häufig wird es nach der Absicht beurteilt: »Er meint es gut.« Auf *Stufe 4* bedeutet richtiges Verhalten: Pflichterfüllung, Respekt gegenüber Autorität, Aufrechterhaltung der vorgegebenen gesellschaftlichen Ordnung um ihrer selbst willen.
Auf der *postkonventionellen Ebene* (auch »autonom« oder »prinzipiell« genannten Ebene) bemüht man sich, Werte und Prinzipien zu definieren, die unabhängig von der sie stützenden Autorität von Gruppen oder Personen und unabhängig von der eigenen Identifikation mit diesen Gruppen oder Personen gelten und anerkannt werden. Auf *Stufe 5* dieser Ebene herrscht Bewußtsein von der Relativität persönlicher Werte und Meinungen; Verfahrensregeln zur Erlangung von Übereinstimmung werden geschätzt. Außerhalb des Bereiches gesetzlicher Regelungen sind freie Vereinbarung und Vertrag verbindlich. Nützlichkeitserwägungen bestimmen u. U. stärker solche Regeln und Vereinbarungen. Auf *Stufe 6* wird Recht durch Gewissensentscheid definiert, in Übereinstimmung mit selbstgewählten ethischen Prinzipien, die logisch umfassend, universal und konsistent sind. (Beschreibung der Ebenen und Stufen eng nach Kohlberg 1977 und Mauermann 1978 a, 13).
Kohlberg koppelt seine Stufen des moralischen Urteils mit denen der allgemeinen Denkentwicklung nach Piaget. Fortgeschrittenes moralisches Denken hängt mit fortgeschrittenem logischen Denken zusammen. Wer seine Grenzen in den konkreten Denkoperationen findet (die nach Piaget etwa der Schulanfänger erreicht), bleibt auch in den vorkonventionellen Stufen 1 und 2 – nach Kohlbergs Untersuchungen sind das insgesamt noch 60–80% der Zehnjährigen! Wer nur teilweise über formale Denkoperationen verfügt (deren Beginn gemeinhin gegen Ende der Grundschulzeit

angesetzt wird), bleibt in den konventionellen Stufen 3 und 4. Das heißt jedoch nicht, daß moralisches Urteilen und moralisches Handeln immer die gleiche »Höhe« haben müssen. Es gibt genügend Beispiel für moralisch sehr hochstehendes Handeln im Sinn der Stufen 5 und 6 bei »einfachen«, konkret denkenden Menschen, und Kohlbergs Mitarbeiter haben bei Studenten Regressionen von Stufe 5 bis auf Stufe 2 in bestimmten realen Situationen (z. B. bei Prüfungen) festgestellt.

Generell sprechen alle neueren entwicklungspsychologischen Befunde davon, daß in den Grundschuljahren eine *Zunahme der persönlichen Autonomie* sichtbar wird. Beim Schuleintritt herrscht wohl noch eine sehr starke Abhängigkeit der Werthaltungen des Kindes von Autoritätspersonen, vor allem von den Eltern, in zunehmendem Maß aber auch vom Lehrer und von dominierenden Spielkameraden(gruppen). Doch wird diese Autoritätsmoral bald von der Moral gegenseitiger Achtung abgelöst. Die dabei regulierende Tätigkeit des Gewissens setzt schon im Vorschulalter ein. Mit dem Heraustreten aus der Familie weicht das kritiklose Übernehmen von Verhaltensmustern und Normen allmählich einer eigenständigen, ansatzweise kritisch-überzeugten Begründung wertbezogener Handlungsweisen. Das ist der Übergang vom »heteronomen« zum »autonomen« Stadium (vgl. Piaget 1973).

Die Entwicklung der automomen Werthaltung wird stark durch den Einfluß Gleichaltriger und den gleichzeitig nachlassenden Einfluß der Erwachsenen gefördert. Das Kind verliert seinen »Satellitenstatus« aufgrund der zunehmenden Fähigkeit, generalisierend, logisch, abstrakt zu denken und sich aus egozentrischen Haltungen zu lösen, was sich vor allem in Selbstkritik und besserer Wahrnehmung eigenen und fremden Verhaltens manifestiert (Ausubel 1974, 486ff.). W. Kay spricht davon, daß in der Kindheit soziale und persönliche Einstellungen (darunter Rationalität, Altruismus, Verantwortung, moralische Unabhängigkeit) die noch aus dem Kleinkindalter stammenden berechnenden und autoritären Einstellungen allmählich verdrängen (Kay 1978, 130ff.).

Dabei beeinflussen erwiesenermaßen folgende Variablen die Entwicklung von Werthaltungen: Intelligenz, soziale Schichtzugehörigkeit, religiöse Orientierung, Geschlecht, Zugehörigkeit zur größeren ethnischen bzw. kulturellen Gruppe, Einflüsse von Massenmedien und vor allem die Art des elterlichen Umgangs oder Führungsstils. Es besteht ein Zusammenhang zwischen elterlichen Erklärungen und interner Moralorientierung; ein Erziehungsstil, der durch Bestrafungsandrohung sowie durch Liebesentzug gekennzeichnet ist, führt eher zu einer externen Wertorientierung (Kasten 1976). Vielfach werden Werthaltungen via Nachahmung und Identifikation übernommen, insbesondere von prestigetragenden Vorbildern. »Interessanterweise haben Modelle, die sich entgegen den von ihnen propagierten Prinzipien verhalten und Modelle, die negatives Verhalten zeigen, eine größere (negative) Wirkung als die Modelle, die prinzipiengetreues Verhalten zeigen. Das heißt, daß vor allem Mitmenschen, die gegen Normen verstoßen, eine Enthemmung und Unterminierung vorhandener Haltungen auslösen« (Kasten 1976, 46, zit. nach Einsiedler 1986, 555).

In Schulklassen fördert die Diskussion über hypothetische moralische Dilemmata die Entwicklung des moralischen Urteils im Sinne eines schnelleren Erreichens höherer Stufen in Kohlbergs Entwicklungsschema (Garz 1980, 95).

Aus all diesen Befunden müssen wir folgern, daß selbst Kinder eines Grundschuljahrgangs hinsichtlich ihrer moralischen Entwicklung stark differieren und – zumindest bei der Einschulung – über eine noch sehr eingeschränkte moralische Erlebnis-, Handlungs- und Urteilsfähigkeit verfügen. Andererseits unterliegen diese Fähigkeiten einem Wechselwirkungsprozeß von Reifung und äußerer Beeinflussung, der die vorhandenen Grenzen flexibel macht. Grundlegende Werterziehung heißt auch, diese Grenzen zu verschieben, den Blick des Kindes freizumachen auf höhere Stufen der moralischen Entwicklung:

Grundlegende Werterziehung muß an einer gemeinsamen Basis für alle Kinder ansetzen, die in der Einführung und Förderung der kleinen, konkreten Werte und Tugenden des schulischen Miteinanderlebens besteht. Sie darf die Entwicklung der Werthaltungen nicht unangemessen forcieren, aber sie muß durch Fruchtbarmachen ihrer affektiven, handlungsmäßigen und intellektuellen Komponenten Anreize schaffen, die jeweils nächsthöhere Stufe der Entwicklung anzugehen.

Diese Bestimmung verweist darauf, daß Wertinhalte wie andere Lerninhalte auch »optimale Passung« für den Schüler aufweisen müssen, wenn sie ihn zur Auseinandersetzung damit und zur bewußten Übernahme motivieren sollen. Damit erfordert die Übernahme von Wertinhalten selbst Tugenden wie Geduld, Strebsamkeit, Anstrengungsbereitschaft.

7.3 Grundschulspezifische Konzeptionen der Werterziehung

7.3.1 Werterziehung als implizite Aufgabe der Grundschulpädagogik

Der Begriff »Werterziehung« – so explizit in der pädagogischen Diskussion nicht allgemein verwendet bzw. oft mit Erziehung i. e. S. gleichgesetzt – signalisiert eine grundsätzliche Entscheidung oder Forderung hinsichtlich der Gewichtung der Aufgaben von Schule: Dem Erzieherischen soll erhöhte, wenn nicht sogar vorrangige Bedeutung eingeräumt werden.

Die *Konzeption der Weimarer Grundschule* war geprägt von reformpädagogischen

Leitideen, die mehr oder weniger ausdrücklich in Erziehungsziele jener Schule umgemünzt wurden. Dabei schlugen natürlich die pädagogisch-didaktischen Strömungen dieser Zeit (Bewegung »Vom Kinde aus«, Erlebnispädagogik, Kunsterziehungsbewegung, Ganzheitsdenken, Gemeinschaftserziehung, Arbeitsschulbewegung, auch Heimat- und Nationalerziehung) durch: Freie Entfaltung emotionaler und schöpferischer Kräfte im Menschen, Eigenrecht des Kindes, Gemeinschaftssinn, soziale Verantwortlichkeit, Selbständigkeit, Hochschätzung konkreter, praktischer (Hand)arbeit, Heimatliebe und Nationalbewußtsein waren einige der wesentlichen Wertvorstellungen. Neben aller Zukunftsorientierung, die solchen Wertvorstellungen innewohnt, war das Hier und Heute des Kindes selbst ein Wert; »Kindgemäßheit« war zugleich ein Ziel und Weg dieser Grundschule. Unter dem Primat des Kindgemäßen wurde ein enger Zusammenhang zwischen Zielen, Inhalten und Methoden gestiftet, der es uns erlaubt, von einer »Konzeption« zu sprechen (vgl. Einsiedler 1982, 7ff.).

Dieser Zusammenhang wird besonders deutlich in speziellen Schulformen, die ihre Wurzeln in der Zeit der Reformpädagogik haben: in den Landerziehungsheimen, in der Montessori-, der Waldorf- und Jenaplanschule. Was diese Schulen auszeichnet, ist die Einheit von Unterricht und Erziehung, die das je besondere Schulleben bis hin in mitunter nebensächlich erscheinende Organisationsfeinheiten bestimmt. So dienen beispielsweise in den Jenaplanschulen P. Petersens das Stammgruppenprinzip, die Feiern der »Schulgemeinde«, der Kreis, das Gespräch, das freie Arbeiten in den sog. Gemeinschaftsformen zu Beginn und Ende der Woche unmittelbar und organisch der Sozialerziehung. Aber auch die Schulwohnstube mit ihrer schülergruppierenden und -differenzierenden Ausstattung, ja das gesamte Kurs- und Gruppenarbeitssystem lebt von der und für die Gemeinschaft der Kinder und fördert deren »Werte« und Tugenden. Nach Besucherberichten realisieren die Schüler der Jenaplanschulen in freier und selbstverständlicher Weise die angestrebten Tugenden wie Hilfsbereitschaft, Rücksichtnahme, Freundlichkeit, Kooperationsbereitschaft, Aggressionsverzicht, auch Zuverlässigkeit, Pünktlichkeit und Selbstkontrolle (Ebel 1953, 827f.).

Aber auch die *Konzeption der wissenschaftsorientierten Grundschule* legt trotz ihrer Abkehr von angeblich diffusen, irrationalen, ideologiebeladenen Wertvorstellungen wie »Heimatliebe« oder »Volkstümlichkeit« ihren Zielen Werte zugrunde, etwa kritische Rationalität und Hochschätzung wissenschaftlicher Arbeits- und Erklärungsweisen.

Und dem sozialen Lernen wird besonderes Gewicht beigemessen; unter dem Leitziel der Emanzipation werden Werte wie Bereitschaft zur Konfliktbewältigung, Fähigkeit zur Empathie und zur Kooperation wichtig. Hierzu liegt eine Fülle von unterrichtspraktischen Beispielen, Modellen, Vorschlägen vor, die von der Sensibilisierung durch Bewegungs-, Partner-, Rollenspiele über neue Einsatzformen partnerschaftlichen Arbeitens bis hin zu schulumgreifenden Projekten reichen. Auch hier wird jener Zusammenhang zwischen Zielen und Methoden sichtbar, der eine Konzeption kennzeichnet, und es ist nicht korrekt, die wissenschaftsorientierte Grundschule der siebziger Jahre als erziehlich indifferent oder gar irrelevant zu bezeichnen, wenn auch in ihr eine Scheu zu konstatieren ist, Erziehungsziele explizit zu formulieren. Die eher verlegene Zugabe »affektiver Ziele« zu den ausdifferenzierten kognitiven und psychomotorischen Ziel- und Inhaltsauflistungen der curricularen Lehrpläne jener Konzeption verstärkt den Eindruck, daß (Wert)erziehung nicht ihre vordringliche Aufgabe sei. Das verleitete manchen Lehrer dazu, Erziehung und Unterricht trennen zu wollen oder lediglich auf die funktionale Erziehungswirkung eines streng fachlichen, rationalen, methodisch ausgefeilten, jederzeit kontrollierbaren Unterrichts zu bauen.

Auch die Analyse *weiterer Konzeptionen* (angelsächsische, skandinavische Schulen mit extrem »offenem« Unterricht, Freinet-Schulen u. a. m.) oder konzeptionsartiger Ansätze (Grundschulen bzw. Grundschulklassen mit »freier Arbeit« oder mit der Verwirklichung von Ideen und Modellen nach Lichtenstein-Rother, Andresen etc.) würde erweisen, daß Werterziehung immer ihre Aufgabe ist. Eigentlich steht für die Grundschule nie in Frage, was das wichtigste Bestimmungsstück für die grundlegende Werterziehung ist:

Grundlegende Werterziehung durchdringt und bestimmt das Gesamt der Grundschule.

Diese Bestimmung macht Ernst mit der Einsicht, daß Erziehung und Unterricht nicht zu trennen sind. Grundlegende Werterziehung ist nicht eine weitere »Bindestrichpädagogik«, ein Notnagel für eine in Krisen geratene Schule. Sie ist nicht Gegenmittel für einen angeblich wertfreien und erziehungsirrelevanten Unterricht. Sie findet nicht in irgendwelchen Nischen oder in »sonstigen« Veranstaltungen der Schule statt, etwa im Schulleben i. e. S. (vgl. Breslauer 1979, 42–54). Es gibt grundsätzlich keine Situation, kein Unterrichtsfach in der Schule, die nicht in irgendeiner Form Werterziehung ermöglichen und fordern, und es gibt keinen Lehrer, der sich aus der Verantwortung für sie stehlen kann.

7.3.2 Umrisse einer Konzeption der Werterziehung in der Grundschule

Die in den Vorkapiteln ausgeführten Bestimmungen umreißen eine Konzeption der Werterziehung für die Grundschule. Danach soll sie vorrangig Sozialerziehung sein mit Wertvorstellungen, die allgemeinen Konsens finden und in »kleinen«, gegenwartsorientierten Aufgabenstellungen konkretisiert werden können. Die Erfüllung dieser Aufgaben bildet erste Bausteine überdauernder sittlicher Werthaltungen im jungen Menschen; der »Baugrund« ist dabei das schulische Miteinanderleben. Die Erziehungsaufgaben zielen gleichermaßen auf die affektive, aktionale und intellektuelle Komponente der Wertgenese; Erziehung und Unterricht verschmelzen zu wertorientiertem Schulleben im weitesten Sinn.

Alle Elemente, die Schule konstituieren, müssen möglichst widerspruchsfrei diesen Bestimmungen entsprechen: übergeordnete Aufgaben und spezielle Zielstellungen, äußere Organisation, räumliche, zeitliche und inhaltliche Planung des Schullebens i. w. S., Methoden der Planverwirklichung, Lehrerpersönlichkeit – und die Schüler insofern, als sie nicht auf Dauer krank, lern- oder erziehungsunfähig sein dürfen. Hier ist nicht der Ort, eine solche Schule mit all ihren Elementen zu konzipieren. Es seien jedoch Grundzüge der inneren Gestaltung jenes Schullebens i. w. S. skizziert, die in Wechselwirkung treten mit äußeren Strukturmerkmalen und die primär wichtig sind, weil sie den pädagogischen Bezug zwischen Lehrer und Schüler betreffen.

a) Stufen der Wertvermittlung

Kern der inneren Gestaltung ist eine kindgemäße Vermittlung der Wertvorstellungen in drei Stufen:

I. Stufe der unreflektierten Erfahrung wertorientierten Handelns.
II. Stufe der Besinnung und Wertung hinsichtlich solchen Handelns.
III. Stufe der reflektierten Verwirklichung von Wertvorstellungen.

Dies soll kein Verlaufsschema abgegrenzter »Erziehungseinheiten« darstellen, wenn auch im Einzelfall die Stufen relativ rasch aufeinander folgen können, wenn z. B. nach mehr oder weniger »arrangiertem« partnerschaftlichen Zusammenarbeiten bei der Nachschrift-Vorbereitung die Kinder über ihre positiven Erfahrungen und Gefühle sprechen, elementare Wertungen abgeben und daraufhin von selbst helfende Zusammenarbeit mit anderen Kindern der Klasse vorschlagen und durchführen – u. U. beim Lesen, Rechnen, sachunterrichtlichen Problemlösen, beim Musizieren oder Werken.

b) Handeln im Sinne der Stufe I

Normalerweise werden Grundschüler, insbes. Schulanfänger, immer wieder und über längere Zeit hin Werterfahrungen der Stufe I machen (müssen). Es geht dabei darum, sie mit wertorientiertem Handeln zu konfrontieren, ihnen Begegnungen, Erlebnisse, Handlungsmöglichkeiten zu verschaffen, ihnen ein »Erfahrungsfeld« zu öffnen, das (noch unreflektiertes) Können ermöglicht. Erfahrungen macht das Kind dabei, indem es Anweisungen zunächst »einfach« befolgt, ausführt, Ordnungen einhält, Tätigkeiten nachmacht, in Situationen mitmacht; Erfahrungen werden aber auch gewonnen durch Zuschauen, Beobachten, Hören, Fühlen, Sich-Hineinversetzen, inneres Miterleben und Nachvollziehen, wobei wir davon ausgehen können, daß die Kinder diese Erfahrungen nicht nur gefühlsmäßig empfinden, sondern auch auf sehr individuelle Art kognitiv sammeln, ordnen, vergleichen, bewerten. Das ist eine notwendige Voraussetzung für die Stufe II. Zunächst bezieht aber das Kind sein Handeln und seine Erfahrungen noch nicht oder nur sehr eingeschränkt und diffus auf den sozialen Kontext, und es weiß oft noch nicht, ob sein Handeln bestimmten Wertnormen entspricht. So möchte es vielleicht seinem Partner mit weiteren Aufgaben helfen, wo dieser schon müde und unlustig ist; Helfenwollen und Aufdringlichsein liegen dann sehr nah beieinander. Darum sind Rückmeldungen so wichtig, die unmittelbar auf das Handeln (eigenerlebtes und »fremderfahrenes«) folgen: verbale Bewertungen, Zeichen, vereinbarte Symbole; Gestik und Mimik, körperliche Berührungen, Verstärkung durch »außerplanmäßigen« Einsatz schöner, spannender ... Unterrichtsstrecken oder -fächer und vor allem das Erlebnis gelungener wirksamer Handlungen.

Damit sei ein Gegengewicht zu einem starken Trend in der Grundschule angesprochen, der dahin geht, lediglich kognitive und psychomotorische Leistungen ernsthaft zu bewerten, da sie direkter meßbar sind als affektive, haltungsmäßige. Hierin liegt ein vielbeklagtes Grundübel der Schule heute. Bewerten wir aber diese »Leistungen« nicht, so, machen damit den, der sie erbringt, letztlich gleichgültig: Was lohnt es sich, sauber, fleißig, pünktlich, gewissenhaft, ehrlich, freundlich, hilfsbereit, friedlich, tolerant, lernbereit zu sein, wenn das »dicke Lob« nur der erfährt, der die meisten Punkte oder die wenigsten Fehler in Probearbeiten hat, wie wenig er sich dabei vielleicht angestrengt und wie schlampig er möglicherweise geschrieben hat und wie sehr er sonst seine Mitschüler piesackt oder verachtet.

c) Vermeidung von Zwang

Bei allem planmäßigen Arrangieren wertorientierter Lernsituationen muß sich die Schule vor unangemessenem Zwang hüten. Der liegt vor, wenn ein Kind Verhaltensweisen zeigen soll, die es noch gar nicht beherrscht. Schulanfänger weisen hinsichtlich der Fähigkeit zu gesittetem, sozialorientiertem Verhalten ähnlich unterschiedliche Voraussetzungen und Lernstände auf wie für das Erlernen fachlicher Inhalte. Viele Kinder wissen noch nicht, wie man sich entschuldigt, haben noch kaum Gespür dafür, wenn sie anderen wehtun, haben die konzentrationsstiftende Ruhe gemeinsamer Stillarbeit noch nie erlebt, krachen vielleicht Türen zu, weil sie nie probieren durften, wie man sie leise schließt. Darum müssen die *Inhalte* der Werterziehung nach ihrer möglichst eindrucksvollen Einführung (siehe 7.4) *ständig wiederholt und intensiv geübt* werden – eine wesentliche Aufgabe der Stufe I.
Unangemessener Zwang bedroht die Werterziehung aber auch dann, wenn dem Kind nicht gestattet wird, seine altersgemäßen affektiven Bedürfnisse zu befriedigen und auszuleben. Die Forderung gegenseitiger Rücksichtnahme oder sorgfältiger, konzentrierter Arbeitsausführung darf z. B. nicht zu einer dauernden Einengung des Bewegungs- und Sprechbedürfnisses führen. Die Wertschätzung von Freundlichkeit und Kooperationsbereitschaft darf den Schüler nicht in Zwangslagen bringen, partout

auch mit Kindern zusammenarbeiten zu müssen, die ihm stark widerstreben oder Angst einflößen. Hier sind zuerst Wege zu finden, Antipathien und Ängste abzubauen – oder mit ihnen zu leben! Und schließlich gibt es Gründe dafür, daß ein Schüler auch einmal unpünktlich ist, Arbeiten nachlässig erledigt, mißmutig oder verschlossen zur Schule kommt!

Weder hemmungsloses Ausleben aller Bedürfnisse noch zwanghaftes Anpassen an Normen sind im Sinne der Erfahrungsbildung auf Stufe I. Vielmehr muß sich der Schüler behutsam fordernden Ansprüchen gegenübersehen, im Rahmen ständig wachsender Eigenverantwortung für sein Handeln sittliche Verhaltensweisen zu erlernen und zu üben, und er muß gleichzeitig die schonraumhafte Freiheit genießen können, Individualität zu zeigen, in vielem noch unvollkommen zu sein und »Fehler« zu machen. Letzteres erbringt überhaupt erst die fruchtbare Spannung, die zu Besinnung und Wertung auf Stufe II führt.

d) Ansätze zu Stufe II

Vielfach wird versucht, alle Handlungen sofort begründen zu lassen. Das wird im Einzelfall notwendig und leicht sein, soll dann auch geschehen, etwa bei Einhalten von Garderobenordnungen oder Gesprächsregeln. Insgesamt birgt ständiges Begründen aber auch die Gefahr der Überforderung des Kindes, hemmt Spontaneität (und damit Gefühlsintensität) und Selbstverständlichkeit der Handlung durch »Zerreden«, bringt oft einen *verfrühten* Zug der Belehrung und Intellektualisierung ins Schulgeschehen. Der Lehrer muß intensive Beobachtung, Geistesgegenwart und Takt in jenes Geschehen einbringen, um entscheiden zu können, wann die Stufe II zum Tragen kommen soll, wann die angedeuteten Gefahren nicht (mehr) gegeben sind. Eine Forcierung ist hier gar nicht nötig, da die Kinder bald dieses bisher unreflektierte Tun selbst kommentieren, meist zunächst mit schlichten Bewertungen: »Das war schön«, »das hat mir nicht gefallen«, »das müßten wir immer so machen« u. ä. Hieran kann weiterführende Reflexion anknüpfen. Nach Raths u. a. sind solche Äußerungen »Wertindikatoren«, die auf einen beginnenden Wertungsprozeß hinweisen; geäußerte Absichten, Bestrebungen, Einstellungen, Interessen, Gefühle, Überzeugungen, Freizeitbeschäftigungen, Sorgen, Probleme u. ä. An solche Indikatoren kann schulische Wertklärung ansetzen (Raths u. a., nach Mauermann 1978, 210). Das klärende und kritische Überdenken bezieht also (kognitives) Urteilen, aber ebenso die mitwirkenden emotionalen und aktionalen Elemente mit ein. Nach Teutsch können »Einstellungen oder emotionale Urteile und Motivationen durch reflektierendes Verarbeiten von Emotionen und Erlebnissen rational verstärkt oder auch korrigiert werden ... Im Zustand emotionaler Erregung gerät das Kind kurzfristig in eine fruchtbare, aber auch gefährliche, insgesamt also beeinflußbare Phase« (Teutsch 1978, 146).

Das Korrigieren von Einstellungen und Urteilen schließt ein, daß dem Kind auf dieser Stufe II Verhaltensalternativen angeboten werden, allerdings nicht im Sinne eines unverbindlichen Wertepluralismus' oder -relativismus (vgl. die Kritik an Raths bei Mauermann, 1978, 218f.). Der oben angesprochene Wertkonsens muß gewahrt bleiben. Unter dieser Einschränkung müssen die Grundsätze gesehen werden, welche die Reflexion auf Stufe II bestimmen. Es sind die ersten vier der sieben Prinzipien von Raths u. a. (1976, 55):

»... einem Erwachsenen, der Kindern helfen will, Werte zu entwickeln, kann man folgendes raten:

(1) Kinder zu ermutigen, eine Auswahl zu treffen, und zwar freiwillig.
(2) Ihnen zu helfen, anderen Möglichkeiten zu entdecken und zu prüfen, wenn sich eine Auswahl bietet.
(3) Kindern zu helfen, die Alternativen sorgfältig abzuwägen und dabei über die Konsequenzen einer jeden nachzudenken.
(4) Kinder zu ermutigen, darüber nachzudenken, was es ist, das sie so schätzen und woran sie so hängen (bzw. was sie in einer bestimmten Weise handeln läßt – Ergänzung des Verfassers; hierzu Unterrichtsbeispiel 7.4.3).

Solches Nachdenken soll einmal das moralische Urteilen fördern und differenzieren und bildet damit die Voraussetzung für ein (beschleunigtes) »Höhersteigen« innerhalb der Kohlbergschen Entwicklungsstufen. Zum anderen soll es emotionales Empfinden klären, aber auch bestärken, und es soll zum dritten als gut erachtete Handlungsweisen zu ihrer verbesserten und gesicherten Reproduktion führen, im Idealfall sogar zu stark veränderten, »neuen« Verhaltensweisen bringen.

e) Bewußtes, absichtsvolles Handeln im Sinne der Stufe III

Mit der geläuterten Reproduktion bzw. der Neuschaffung von Verhaltensweisen ist Stufe III erreicht. Es ist zwar kaum zu erwarten, daß hierbei Grundschüler aus bereits tief verwurzelten Werthaltungen heraus handeln, und wir müssen uns hüten, von allen Schülern einer Klasse selbständig-kreative Wertverwirklichung zu fordern. Vor allem werden kaum je alle Schüler zu gleicher Zeit diese Stufe III erreichen. Doch soll das Kind bei all seinen Handlungen, ob von außen angestoßen oder aus eigenem Antrieb kommend, sich eine Art erste Rechenschaft ablegen, indem es das Handeln an allgemeinen Regeln oder sittlichen Forderungen mißt. Es soll fähig sein, für sich konkrete, eng umgrenzte Ziele anzuerkennen oder selbst aufzustellen und ihre Erfüllung anzustreben, Ziele, die das Kind so formulieren könnte:

- Ich grüße Mitschüler, erwidere ihren Gruß; sage bitte und danke, entschuldige mich, wenn ich sie störe oder ihnen wehtue.
- Ich lasse andere ausreden, versuche nicht, sie zu überschreien, lache keinen wegen eines Ungeschicks oder Fehlers aus.
- Ich versuche, bei Meinungsverschiedenheiten oder Streit den Standpunkt anderer zu verstehen und meinen eigenen klar zu sagen; ich beschimpfe, beleidige, verspotte dabei niemanden.
- Ich dränge mich nicht vor, maule nicht, wenn andere vor mir drankommen, sage aber auch meine Meinung, wenn es mir ungerecht vorkommt.
- Ich hebe auch Dinge auf, die nicht ich weggeworfen habe, helfe anderen, wo ich kann, leihe Sachen aus und gebe Geliehenes selbst zuverlässig zurück.
- Ich verstehe Dienste ordentlich, pünktlich, sorgfältig.
- Ich gehe mit meinen Schulsachen sorgfältig um, beschädige in der Schule nichts. Ich stehle nicht.
- Ich will bei Spiel und Sport nicht dauernd gewinnen, wähle auch schwächere Sportler in meine Mannschaft, protestiere nicht gegen Schiedsrichterentscheidungen.

u. a. m.

Solche Ziele oder Vorsätze müssen vom Kind in seiner Sprache ausgedrückt werden, sollen möglichst einprägsam, formelhaft, konkret sein, aber eben nicht als bloß dahergesagtes Ergebnis eines Gesprächs, einer Unterrichtseinheit in jenem üblen Sinn einer angehängten, aufgepfropften und letztlich unwirksamen »Moral von der Geschicht'«, sondern als Ausdruck einer für notwendig und wünschenswert erachteten persönlichen Maxime, an der das Kind sein Handeln prüfen kann bzw. prüfen lassen muß. Solche Sollensformulierungen sind nur Teil der generellen sprachlichen Durchdringung und Ausprägung der Werterörterung auf Stufe II und III, wo sich Lehrer und Schüler nicht scheuen dürfen, auch Gefühle zu benennen und insgesamt um Sprache zu ringen, etwa wenn es um Begriffe wie »Befriedigtsein« oder »Hilfsbereitschaft« geht oder um »Kompromiß«, »Toleranz«, »Team« und vor allem auch »Wert«! Erst was man benennen kann, wird wirklich geistiges Eigentum, und Reichtum hierin erhöht auch die Chance sittlichen Handelns.

7.4 Beispiele der Werterziehungspraxis in der Grundschule

7.4.1 Die Lehrerpersönlichkeit als Beispiel

Mehr als bei der Vermittlung fachlicher Inhalte oder Fertigkeiten spielen bei der Werterziehung vor allem die spezifische schulische Situation, die Klassen- und Schulatmosphäre und die persönlichen Bindungen aller Beteiligten eine wesentliche Rolle, da sie die so wichtige emotionale Dimension der Erziehung beeinflussen. Darum ist es problematisch, allgemein nachvollziehbare Unterrichtsabläufe vorzugeben; aber es kann ein Rahmen beschrieben werden für die freie und individuelle Gestaltung der Werterziehung durch die Schule und die einzelne Lehrkraft. Verhaltensweisen und Persönlichkeitsmerkmale, die bewußt und absichtsvoll, modellhaft eingesetzt werden und insgesamt den Vorsätzen und Zielen der Schüler (s. o.) entsprechen, sind hier in einer Art *»Prüfliste« für den Lehrer* notiert:

- Grüße ich meine Schüler in angemessener Weise, verwende ich mein Bitte und Danke situationsgerecht und nicht stereotyp oder als Kaschierung bestimmter Einstellungen, kann ich mich auch bei Schülern entschuldigen?
- Lasse ich Schüler aussprechen, wie ich es im Unterrichtsgespräch von ihnen fordere, rede ich nicht öfters dazwischen, höre ich Schülern teilnahmsvoll zu – auch außerhalb des Unterrichts, behandle ich Fehlleistungen taktvoll, verbessere ich sachangemessen?
- Enthalte ich mich des Spotts, des Sarkasmus', der arrogantjovialen Überheblichkeit, gebe ich Fehler, Nichtwissen zu und bemühe mich um Ausgleich, kann ich auf Kritik hin sachlich und unvoreingenommen bleiben?
- Gebe ich schwachen oder disziplinlosen Schülern immer wieder Kredit, unterliege ich nicht dem »Halo«- oder »Pygmalioneffekt«, versuche ich, in Konfliktfällen vorurteilsfrei, überlegt, gerecht zu handeln, die andre Seite zu hören, mich gegebenenfalls um Kompromisse zu bemühen?
- Halte ich mich an Klaßzimmerregeln, beanspruche ich keine Sonderrechte, halte ich mich an schulische Zeitsetzungen?
- Bücke ich mich auch einmal nach einem heruntergefallenen Gegenstand, helfe ich u. U. einem Schüler beim Tragen?
- Zeige ich durch körperliches Gepflegtsein, durch gewisse Sorgfalt meiner Kleidung, daß ich den Schüler als urteilsfähige Person mit Sinn für Kultiviertheit ansehe, zeige ich die Wertschätzung des Schülers und des Bildungsauftrags durch angemessenes Verhalten – angefangen von deutlicher Tafel- und Heftschrift über

die intensive Betreuung seiner schriftlichen Arbeiten (bes. der Hausaufgaben!) bis hin zum Tragen von Turnkleidung im Sportunterricht?
- Bestehe ich auf der Erfüllung sach- und kindangemessener Pflichten und Dienste, lasse ich mir hier nichts abhandeln? Aber auch: Kann ich Dinge auf sich beruhen lassen, wenn dem Kind damit geholfen werden kann?

Der Lehrer, der seine Professionalität auf solche Merkmale gründet, schafft eine erziehliche Basis, die im Gleichgewicht zwischen Normierung und Freiheit des Schülers steht.

7.4.2 Ordnungen und Gewohnheiten im Dienst elementarer Wertvermittlung

Feste Ordnungen, Gewohnheiten, Sitten und Rituale in der Schule geben den Kindern Gelegenheit, vor allem die aktionale und die affektive Dimension der Wertvermittlung zu entfalten. Sie schaffen fast »zwangsläufig« den Rahmen für wertorientierte Verhaltensweisen im Sinne der Stufe I und vermitteln zumindest unterschwellig Gefühle der Entlastung, der Sicherheit, der sozialen Harmonie. Sie lassen Erfolgserlebnisse aufkommen und fordern ihre Wiederholung.
Schon mit Ankunft der Schüler in ihrer Schule kommen sozialerzieherisch-wertorientierte Situationen zum Tragen. In »gesitteten« Schulen stehen früher eintreffende Kinder nicht vor der Haustür, sondern finden einen Aufenthaltsraum mit Spiel-, Lese-, Arbeitsmöglichkeiten und ansprechbereitem Lehrer oder älterem Mitschüler. In der eigenen Klasse wird jedes Kind freundlich begrüßt, hat in der Zeit vor dem Gong Gelegenheit, mit dem Lehrer über alles zu sprechen, was es bedrängt und erfüllt. Der Lehrer geht auf zurückhaltende und zurückgehaltene Kinder zu, sucht sie in Gespräche, Spielgruppen einzubinden, hilft u. U. bei noch zu vervollständigenden Aufgaben. Im Zimmer stehen in entsprechenden Ecken, Regalen, Fächern Bücher, Spiele, Lernmaterialien bereit zur freien Beschäftigung; Schautische, aktuelle Wandzeitung, Kramkiste, aber auch die verschiedenen Klassendienste fordern Aktivität der Kinder. Sie mögen aber auch in Gruppen sich unterhalten, etwas üben oder lediglich still zuschauen, was andere tun. Wenige, einprägsame Regeln ordnen diese Zeit:
- Wir unterhalten uns in Zimmerlaufstärke
- Wir rennen nicht herum
- Wir streiten nicht

etc.
Der Gong veranlaßt die Kinder zum Hinsetzen im Kreis, zum Ruhigwerden. Sie sprechen in täglichem Wechsel ein zu Hause ausgewähltes und vorbereitetes Gebet,

sagen Wetter und Datum an, bestimmen Lied oder Instrumentalstück, das ausgeführt werden soll. Eine Aussprachezeit ist vorgesehen, u. U. mit Eieruhr zur Redezeitbegrenzung oder mit der Regel, daß reihum jeder zum Sprechen drankommt – wenn er will. Möglich auch: Kinder als »Ansager« ritualisieren das Geschehen: »Wer möchte etwas berichten? Wer hat etwas mitgebracht? Wer hat etwas vergessen? Was ist sonst los?«. Besonders erziehungswirksam und aufschlußreich wird der Morgenkreis (in analoger Weise die Tages- oder Wochenschlußveranstaltung), wenn Probleme der Kinder, kleine Konflikte, Lernschwierigkeiten, vielleicht sogar häusliche Schwierigkeiten und natürlich affektiv geladene Erlebnisse, Nachrichten, Tagesereignisse zur Verhandlung kommen, u. U. Lösungen erfordern, was schon ein Erreichen der Stufe II darstellt. Aber auch Musikhören, Bildbetrachten, Meditieren können den Morgenkreis bereichern, sind erste Ansätze, auch ästhetische Werte den Kindern nahezubringen. Zudem fördern solche Veranstaltungen Konzentration und Disziplin (hierzu Burk 1984). Eine Vorausschau auf das Tagespensum und möglicherweise die Kontrolle und Würdigung der Hausaufgaben leiten zur fachlichen Arbeit über.
Analoge Ordnungen, Gewohnheiten, Rituale durchziehen den gesamten Schultag, etwa: Wir gehen vor dem Unterricht auf die Toilette, waschen uns grundsätzlich die Hände danach; wir essen zu Pausenbeginn in Ruhe, mit Serviette o. ä. im Zimmer und gehen dann ohne Gestoße und Lärmen auf den Hof. Wir räumen Sachen leise in die vorgesehenen Fächer, überlassen Papieraufheben u. ä. nicht nur dem entsprechenden Dienst oder dem Reinigungspersonal; wir beschäftigen uns ohne Rückfragen in der Leseecke, wenn wir mit einer Arbeit fertig sind. Wir berichten ohne Petzerei und Anschuldigungen von Regelverstößen oder Streitereien etc. in der Pause. Wir verlängern die Sport- oder Werkstunde durch flottes, leises Gehen zu den Fachräumen, durch zügiges Umziehen oder Herrichten von Geräten und Materialien. Wir singen und beten zum Schulschluß oder halten Rückschau auf den Vormittag u. a. m.
Solche Ordnungen und Gewohnheiten können das gesittete Miteinanderleben in der Schule fördern. Aber sie werden auf Dauer nicht selbstverständlich befolgt. Dem Kind muß oft bestätigt werden, daß es bei ihrer Befolgung richtig und gut handelt. Vor allem müssen auch Sitten und Gewohnheiten (irgendwann) begründet werden, denn zur Autonomie des Kindes gehört, daß es Sitten schließlich freiwillig-einsichtig befolgt – oder ablehnt (vgl. 4.5).

7.4.3 Unterrichtliche Behandlung eines Dilemma-Falls: »Gerda stiehlt – darf Thomas petzen?«

Bei dieser Unterrichtsskizze sollen die Schüler mögliche Verhaltensweisen in einer Konfliktsituation kennenlernen und bewerten. Sie sollen Lösungsalternativen finden und ihr eigenes Verhalten in ähnlichen Situationen überprüfen und gegebenenfalls verändern. Der Behandlung dieses Falls liegen Wertvorstellungen wie Ehrlichkeit, Verantwortungsbewußtsein, Fairneß, auch persönliche Festigkeit und Bereitschaft zur Einführung in andere zugrunde.

Der Fall spielt sich in einer fiktiven Klasse ab. Die Namen Gerda und Thomas kommen in der unterrichteten Klasse nicht vor; damit ist die zur möglichst objektiven, unbelasteten, offenen Erörterung notwendige Distanz geschaffen. Andererseits ist das Lernarrangement so realitätsnah, findet im Schulleben jeder Klasse häufige Parallelen, daß die Erörterung nicht im Unverbindlichen verbleibt und jederzeit übertragbar ist. Bei weniger persönlich belastenden Konfliktfällen in der Klasse mögen diese aber auch selbst zum Unterrichtsgegenstand gemacht werden, wobei der Lehrer ein äußerst feines Gespür für die Lage seiner Kinder aufbringen und mit den Elternhäusern kooperierend konform gehen muß! Für die Behandlung solcher Konfliktfälle kann schwerlich ein zeitlicher Rahmen festgelegt werden; u. U. zieht sich die Erörterung über mehrere Tage hin; sie wird auf jeden Fall immer dann abgebrochen, wenn die Kinder Lustlosigkeit oder Ermüdung zeigen oder die Diskussion sich zu stark festgefahren hat.

a) Präsentation des Falls

Der Lehrer schildert, wie Thomas zufällig Zeuge wird, als Gerda aus Michaelas Mantel Geld nimmt und einsteckt. Diese Falldarbietung kann auch via Text, Bild, Film, Spiel ... geschehen, sollte nur prägnant, kurz, vor allem ohne verkomplizierende und ablenkende »Zutaten« wie etwa Schilderung der Diebstahl-Technik o. ä. sein. Das »Kriminalistische« darf nicht im Vordergrund stehen.
In einer mit drei Schülern vorbereiteten Spielszene wird gezeigt, wie Michaela den Verlust beklagt, Thomas ungefragt dem Lehrer den Vorgang erzählt und Gerada unter Abstreiten, Weinen und Beschimpfen Thomas die Freundschaft aufkündigt, dann unter eindringlicher Befragung den Diebstahl gesteht und das Geld zurückgibt.

b) Freie Schüleräußerungen

Die Klasse klärt im Gespräch den Sachverhalt, räumt Mißdeutungen aus, gibt erste Wertungen ab, die noch nicht weiter verfolgt werden. Die moralische Erörterung des Stehlens wird hier sehr verkürzt angegangen: Diebstahl ist nicht statthaft. Der Klasse wird aber versichert, daß zu anderer Zeit darüber gesprochen werden wird. Der Begriff »Petzen« wird umschrieben: dem Lehrer ungefragt eine Sache berichten, die für einen dritten peinlich ist. Dieser methodische Schritt dient der Verständniskontrolle, zentriert die Schüler auf eine abgegrenzte Situation, sucht eine gemeinsame Sprachebene, bildet so die Grundlage für den nächsten Schritt:

c) Formulierung des Problems

Der Klasse ist klar: G. darf nicht stehlen. Aber ist es richtig, daß T. sie verpetzt? Wie könnte T. sich noch verhalten? Welche Folgen können die verschiedenen Verhaltensweisen haben? Dieser Schritt umschreibt also Ziele des folgenden Unterrichts.

d) Erste Lösungsversuche

Je nach »Fall«, Alter und Vorerfahrungen der Schüler können mögliche alternative Verhaltensweisen »frei« gefunden (Klassengespräch mit vorbereitenden Partner- oder Gruppengesprächen, freies Rollenspiel), ganz oder teilweise vorgegeben werden (Text, Puppenspiel, vorbereitete szenische Darstellung – vgl. Rabenstein-Haas 1972). Wesentlich ist aber, daß die Schüler Folgen der Handlungsweisen selbständig überdenken und sich dazu in die Personen des Falls hineinversetzen. Zunächst wird sich erweisen, daß die Frage nach »richtig« oder »falsch« beim Petzen nicht eindeutig zu beantworten ist: Einerseits wird der Fall geklärt, mögliche Schuldzuweisungen, Verstimmungen, Sanktionen in der Klasse werden abgewendet, der Schaden kann wieder gutgemacht werden etc. Andererseits stellt T. seine Kameradin bloß, bringt sie in eine Situation der Verlassenheit, Scham, Wut, provoziert unbedachte Verhaltensweisen bei G., strapaziert die Freundschaft aufs höchste, zieht u. U. Vorteile für sich daraus (»lieb Kind« beim Lehrer), ist zu feige, mit G. gemeinsam das Problem anzugehen etc. Diese unbefriedigende ambivalente Situation soll die Schüler für das Finden bzw. Erörtern von Verhaltensalternativen motivieren.
In drei kleinen Spielszenen werden solche Alternativen vorgestellt:
(1) T. schweigt bei der Befragung durch den L., der Diebstahl »kommt nicht heraus«, die Situation bleibt offen.
(2) T. erzählt dem Lehrer unter vier Augen von dem Vorfall und bittet ihn, die Sache mit G. nicht vor der Klasse zu regeln und vor allem nicht zu verraten, wer der Informant ist.
(3) T. schweigt bei der Befragung, G. gibt den Diebstahl nicht zu. Der Lehrer läßt die Situation offen; nach der Stunde bittet T. Gerda, zum Lehrer zu gehen, alles zu beichten und das Geld zurückzugeben.

e) Überprüfung der Lösungsvorschläge

Die Schüler in der Rolle des urteilenden Beobachters erörtern nach kurzer verbaler Wiederholung der Szenen Motive und Folgen der Handlungsweisen von T., entscheiden sich für die ihrer Meinung nach beste und begründen schriftlich ihre Meinung. Sie werden auch gebeten, Gefühle zu beschreiben, die sie beim Sich-Hineinversetzen in T. und auch G. empfinden. Unter dem Hinweis, daß es noch weitere Lösungen gäbe, werden die Schüler ermuntert, noch andere Verhaltensweisen zu suchen und vorzuspielen, etwa: T. drängt G. gleich bei seiner Entdeckung des Diebstahls, das Geld zurückzustecken; T. bittet G. vor der Untersuchung durch den Lehrer, alles zuzugeben; T. erpreßt G. indem er sein Schweigen mit einem Teil des gestohlenen Geldes erkauft. Diese Maßnahme des Lehrers verweist darauf, daß bei der Diskussion von »Lösungen« u. U. kein befriedigendes Ergebnis erzielt wird; es folgt dann als weiterer Schritt: Erneute Lösungsversuche mit wertender Überprüfung.

f) »Realisierung« der für gut erachteten Lösungen

Die »wertvollsten« Lösungen, die T. als Freund erweisen, der Ehrlichkeit vertritt, G. hilft und ihr möglicherweise tiefere Verletzungen erspart, werden von den Schülern noch einmal nachgestaltet. T.s Verhalten wird in einer kleinen Charakteristik beschrieben. Dann äußern sich die Schüler, wie sie sich in analogen Situationen zu verhalten gedenken.

Wichtig wäre auch, G.s Verhalten zu analysieren, Gründe für den Diebstahl aufzuzeigen, vielleicht sogar präventive Maßnahmen vorzuschlagen, so z. B. das eigene Verhalten zu Mitschülern zu überdenken, die nachlässig, lieblos behandelt am Rande der Klassengemeinschaft stehen. Wenn gegeben, werden die Lösungen auf die Klasse übertragen; für bestimmte Fälle (Störungen des Schullebens, Unhöflichkeiten) können Ordnungen, Regeln vereinbart werden. Schritt f dieser Skizze soll wertbezogenes Handeln im Sinne der Stufe III fördern.

7.5 Resümee: Eigenwert der Grundschule

Keine Schule ist davor gefeit, ihre Zielvorstellungen ständig revidieren zu müssen. Die Zeiträume zwischen solchen Revisionen scheinen immer kürzer zu werden. Neue Wertvorstellungen ersetzen dabei traditionelle, mitunter kehren diese in veränderter sprachlicher Fassung wieder. Prioritäten bei der Wertvermittlung wechseln; manche Epochen scheinen Werterziehung nur am Rande ihrer Schulprogramme anzusiedeln.

Trotz aller Wellenbewegungen, Pendelausschläge, Modeströmungen verkörpert aber die Grundschule sie kennzeichnende, überdauernde Wertvorstellungen. So verwirklicht sie als erste gemeinsame Schule für alle Kinder die *Wertidee der Gleichheit,* die sich z. B. in den Vorstellungen von Chancengleichheit und Startgerechtigkeit manifestiert. Grundschüler werden bei Schuleintritt zwar immer Begabungs-, Verhaltens-

und Einstellungsunterschiede zeigen, und keine Schule wird es schaffen, solche Unterschiede gänzlich auszugleichen, alle Schüler zu nivellieren. Das wäre auch nicht wünschenswert. »Gleichheit« steht hier vielmehr für die jedem Schüler uneingeschränkt und vorbehaltlos zukommende und garantierte Würde, die darin besteht, daß *»Kindsein« als grundlegender Wert* anerkannt wird und daß sich die Schule danach ausrichtet. Die Wertschätzung gilt der individuellen Persönlichkeit des Kindes, sie gilt gleichermaßen dem Schutz wie der optimalen Förderung und Weiterentwicklung dieser Persönlichkeit – auch in Richtung Enkulturation und Sozialisation. Denn auch ihre Dienstleistungsfunktion für die Gesellschaft stellt einen Wert der Grundschule dar. Solche »wertvolle« Ausrichtung an Kind und Gesellschaft bedeutet aber auch, daß sich die Grundschule in immer stärkerem Maß dem *Wert der Wissenschaftsorientierung* öffnet – in dem Sinn, daß sie neben allem Einbezug der Grundwissenschaften ihrer Lehrfächer die *Realisierungsstätte der Pädagogik* und deren Bezugswissenschaften ist.

So ist die Grundschule beides: Vermittlungsinstanz für Wertvorstellungen, die ihr von außen aufgetragen werden und *Wertträger per se.*

Letzteres gibt ihr Recht und Befähigung, Werterziehung zu betreiben; selbst einen Wert darzustellen, ist die conditio sine qua non der Grundlegung solcher Erziehung.

Klaus Breslauer

Literatur

Ackermann, P. (Hrsg.): Politische Sozialisation. Opladen 1974.

Ackermann, P.: Einführung in den sozialwissenschaftlichen Sachunterricht. München 1976.

Andresen, U.: Dressur oder Therapie? In: Grundschule 12 (1980), Heft 11. S. 480–483.

Arbeitsgemeinschaft evang. Erzieher in Deutschland (AEED): Plädoyer für Grundbildung. Memorandum zur gymnasialen Oberstufe. Münster 1985.

Arbeitsgemeinschaft Lernmethodik: So macht Lernen Spaß. Studienhaus St. Blasien o. J.

Ausubel, D. P./Sullivan, E. V.: Das Kindesalter. Fakten-Probleme-Theorie. München 1974.

Bärmann, F.: Schrift und Schreiben. Braunschweig 1979.

Bärmann, F.: Über die Schule – Plädoyer für eine Angeklagte. In: Die Deutsche Schule (1980), Heft 9, S. 521–530.

Bäuml-Roßnagl, M.-A.: Sachunterricht in der Grundschule: Naturwissenschaftlich-technischer Lernbereich, München 1979.

Bartnitzy, H./Portmann, R. (Hrsg.): Leistung der Schule – Leistung der Kinder. Arbeitskreis Grundschule e.V. Bd. 87. Frankfurt/M. 1992.

Bauer, H. F. u. a.: Fachgemäße Arbeitsweisen im Sachunterricht der Grundschule. Bad Heilbrunn [3]1975 (1. Aufl. 1971).

Bauer, H. F.: Der physikalische und chemische Aspekt im Sachunterricht der Grundschule. In: Bauer, H. F. u. a. (1975) s. dort, S. 126–185.

Beck, G.: Politische Sozialisation und politische Bildung in der Grundschule. Frankfurt 1972.

Beck, G.: Sozialerziehung – Soziales Lernen. Gedanken zur begrifflichen und theoretischen Differenzierung. In: Die Grundschule 7 (1975), Heft 1, S. 15–18.

Beck, G./Claussen, C.: Einführung in Probleme des Sachunterrichts. Königstein/Ts. [2]1979.

Beckmann, H.-K.: Schule unter pädagogischem Anspruch. Donauwörth 1983.

Berg, K.-H. u. a.: Förderung lerngestörter Kinder in der Grundschule. Mainz 1981.

Böhm, W.: Wörterbuch der Pädagogik. Stuttgart [12]1982.

Bönsch, M.: Variable Lernwege. Paderborn 1991.

Bollnow, O. F.: Das Verhältnis zur Zeit. Heidelberg 1972.

Bosch, E./Rabenstein, R./Schorch, G.: Erhebungen zum Erstschreibunterricht nach dem bayerischen Grundschullehrplan ’81. Heft 1 und 2. Institut für Grundschulforschung. Nürnberg 1983/84.

Bosch, E./Rabenstein, R./Schorch, G.: Sicherheitserziehung in der Grundschule. Teil 1 und 2. Institut für Grundschulforschung. Nürnberg 1986/87.

Breslauer, K.: Schulleben und Unterricht – Indizien für eine gefährliche Sicht beider Begriffe. In: Breslauer, K./Engelhardt, W. (Hrsg.): Schulleben – Chance oder Alibi? Hannover 1979, S. 42–70.

Breslauer, K./Hacker, H./Poschardt, D. (Hrsg.): Werterziehung als Auftrag der Schule. Hannover 1978.

Brezinka, W.: Grundbegriffe der Erziehungswissenschaft. München/Basel [5]1990.

Brophy, J. E./Good, T. L.: Die Lehrer-Schüler-Interaktion. München 1976.

Bruner, J. S.: Der Prozeß der Erziehung, Sprache und Lernen. Band 4. Berlin/Düsseldorf [2]1972.

Bundesministerium für Bildung und Wissenschaft: Bildung heute. Band 29 der Reihe ›Studien zu Bildung und Wissenschaft‹. Bonn 1986.
Bundschuh, K.: Dimensionen der Förderdiagnostik. München/Basel 1985.
Burk, H.: Grundschule: Kinderschule oder Vorschule der Wissenschaft. Frankfurt 1976.
Burk, K. (Hrsg.): Kinder finden zu sich selbst. Disziplin, Stille und Erfahrung im Unterricht. Frankfurt 1984.
Claußen, B.: Zur Theorie der politischen Erziehung im Elementar- und Primarbereich. Frankfurt 1976.
Cooley, C. H.: Human nature and social order. New York 1902.
Deutscher Bildungsrat: Strukturplan für das Bildungswesen. Stuttgart 41972 (1970).
Dieterich, R.: Integrale Persönlichkeitstheorie. Paderborn 1981.
Dietrich, Th.: Die Pädagogik Peter Petersens. Der Jena-Plan: Modell einer humanen Schule. Bad Heilbrunn 41986.
Dörpfeld, F. W.: Schriften zur Theorie des Lehrplans. Bad Heilbrunn 1962 (erstmals 1873).
Dolch, J.: Grundbegriffe der pädagogischen Fachsprache. München 51965.
Dreesmann, H.: Zur Psychologie der Lernumwelt. In: Weidemann, B./Krapp, A. (Hrsg.): Pädagogische Psychologie. München/Weinheim 1986, S. 447–491.
Dreikurs, R. u. a.: Schülern gerecht werden. München 1976.
Dürr, H. P.: Traumzeit: Über die Grenzen zwischen Wildnis und Zivilisation. Frankfurt 51980.
Ebel, W.: Jena-Plan. In: Lexikon der Pädagogik. Band 2. Freiburg 1953.
Eggersdorfer, F.-X.: Jugendbildung. München 71961 (erstmals 1928).
Einsiedler, W. (Hrsg.): Konzeptionen des Grundschulunterrichts. Bad Heilbrunn 1979.
Einsiedler, W.: Lehrmethoden. München 1981.
Einsiedler, W.: Didaktik der Grundschule – Einführung in Theorie und Konzeptionen des Grundschulunterrichts. Institut für Grundschulforschung. Nürnberg 1982.
Einsiedler, W.: Anbahnung von Arbeitshaltungen im Grundlegenden Unterricht und im Sachunterricht der Grundschule. In: Pädagogische Welt 40 (1986), Heft 12, S. 552–556.
Einsiedler, W./Rabenstein, R. (Hrsg.): Grundlegendes Lernen im Sachunterricht. Bad Heilbrunn 1985.
Einsiedler, W./Ubbelohde, R.: Modellversuche im Grundschulbereich, Bonn 1985.
Elias, N.: Zum Begriff des Alltags. In: Hammerich, K./Klein, M.: Materialien zur Soziologie des Alltags. Opladen 1978.
Endres, W.: Mit Kniff und Pfiff – Kleine Lernmethodik. Weinheim/Basel 1982.
Engelhardt, R.: Urteilsbildung im politischen Unterricht. Einübung kontroversen Denkens als Aufgabe politischer Bildung. Essen 1986.
Engelhardt, W.: Statuentheater nach A. Boal. In: Engelhardt, W. u. a.: Lernen durch Spielen im Unterricht. Oldenburg 1987.
Engelmayer, O.: Wert und Wertorientierung in der Genese der Persönlichkeit. In: Breslauer/Hacker/Poschardt 1978 s. dort, S. 29–44.
Faust-Siehl, G./Portmann, R. (Hrsg.): Die ersten Wochen in der Schule. Arbeitskreis Grundschule e.V. Bd. 86. Frankfurt/M. 1992.
Feinstein, Ph.: Alles über Sesame Street. München 1972.
Feldmann, K.: Schüler helfen Schülern. München 1980.
Feyerabend, P.: Erkenntnis für freie Menschen. Frankfurt 1980.
Filipp, S.-H.: Entwurf eines heuristischen Bezugsrahmens für Selbstkonzept-Forschung:

Menschliche Informationsverarbeitung und naive Handlungstheorie. In: Filipp, S.-H. (Hrsg.): Selbstkonzeptforschung. Stuttgart 1979, S. 129–152.
Flammer, A.: Wechselwirkungen zwischen Schülermerkmalen und Unterrichtsmethoden. In: Schwarzer, R./Steinhagen, K. (Hrsg.): Adaptiver Unterricht. München 1975, S. 27–41.
Flitner, W.: Theorie des pädagogischen Wegs und der Methode. Weinheim [3]1956 (erstmals 1928).
Flitner, W.: Die vier Quellen des Volksschulgedankens. Stuttgart [4]1958 (erstmals 1941).
Flitner, W.: Grundlegende Geistesbildung. Studie zur Theorie wissenschaftlicher Grundbildung und ihrer kulturellen Basis. Heidelberg 1965.
Fölling-Albers, M. (Hrsg.): Veränderte Kindheit – Veränderte Grundschule. Arbeitskreis Grundschule e.V. Bd. 75. Frankfurt/M. 1989.
Freinet, C.: Die moderne französische Schule. Paderborn [2]1976.
Fürnrohr, W.: Arbeitsweisen und Arbeitstechniken des Geschichtsunterrichts. In: unterrichten/erziehen 1 (1982), Heft 2, S. 5–10.
Gärtner, F.: Neuzeitliche Heimatkunde. München 1958.
Garz, D.: Zum neuesten Stand von Kohlbergs Ansatz der moralischen Sozialisation. In: Zeitschrift für Pädagogik 26 (1980), Heft 1, S. 93–98.
Geppert, K.: Der Förderunterricht als herausgehobene Maßnahme der inneren Differenzierung. In: Drunkemühle, L. u. a.: Förderunterricht in der Grundschule. Frankfurt 1985, S. 15–61.
Glöckel, H.: Volkstümliche Bildung? Versuch einer Klärung. Weinheim 1964.
Glöckel, H.: Erziehung und Unterricht in der Schule. In: Beckmann, H.-K. (Hrsg.): Schulpädagogik und Fachdidaktik. Stuttgart 1981(a).
Glöckel, H.: Zur Problematik der Lehrziele und Lehrinhalte im Geschichtsunterricht der Primarstufe. In: Hantsche, I./Schmidt, H. D. (Hrsg.): Historisches Lernen in der Grundschule. Stuttgart 1981(b).
Glöckel, H.: Das Grundschulkind in unserer Zeit. In: Pädagogische Welt 36 (1982), Heft 8, S. 464–471.
Glöckel, H.: Individuelle Förderung in der Schule. In: Pädagogische Welt 37 (1983), Heft 8, S. 450–459.
Glöckel, H.: Erziehungsauftrag oder Erziehungsaufträge? Von der Aufgabe der Schule in unserer Zeit. In: Twellmann, W. (Hrsg.): Handbuch Schule und Unterricht. Band 7. Düsseldorf 1985, S. 344–356.
Glöckel, H.: Vom Unterricht. Bad Heilbrunn [2]1992.
Groddeck, N.: Soziales Lernen, Schulorganisation und Ich-Identität. In: Die Grundschule 8 (1976), Heft 2, S. 77–82.
Guardini, R.: Grundlegung der Bildungslehre. Würzburg [4]1959 (erstmals 1928).
Haarmann, D. (Hrsg.): Handbuch Grundschule. Bd. 1. Weinheim/Basel 1991.
Haarmann, D.: Grundschule 2000: Welches ist ihre zentrale Aufgabe? In: Grundschule 23. Jg., Heft 3/1991, S. 49–51.
Hacker, H.: Vom Kindergarten zur Grundschule. Bad Heilbrunn 1992.
Halbfas, H.: Soziales Lernen im schulischen Konkurrenzsystem. In: Halbfas/Maurer/Popp (Hrsg.): Lernen und soziale Erfahrung, Band 2 der Reihe »Neuorientierung des Primarbereichs«. Stuttgart 1974, S. 188–201.
Hameyer, U./Lauterbach, R./Wiechmann, J. (Hrsg.): Innovationsprozesse in der Grundschule. Bad Heilbrunn 1991.

Hanke, B. u. a.: Schülerbeurteilung in der Grundschule. München 1980.
Hausmann, G.: Grunderziehung. In: Lexikon der Pädagogik. Freiburg 1970.
Heckhausen, H.: Förderung der Lernmotivierung und der intellektuellen Tüchtigkeiten. In: Roth, H. (Hrsg.): Deutscher Bildungsrat. Gutachten und Studien der Bildungskommission. Begabung und Lernen. Band 4. Stuttgart [6]1971, S. 193–228.
Heitger, M.: Die dialogische Grundstruktur des Pädagogischen. In: Fischer, W. (Hrsg.): Einführung in die pädagogische Fragestellung, Teil 2. Freiburg 1963, S. 83–106.
Hendricks, J.: Grundlegende Bildung. In: Wittenbruch, W. (Hrsg.): Das pädagogische Profil der Grundschule. Heinsberg [2]1989, S. 100–116.
Herbert, M./Meiers, K.: Leben und Lernen im ersten Schuljahr. Stuttgart 1980.
Hofer, M.: Schülergruppierungen in Urteil und Verhalten des Lehrers. In: Hofer, M. (Hrsg.): Informationsverarbeitung und Entscheidungsverhalten von Lehrern. München 1981, S. 192–122.
Hofer, M. u. a.: Die Psychologie des Lernens. In: Weidenmann, B./Krapp, A. (Hrsg.): Pädagogische Psychologie. München/Weinheim 1986, S. 219–275.
Holtmann, A.: »Soziale Studien« ohne soziales Lernen. In: Die Grundschule 3 (1971), Heft 4, S. 15–18.
Huber, G. L.: Pädagogische Interaktion in der Schule. In: Weidenmann, B./Krapp, A. (Hrsg.): Pädagogische Psychologie. München/Weinheim 1986, S. 397–433.
Jäger, R. u. a.: Mannheimer Schuleingangsdiagnostikum – MSD. Weinheim 1976.
James, W.: Principles of psychology. New York 1890.
Jötten, B.: Fördern im Klassenunterricht. Münster 1981.
Kalb, G./Rabenstein, R./Rost, D. H.: Lesen und Verstehen. Diagnose, Training. Braunschweig 1979.
Kasten, H.: Die Entwicklung von Moralvorstellungen und Moralbegriffen beim Kinde. Donauwörth 1976.
Kay, W.: Das Modell der intellektuellen moralischen Entwicklung und das Einstellungsmodell der Moralität. In: Mauermann/Weber s. dort, S. 118–136.
Keim, W. (Hrsg.): Gesamtschule. Bilanz ihrer Praxis. Hamburg 1973.
Kerschensteiner, G.: Theorie der Bildung. Leipzig 1926.
Klafki, W.: Das pädagogische Problem des Elementaren und die Theorie der Kategorialen Bildung. Weinheim 1959.
Klafki, W.: Studien zur Bildungstheorie und Didaktik. Weinheim 1963.
Klafki, W./Stöcker, H.: Innere Differenzierung des Unterrichts. In: Topsch, W. (Hrsg.): Unterricht in der Grundschule. Bochum 1982, S. 87–116.
Knörzer, W./Grass, K.: Den Anfang der Schulzeit pädagogisch gestalten. Weinheim 1992.
Köhler, B./Schreier, H.: Sachunterricht Natur 1–4. München 1981.
Kohlberg, L.: Zur kognitiven Entwicklung des Kindes. Frankfurt a. M. 1974.
Kohlberg, L.: Kognitive Entwicklung und moralische Erziehung. In: Politische Didaktik (1977), Heft 3, S. 5–21.
Kopp, F.: Die kleinen Tugenden. In: Pädagogische Welt 30 (1976), Heft 4, S. 193–194.
Kornmann, R. u. a.: Förderungsdiagnostik, Heidelberg 1983.
Krapp, A./Mandl, H.: Einschulungsdiagnostik. Weinheim/Basel 1977.
Krappmann, L.: Die Entstehung der Lernfähigkeit im Interaktionssystem der Familie und ihre Förderung in der Schule. In: Halbfas/Maurer/Popp (Hrsg.): Entwicklung der Lernfähigkeit, Band 1 der Reihe »Neuorientierung des Primarbereichs«. Stuttgart 1972.

Landesinstitut für Schule und Weiterbildung: Perspektiven für den Englischunterricht an Hauptschulen. Curriculum-Heft 48. Soest 1985.
Lichtenstein-Rother, I.: Schulanfang. Frankfurt a. M. [7]1969.
Lichtenstein-Rother, I./Röbe, E.: Grundschule – der pädagogische Raum für Grundlegung der Bildung. München 1982.
Lippit, R.: Social Science Laboratory Units. Chicago 1969(a).
Lippit, R.: The Teacher's Role in Social Science Investigation. Chicago 1969(b).
Litt, Th.: Berufsbildung und Allgemeinbildung. Wiesbaden 1947.
Litt, Th.: Möglichkeiten und Grenzen der Pädagogik. Leipzig 1926.
Mahler, G./Selzle, E. (Hrsg.): Lehrplan für die Grundschule mit Erläuterungen und Handreichungen. Band 1 und 2. Donauwörth 1982.
Mauermann, L.: Unterrichtsgestaltung und Unterrichtsplanung unter dem Aspekt des Erzieherischen. In: Pädagogische Welt 32 (1978 a), Heft 1, S. 3–16.
Mauermann, L.: Methoden der Wertklärung nach dem Ansatz von Raths/Harmin/Simon – Darstellung und Kritik. In: Mauermann/Weber 1978(b) s. dort, S. 210–224.
Mauermann, L./Weber, E. (Hrsg.): Der Erziehungsauftrag der Schule. Donauwörth 1978.
Maurer, F.: Lebenssinn und Lernen. Bad Heilbrunn 1992.
Mead, G. H.: Mind, self and society. Chicago 1934. Deutsch: Geist, Identität und Gesellschaft. Frankfurt 1968.
Meiers, K.: Grundlegung der Bildung. In: Grundschule 22. Jg., Heft 6/1990, S. 10–134.
Menze, C.: Bildung. In: Speck, J./Wehle, G. (Hrsg.): Handbuch pädagogischer Grundbegriffe. München 1970.
Meyer, W.-U.: Prozesse der Selbstbeurteilung: Das Konzept von der eigenen Begabung. In: Zeitschrift für Entwicklungspsychologie und Pädagogische Psychologie 15 (1983), Heft 1, S. 1–25.
Miller, R.: George Herbart Mead. In: Herrmann, Th./Lantermann, E.-D. (Hrsg.): Persönlichkeitspsychologie. München 1985, S. 41–48.
Mittelstraß, J.: Die Wirklichkeit im Lichte von Ideen. In: Die Zeit 21. 1986.
Moeller-Andresen, U.: Das erste Schuljahr. Stuttgart 1973.
Moll-Strobel, H.: Grundschule – Kinderschule oder wissenschaftsorientierte Leistungsschule? Darmstadt 1982.
Neill, A.: Theorie und Praxis der antiautoritären Erziehung. Das Beispiel Summerhill. Reinbeck 1969.
Neubauer, W. F.: Selbstkonzept und Identität im Kindes- und Jugendalter. München/Basel 1976.
Neuhaus, E.: Reform des Primarbereichs. Bad Heilbrunn 1991.
Neuhaus-Siemon, E.: Das pädagogische Verständnis der Grundschule heute. In: Grundschule 19 (1987), Heft 1, S. 8–12.
Neuner, G.: Allgemeinbildung – Lehrplanwerk – Unterricht. Berlin(Ost) 1973.
Oerter, R.: Moderne Entwicklungspsychologie. Donauwörth [10]1971.
Oerter, R.: Entwicklungsgemäß fördern? In: Pädagogische Welt 39 (1985), Heft 12, S. 548–553.
Oetinger, F.: Partnerschaft. Stuttgart [3]1956.
Paulsen, F.: Bildung. In: Enzyklopädisches Handbuch der Pädagogik (Hrsg.: Rein, W.). Langensalza 1903.
Pekrun, R.: Schulische Persönlichkeitsentwicklung. Frankfurt 1983.
Peter, R.: Grundlegender Unterricht. Bad Heilbrunn 1954.

Petersen, R.: Führungslehre des Unterrichts. Weinheim ³1971 (erstmals 1936).

Petillon, H.: Soziale Beziehungen in Schulklassen. Weinheim/Basel 1980.

Pfeuffer, P.: Wir beobachten Partnerarbeit. Elementare Soziallehre in der 2. Jahrgangsstufe. In: Lebendige Schule 28 (1973), Heft 10, S. 394–400.

Pfeuffer, P.: Sozialformen des Unterrichts als Beitrag zur Gestaltung sozialen Lebens im ersten Schuljahr. In: Blätter für Lehrerfortbildung 31 (1979), Heft 11, S. 499–503.

Pfeuffer, P.: Arbeiten Doris und Uwe zusammen? In: unterrichten/erziehen 3 (1984), Heft 5, S. 12–14.

Piaget, J.: Das moralische Urteil beim Kinde. Frankfurt a. M. 1973.

Popp, W.: Wissenschaftsorientierter Unterricht und soziales Lernen. In: Halbfas/Maurer/Popp (Hrsg.): Entwicklung der Lernfähigkeit, Band 1 der Reihe »Neuorientierung des Primarbereichs«. Stuttgart 1972.

Postman, N.: Das Verschwinden der Kindheit. Frankfurt 1983.

Priebe, H.: Interessen- und Freundschaftsthemen. In: Grundschule 10 (1978), Heft 1, S. 27–31.

Priebe, H./Röbe, E.: Blickpunkt Grundschule. Donauwörth 1992.

Rabenstein, R.: Fachgemäße Arbeitsweisen – Einführung. In: Bauer, H. F. u. a. 1975(a) s. dort, S. 7–13.

Rabenstein, R.: Sozialformen als Lernziele. In: Bauer, H. F. u. a. (1975b) s. dort, S. 14–51.

Rabenstein, R. (Hrsg.): Erstunterricht. Bad Heilbrunn ²1979(a).

Rabenstein, R.: Zur geschichtlichen Entwicklung der Grundschuldidaktik. In: Heuß, G./Rabenstein, R. (Hrsg.): Grundschuldidaktik I. München 1979(b), S. 9–21.

Rabenstein, R.: Grundlegender Unterricht. In: Barsig/Berkmüller/Sauter (Hrsg.): Grundlegender Unterricht. Donauwörth 1982(a), S. 19–25.

Rabenstein, R.: Grundlegender Unterricht. In: Mahler, G./Selzle, E. Band 1 1982(b) s. dort, S. 62–71.

Rabenstein, R.: Zur Zielsetzung der Übungsarbeit. In: unterrichten/erziehen 2 (1983), Heft 5, S. 10–15.

Rabenstein, R.: Aspekte grundlegenden Lernens im Sachunterricht. In: Einsiedler, W./Rabenstein, R. 1985 s. dort, S. 9–24.

Rabenstein, R.: Die Entwicklung des Anfangsunterrichts zum ›Grundlegender Unterricht‹. Institut für Grundschulforschung. Nürnberg 1986(a).

Rabenstein, R.: Die Bedeutung des Prinzips der Wissenschaftsorientierung für den Sachunterricht der Grundschule. In: Twellmann, W. (Hrsg.): Handbuch für Schule und Unterricht. Düsseldorf 1986(b).

Rabenstein, R./Haas, F.: Die Handlungseinheit im Sachunterricht. Bad Heilbrunn ⁴1971.

Rabenstein, R./Haas, F.: Die Darstellungseinheit im Sachunterricht. Bad Heilbrunn ³1972.

Raths, L. E./Harmin, M. / Simon, S. B.: Werte und Ziele. Methoden zur Sinnfindung. München 1976.

Rauschenberger, H.: Soziales Lernen – Nutzen und Nachteil eines mehrdeutigen Ausdrucks. In: Zeitschrift für Pädagogik 31 (1985), Heft 3, S. 301–320.

Reindel, H.: Handbuch der Unterrichtsplanung und Curriculumentwicklung nach Hilda Taba. Stuttgart 1974.

Robinsohn, S. B.: Bildungsreform als Revision des Curriculum. Neuwied ²1969.

Rosenthal, R./Jacobson, L.: Pygmalion im Klassenzimmer. Weinheim/Basel 1971.

Roth, H.: Pädagogische Anthropologie, Band 2: Entwicklung und Erziehung. Hannover 1971.

Schäffer, M.: Geschlechtsspezifische Rollen. In: Ackermann, P.: Politisches Lernen in der Grundschule. München 1973, S. 71–98.
Scheler, M.: Bildung und Wissen. Frankfurt 1947.
Schleiermacher, F. D. E.: Vorlesungen aus dem Jahre 1826. Hrsg. von E. Weniger. Düsseldorf ²1966 (erstmals 1826).
Schmitt, R. u. a.: Soziale Erziehung in der Grundschule. Toleranz-Kooperation-Solidarität. Band 28/29 der Reihe »Beiträge zur Reform der Grundschule«. Arbeitskreis Grundschule. Frankfurt a. M. 1976.
Schorch, G.: Zur pädagogischen Zielsetzung des Sachunterrichts in der Grundschule. In: Blätter für Lehrerfortbildung 25 (1973), Heft 8/9, S. 316–321.
Schorch, G.: Wir erstellen eine Garderobeordnung. In: Casper, B./Glöckel, H./Rabenstein, R.: Die Vorbereitung des Unterrichts. Band 1. Bad Heilbrunn ²1974, S. 95–106.
Schorch, G.: Kind und Zeit – Entwicklung und schulische Förderung des Zeitbewußtseins. Bad Heilbrunn 1982.
Schorch, G.: Wissenschaftsorientierung – ein mißverstandener Begriff? In: unterrichten/erzielen 4 (1985), Heft 6, S. 56–58.
Schorch, G.: Sicherheitserziehung in der Schule. In: unterrichten/erziehen 6 (1987), Heft 2, S. 6–10.
Schorch, G.: Unterrichtsplanung und -vorbereitung. In: Roth, L. (Hrsg.): Pädagogik – Handbuch für Studium und Praxis. München 1991, S. 704–715.
Schorch, G.: Entwicklung von Basislernfeldern in der Grundschule. Eine Aufgabe praxisnaher Grundschulforschung. In: Wittenbruch, W./Möller, K. (Hrsg.): Primarstufen-Lehrerbildung an Universitäten. Münster 1992, S. 164–172.
Schorch, G. (Hrsg.): Schreibenlernen und Schriftspracherwerb. Bad Heilbrunn 1992.
Schulz, W.: Unterrichtsplanung. München 1980.
Schwab, M. u. a.: Modellversuch Differenzierung in der Grundschule. Kiel 1981.
Schwartz, E.: Die Grundschule – Funktion und Reform. Braunschweig 1969.
Schwartz, E.: Bericht über den Grundschulkongreß 1969. Frankfurt 1970.
Schweitzer, F.: Moral, Verantwortung und Ich-Entwicklung. In: Zeitschrift für Pädagogik 26 (1980), Heft 6, S. 931–942.
Silkenbeumer, R. (Hrsg.): Politischer Unterricht und soziales Lernen in der Grundschule. Frankfurt a. M. 1979.
Simon, A.: Verstehen und Helfen. München 1950.
Speck, O. u. a. (Hrsg.): Schulische Integration lern- und verhaltensgestörter Kinder. München/Basel 1978.
Spranger, E.: Der Eigengeist der Volksschule. Heidelberg 1955.
Spranger, E.: Grundlegende Bildung, Allgemeinbildung, Berufsbildung. Heidelberg 1965 (erstmals 1923).
Strukturplan: Siehe ›Deutscher Bildungsrat‹!
Süssmuth, H. (Hrsg.): Soziale Studien in der Grundschule. Düsseldorf 1980.
Tausch, R./Tausch, A.: Erziehungspsychologie. Göttingen 1965.
Teutsch, G. M.: Die Vermittlung sozialverantwortlicher Einstellung im Schulgeschehen. In: Mauermann/Weber 1978 s. dort, S. 137–163.
Tröger, W.: Erziehungsziele. München 1974.
Tütken, H.: Einleitende Bemerkungen zu den ›neuen‹ naturwissenschaftlichen Elementarschulcurricula in den USA. In: Tütken, H./Spreckelsen, K. 1970 s. dort.

Tütken, H./Spreckelsen, K. (Hrsg.): Zielsetzung und Struktur des Curriculums. Naturwissenschaftlicher Unterricht in der Grundschule, Band 1, Frankfurt 1970, [2]1971.

Vogt, H.: DDR. Theorie und Praxis der Lehrplanrevision in der Deutschen Demokratischen Republik. München 1972.

Wagenschein, M.: Ursprüngliches Verstehen und exaktes Denken. Stuttgart 1965.

Wallrabenstein, W.: Offene Schule – offener Unterricht. Reinbek 1991.

Weber, E.: Pädagogik. Grundfragen und Grundbegriffe. Band 1. Donauwörth 1972.

Weber, E.: Grundfragen und Grundbegriffe der moralischen Erziehung in Unterricht und Schule. In: Weber, E. (Hrsg.): Zur moralischen Erziehung in Unterricht und Schule. Donauwörth 1973, S. 15–41.

Weinert, F. E.: CIEL. Ein Förderprogramm zur Elementarerziehung und seine wissenschaftlichen Voraussetzungen. Hannover 1973.

Weinert, F. E.: Probleme der Unterrichtsdifferenzierung in psychologischer Sicht. In: Neue Sammlung 15 (1975), Heft 1, S. 35–47.

Wenzel, A.: Grundschulpädagogik. Bad Heilbrunn 1970.

Werthmüller, H.: Menschlich lernen. Männedorf 1984.

Willmann, O.: Didaktik als Bildungslehre. Freiburg 1957 (erstmals 1882).

Wittenbruch, W./Sorger, P. (Hrsg.): Allgemeinbildung und Grundschule. Münster [2]1991.

Wulf, Ch.: Politische Sozialisation durch sozialwissenschaftliche Curriculumentwicklung. In: Ackermann, P. (Hrsg.) 1974 s. dort, S. 172 ff.

Zimmermann, G.: Das ist Freiarbeit. Donauwörth 1993.

Autorenspiegel

Prof. Dr. Herbert F. Bauer, Jg. 31, lehrt Didaktik der Naturwissenschaften an der Erziehungswissenschaftlichen Fakultät der Universität Erlangen-Nürnberg. Seine Arbeitsschwerpunkte sind »Bildung durch Naturwissenschaften« und die »Problematik naturwissenschaftlicher Erkenntnisgewinnung«.

Klaus Breslauer, Jg. 1938, war Wissenschaftlicher Assistent für Grundschuldidaktik und Rektor einer Grundschule. Er ist Schulamtsdirektor mit Beratungs- und Fortbildungsschwerpunkt im Grundschulbereich. Veröffentlichungen zur Unterrichtspraxis in Deutsch und Sachunterricht, zur Freiarbeit, Werterziehung und zum Schulleben.

Dr. Wolf Engelhardt, Jg. 1936, ist Universitätsprofessor für Sachunterricht und seine Didaktik an der Hochschule Lüneburg. Arbeitsschwerpunkte: Sachunterricht (insbesondere sozialwissenschaftlicher Bereich), Lehrplantheorie, Dritte-Welt-Problematik und -pädagogik, Didaktik der Geographie, Medienpädagogik, Theatermethoden für soziales Lernen.

Prof. Dr. Wolfgang Einsiedler, Jg. 1945, ist Ordinarius für Grundschuldidaktik (Lehrstuhl Grundschuldidaktik II) und Leiter des Instituts für Grundschulforschung, Erziehungswissenschaftliche Fakultät der Universität Erlangen-Nürnberg. Arbeitsschwerpunkte: Allgemeine Didaktik und Grundschuldidaktik, Sachunterricht, Lehrmethodenforschung, Forschung zum Kinderspiel.

Prof. Dr. Hans Glöckel, Jg. 1928, ist Inhaber des Lehrstuhls für Schulpädagogik an der Erziehungswissenschaftlichen Fakultät der Universität Erlangen-Nürnberg. Seine Arbeitsschwerpunkte sind systematische Fragen der Allg. Didaktik, ihre Bezüge zu den Fachdidaktiken, Probleme der Erziehung und Führung in der Schule, der Schulreform und die Schreiberziehung.

Peter Pfeuffer, M. A., Jg. 1943, ist Grundschullehrer und Mitarbeiter am Lehrstuhl Grundschuldidaktik I der Universität Erlangen-Nürnberg. Arbeitsschwerpunkte: Erziehung und Unterricht in den Anfangsklassen der Grundschule, Sozialerziehung, Erstlesen, Erstschreiben, grundlegendes Rechtschreiben sowie Linkshändigkeit.

Prof. Dr. Günther Schorch, Jg. 1947, ist Inhaber des Lehrstuhls für Grundschulpädagogik und -didaktik an der Kulturwissenschaftlichen Fakultät der Universität Bayreuth. Arbeitsschwerpunkte: Pädagogische Aspekte des Sachunterrichts, Zeitbegriffsbildung in der Grundschule, Schreibenlernen und Schriftspracherwerb, Sicherheits- und Verkehrserziehung, Unterrichtsvorbereitung.

Sachregister

Abteilungsunterricht 63f.
Additum 22, 58
Allgemeinbildung 17f.
Allseitige Bildung 33ff.
Ambiguitätstoleranz 74
Arbeitshaltung 36f.
Arbeitsmaterialien 40
Arbeits- und Lernbedingungen 38f., 56
Arbeits- und Lerntechniken 40ff., 60, 93ff.
Arbeitsweisen 42ff., 114
Ausgewogene Bildung 27ff.
Ausgleichende Bildung 21f.

Beurteilung von Schülerfähigkeiten 57f., 60
Bildung 11ff.
Bildungsrat, Deutscher 21f., 37, 43, 109f.

Chancengleichheit 21, 68, 146

Darstellungseinheit 48, 78f., 145
Dauer grundlegender Bildung 18f.
Diagnostik 58f.
Differenzierung 22f., 58ff.

Einsicht 36, 44, 83f.
Einstellungsbildung 23, 129
Einzelarbeit 65, 79ff.
Emanzipatorische Sozialerziehung 73f.
Empathie 74
Entwicklungspsychologische Befunde 51ff., 129ff.
Erziehung 15ff., 125ff.

Fachbegriffe, elementare 8, 29, 110, 113, 122
Fachpropädeutik 85ff.
Formale Bildung 23f.
Freinet-Pädagogik 72, 135
Fundamentum 22, 34, 58

Ganzheit 24f., 102
Gemeinschaftserziehung 71, 73
Geschichtlichkeit der Inhalte 25f.
Gewöhnung 44, 83f., 142f.
Grundbildung 17f.
Grundlegend 16, 111ff.
Grundschule, Eigenwert der 18, 146f.

Helfen, Helfersystem 65, 67

Identität 52f.
Individualisierung 58ff.
Individualität 50ff.
Individuelle Entwicklung 51ff., 55ff.
Individuelles Lernen 50ff.
Inhalte, Inhaltliche Bildung 25ff., 29, 49, 91ff., 110

Kategoriale Bildung 24, 122
Kindgemäßheit 27f., 32, 99ff., 134
Kindheit 32, 130ff.
Kompensatorische Erziehung 21f.
Konfliktsituationen, -bewältigung 76, 82f., 122, 144
Kulturtechniken 31, 44f.

Lebensgemeinschaftsschule 71f., 134
Lebenswirklichkeit des Kindes 28, 107ff., 118ff.
Lehrer(persönlichkeit) 56f., 141f.
Lehrplan 27, 33, 44, 111f.
Leistung 36f., 54f.
Leistungsmotivation 37, 54f.
Lernen des Lernens 37ff.
Lernprozeß 37
Lern- und Arbeitsweisen 39ff., 42ff., 113, 121f.

Methoden 32, 62, 93ff., 113
Methodische Bildung 42f., 93ff., 117
Moralische Erziehung 125ff.

Naturwissenschaftlicher Sachunterricht 89ff.

Ordnung(en) 39, 40f., 48, 142f.

Partnerarbeit 79 ff.
Persönlichkeitsbildung 24, 51 ff., 59, 132
Politisches Lernen 76, 115, 123
Propädeutik 85 ff.

Rollendistanz 74

Sachgemäßheit 32, 99 ff.
Sachunterricht 88 ff., 107 ff.
Schriftspracherwerb 44 ff.
Schule, schulische Bildung 19 f., 34 ff., 49, 71 f.
Schulisches Lernen 34 ff., 44 ff., 74 ff.
Schulleben 33, 72, 136 ff.
Selbstbildung 35, 36, 94
Selbstkonzept 53 ff.
Selbstwertgefühl 55
Sicherheitsbewußtsein 47 f.
Solidarität 72
Soziale Handlungsfähigkeit 70 ff., 74
Sozialerziehung 70 ff., 125 ff.
Soziales Lernen 70 ff.
Sozialformen 79 ff.
Soziallehre, -kunde 70 ff.
Sozialwissenschaftlicher Sachunterricht 166 ff.

Üben, Übungsstunde 41 f., 65 f.
Umwelt(bewältigung) 92, 103, 118 ff.
Unterricht 15 f.
Unterrichtsverfahren 32

Verhaltensformen schulischen Zusammenlebens 39, 74 ff., 141 ff.
Volksschule 26
Volkstümliche Bildung 26, 120

Weimarer Grundschule 21, 133 f.
Werte, grundlegende 126 f.
Werterziehung 125 ff.
Werthaltungen beim Kind 130 ff.
Wissen und Haltung 15, 25
Wissenschaftsorientierung 32, 43, 109 f., 124, 134 f., 147

Zeitbewußtsein 46 f.
Zielgemäßheit 32